C'est l'histoire d'un Asperger

Photographie de couverture : © Mathieu Beaulieu (avec la participation d'Anaïs)
Conception de couverture : Mathieu Beaulieu
Mise en page : Mathieu Beaulieu
Correction : Edwige Pouyollon

ISBN : 978-2-492220-00-5
Dépôt légal : Juillet 2020

Imprimé à la demande par Amazon

Mathieu Beaulieu

C'est l'histoire d'un Asperger

MB
EDITIONS

« Qu'importe la surdité de l'oreille quand l'esprit entend ? La seule surdité, la vraie surdité, la surdité incurable, c'est celle de l'intelligence. »

Victor Hugo

« La neurodiversité peut être une chance, à nous d'en faire une force. »

Mathieu Beaulieu

Préface

J'aimerais évoquer la genèse de cette grande aventure qu'est la parution de ce livre. Je suis toujours enseignante et ma route a croisé celle de Mathieu, l'auteur, il y a maintenant un petit moment.

Tout d'abord , laissez-moi vous préciser que l'espoir de tout professeur est de ne pas revoir ses anciens élèves (dans le pire des cas, et si vraiment on n'a pas de chance, on aura leurs enfants en cours...).

Ma réalité s'est effondrée le 25 avril 2020 à 21 h 58. Alors que dehors sévissait le COVID-19 (bien que les médias parlent de *la* COVID, je pense sincèrement que la féminisation de ce mot trouve à son origine des maris frustrés ou des célibataires endurcis), ma messagerie se faisait attaquer par un virus beaucoup plus sournois : le mail d'un ancien élève. Le mail était un appel au secours. Inquiète (et bien naïve — quel élève appellerait au secours son ancienne « prof » de français ?!), je l'ouvre (première erreur) et le lis (deuxième erreur). Je passe sur les premières lignes où je découvre que j'étais une enseignante extraordinaire (je pense plus sérieusement que je n'ai pas de chance sur ce coup-là) ; non, le vif du sujet, c'est que l'élève en question a écrit un LIVRE. Mais ce n'est pas le pire. Le pire, je le découvre quelques lignes plus bas : il me demande de le CORRIGER. Ma température chute brutalement, je frôle l'arrêt cardiaque.

Au moment où, après deux semaines de confinement et de travail acharné pour maintenir un semblant de « continuité pédagogique » (l'expression à la mode cette année — soyons lucide, des semaines de menaces, de harcèlement, de mensonges en tout genre afin que les élèves — ou ce qu'il en reste – travaillent), je me dis que je vais prendre un petit repos bien mérité. Au moment où je vois le bout du tunnel de l'année scolaire...

Sur le coup, je me sens maudite. Pourquoi il m'en veut autant, le Mathieu ? En plus, c'était loin d'être une lumière au niveau de l'écrit, je sens que je vais galérer, ça sent la phrase mal construite et ça va vraiment être pénible à lire. C'est donc avec un enthousiasme débordant que je me mets à la tâche. Je lis. Je corrige. Et en plus, il me demande de rédiger une préface. Le gars inconscient (finalement, c'est vrai que certaines fonctions émotionnelles sont altérées avec le syndrome d'Asperger). Affreux. Je suis partagée entre le suicide et le meurtre... et je finis par me récolter une tendinite à force de pianoter sur ce fichu clavier...

Bon, vous l'aurez compris (j'espère), je plaisante... en partie !

Je me souviens très bien de Mathieu, non pas pour ses performances scolaires (!), mais pour ses qualités artistiques. Je tiens à dire aussi que je suis très fière de lui, car jamais moi-même je n'aurais été capable d'écrire un livre entier et de me confier ainsi. Je pense quand même qu'il m'en veut un petit peu pour m'avoir donné du travail supplémentaire en cette fin d'année scolaire 2019-2020... mais c'est de bonne guerre ! Finalement, j'ai tout lu d'une seule traite, j'ai retrouvé ses touches d'humour et je peux affirmer qu'il a beaucoup progressé à l'écrit, car je n'ai fait que quelques modifications de temps et de ponctuation. C'est donc bien du

« Mathieu » que vous allez lire. Ne soyez pas surpris par ses tournures de phrase ou le lexique utilisé : Mathieu est incapable d'écrire ou de parler simplement. Plus la phrase est alambiquée, plus il est heureux ! Adeptes des phrases simples, vous allez donc souffrir !

À mes yeux, ce livre est important pour deux raisons : d'abord parce qu'il a permis à son auteur d'exorciser en partie le mal qui le rongeait, et donc de reprendre goût à la vie ; ensuite, parce qu'il nous ouvre les yeux sur la vie de ceux qui ne « rentrent pas dans les cases » et parce qu'un peu de tolérance dans ce monde, ça ne fait pas de mal...

Edwige POUYOLLON

Professeur de Français et d'Histoire-Géographie
Lycée professionnel Édouard Branly de Châtellerault

Préambule

« C'est l'histoire d'un mec… un mec euh… normal je veux dire… » disait Coluche au début de son sketch. Cette phrase d'accroche résume bien ce livre. Dans cette histoire, le mec, c'est moi, Mathieu, diagnostiqué autiste Asperger à l'âge de 32 ans. Je ne suis donc pas tout à fait « un mec normal », mais qui est en mesure de dire qu'il est normal ? Je pense que chacun de nous se sent plus ou moins différent. Afin de ne pas froisser Coluche, je dirais donc que je suis un mec normal avec certaines particularités.

Le but de cet ouvrage est d'apporter le témoignage de mon histoire, de mon expérience. À ce jour, le 23 août 2018, je ne suis pas en mesure de vous dire si cette initiative aboutira. Pour être honnête, je n'ai toujours pas abordé ce sujet auprès de ma femme… Bref, je m'éloigne de l'ordre du jour, mais, avec moi, vous apprendrez que c'est là l'une de mes difficultés, je peux vite m'égarer et finir par oublier mon objectif premier. J'imagine que si vous me lisez, c'est que probablement j'ai transformé mon essai, et que ce livre vous est parvenu. Sinon, j'aurai au moins eu le mérite d'essayer. Je fais partie des gens qui préfèrent se lancer et risquer d'affronter l'échec, plutôt que de vivre le cœur lourd et la tête pleine de regrets. À quoi bon se lamenter en songeant à toutes les actions que nous aurions pu faire ? Si vous êtes dans ce cas, je vous dirai qu'il est important de s'auto-satisfaire, et d'écouter ses envies sans trop réfléchir. Pensez à vous, assouvissez vos désirs, vos souhaits, vos projets et foncez. N'ayez pas peur de l'échec, car chacun de mes échecs m'a fait grandir.

« C'est par l'échec que j'ai réussi. »

Ma démarche est également motivée par l'intérêt que les gens ont pu porter à mon récit. Au cours de ces derniers mois, après la découverte de mon syndrome, j'ai expliqué mes particularités à des dizaines de personnes. Des collègues, des managers, des médecins, des proches... Tous ont été touchés par mon histoire. Les gens semblent s'y intéresser sincèrement, sans jugement et avec bienveillance. J'espère que vous aussi, au travers de mon récit, vous serez intéressé, de quelque manière que ce soit.

Je précise également que je n'ai nul talent d'écrivain, mes notes en français causaient systématiquement le désespoir de mes professeurs. L'écriture n'est pas mon métier et je vous demande toute votre indulgence. Pour moi, le plus important est d'écrire avec passion.

1

Le jour de ma naissance

Je suis né le 24 novembre 1985 à 17 h 40 dans la commune de Châtellerault, ville de mon enfance et dans laquelle je réside encore. Cette commune aux confins du Poitou et de la Touraine, située sur les bords de la Vienne, est une ville ouvrière chargée d'histoire. L'ancienne manufacture d'armes orne les bords de Vienne de deux cheminées gigantesques, aujourd'hui reliées par une passerelle de laquelle une vue panoramique de Châtellerault s'offre à ceux qui graviront les marches.

L'année de ma naissance, la France traversait un épisode de froid important. Ce fut, paraît-il, le mois de novembre le plus glacial de l'histoire. Je suis né un dimanche enneigé. Les flocons tombaient à n'en plus finir et avaient colorié le paysage d'un blanc angélique. Le pont Henri-IV n'y avait pas échappé, et n'en était que plus sublime, tout de blanc vêtu, les pieds emmitouflés dans des chaussons de brouillard.

Au matin du 24 novembre, mes parents ne se doutaient sûrement pas que cette journée neigeuse et magique serait finalement couronnée par la naissance de leur deuxième enfant.

Ce week-end-là, tata « Patou » et tonton « Eric », qui vivaient alors à Paris, étaient revenus aux sources pour passer deux jours en famille. Mon oncle et ma tante, qui devaient repartir le dimanche soir par le train, souhaitaient absolument me voir naître avant leur départ. Ce fut donc un week-end sous le signe de l'humour, durant lequel, à la moindre contraction de ma mère, les deux plaisantins ne pouvaient s'empêcher de dire :

« Allez, on veut le voir avant de repartir ! ».

Le dimanche midi, un déjeuner en famille avait lieu chez mes grands-parents maternels, Reine et Claude. La collation fut accompagnée de quelques contractions, stimulant l'impatience des convives. Après le repas, ma mère est allée s'allonger. Mon grand-père aussi, certainement fatigué par la digestion, choisit de s'allonger dans sa chambre située à l'étage de la maison. C'est pendant la sieste de ma mère que j'ai trouvé la force et le courage de rompre la poche des eaux. Ça y est, le travail avait commencé, j'étais en chemin vers ma vie future.

Ma mère, encore assoupie, s'est brusquement levée. Alors qu'elle traversait le couloir qui menait au séjour, elle s'est exclamée : *« Je suis en train de perdre les eaux !!! »*. Quelques secondes après ce cri d'alerte, tout le monde a pu sentir la maison trembler dans un vacarme infernal. C'était mon grand-père qui descendait les marches quatre par quatre, complètement paniqué tout en s'écriant : « **VITE,** il faut l'emmener tout de suite !!! ». Mamie Reine a réussi quelque peu à temporiser cette situation de crise.

Mon père s'est préparé tant bien que mal à conduire ma mère à la polyclinique. Mon oncle et ma tante, presque convaincus de me voir naître avant leur départ, se sont joints à l'expédition. Les voilà tous les quatre à bord de la Renault 12 de mes parents. L'excitation était à son comble lorsque mon oncle, d'humeur chatouilleuse, a cru bon poser une question des plus pertinentes : « Et comment allez-vous l'appeler si jamais c'est un garçon ? ».

En effet, les échographies de l'époque, moins précises qu'aujourd'hui, laissaient croire qu'il s'agissait d'une fille.

Mon père, de nature têtue, au volant de la Renault 12, ne pouvait admettre cette hypothèse plus improbable que jamais. Lui qui tenait tant à voir naître un enfant de sexe féminin, l'échographie l'avait d'ailleurs démontré, son souhait allait donc être exaucé. Ce n'était plus qu'une question de temps. Pour lui, ma mère attendait une fille et elle s'appellerait Marion.

Ma mère, quant à elle, malgré la douleur engendrée par les contractions, prit le sujet un peu plus au sérieux... Elle tenta à son tour de soumettre l'hypothèse à mon père, mais le mulet n'en démordait pas, ce serait une fille, hors de question de songer à un prénom masculin. Elle essaya alors de réfléchir seule et à haute voix, mais sous l'influence des contractions, l'inspiration vint à lui manquer.

Alors que tata Patou tentait d'apporter des suggestions de prénoms, mon oncle Éric, boute-en-train accompli, ne put s'empêcher de faire profiter l'auditoire de ses talents d'acteur. La folie le prit de se mettre à parler d'un ton embourgeoisé :

« Et bien mes chers, si c'est un garçon, nous l'appellerons Charles-Henri ! ».

Cette réplique, accompagnée de la gestuelle et de l'accent digne d'un châtelain de haut rang, déclencha un fou rire qui restera gravé à jamais dans la mémoire de chacun. Combien de fois m'a-t-on conté cette histoire ? C'est toujours un plaisir de l'entendre, j'imagine régulièrement l'émotion et les rires déclenchés par cette tirade inoubliable. Mon oncle, aujourd'hui, doit sûrement être fier de sa prouesse théâtrale, puisqu'en hommage à cet instant, mes parents ont choisi de m'attribuer en troisième prénom : « Charles-Henri ».

Après avoir traversé la Vienne, l'embarcation est arrivée sur le parking de la Polyclinique Saint-Anne en centre-ville de Châtellerault. Sous une neige abondante, l'excursion s'est ensuite dirigée vers l'entrée principale. Ma mère marchait difficilement, se tenant le bas du ventre avec la sensation que je commençais à m'impatienter, et que je semblais me diriger à vive allure vers la sortie.

En voulant pousser les portes de l'établissement, ils furent tous surpris de voir qu'elles étaient closes. À l'intérieur, des employés étaient en train de passer la cireuse sur le sol. Il leur fallut attirer leur attention en tapant à la vitre, pour finalement être gentiment conviés de faire le tour du bâtiment afin d'entrer par la porte de service.

Après ce contretemps de plusieurs minutes, les voilà maintenant devant l'hôtesse d'accueil qui, faisant son travail, appliquait la procédure de prise en charge : *« Nom, prénom, âge... »*. Ma mère n'en pouvait plus, c'est donc les nerfs à fleur de peau, sentant que l'accouchement était imminent, qu'elle manifesta son mécontentement. Elle fut immédiatement installée dans un fauteuil et dirigée en salle d'accouchement.

S'est alors ensuivie une séparation de l'équipe en deux groupes de deux. En effet, la mise au monde devait être assistée par le médecin de famille, le docteur PROUST. Hélas, après l'avoir appelé en urgence, ce dernier n'était pas chez lui. C'est son épouse, sage-femme de métier, qui avait répondu à l'appel téléphonique, en proposant naturellement ses services. Seul bémol, elle n'avait pas de moyen de locomotion pour se rendre sur place. Mon père et tonton Éric ont alors pris l'initiative d'aller la chercher sur-le-champ. J'imagine le stress engendré par cette escapade, qui plus est, sous la neige. La peur de manquer l'accouchement devait être terriblement angoissante, et je ne peux concevoir cette scène atypique sans les éclats de rire nerveux de mon oncle. Fort heureusement, Châtellerault est une petite ville, il ne leur fallut que très peu de temps pour faire le trajet.

À leur retour, ma mère se trouvait en salle de travail avec tata Patou à son chevet. Tandis que mon père et madame PROUST se sont empressés de les rejoindre, mon oncle lui, a pris place en salle d'attente. Je vous passe certains détails, comme les infirmières qui ont injecté un cocktail Molotov de produits à ma mère sans son consentement. Cette situation a d'ailleurs conduit directement à une brève altercation entre la femme du docteur et le personnel hospitalier. Madame PROUST, sage-femme d'une cinquantaine d'années, aurait même été jusqu'à dire : « De toute façon, vous ne savez plus faire les accouchements ».

Un peu plus tôt, lorsque ma mère était arrivée à la polyclinique, son col était déjà ouvert à 9 cm. Il n'a donc fallu que quelques minutes, doublées d'une ou deux poussées, pour que je sois mis au monde. Je suis né quinze jours avant le terme, libérant ainsi ma mère de deux mois d'alitement. En effet, dès septembre, elle avait eu les premières contractions et avait dû rester allongée le plus possible afin d'espérer pouvoir conduire sa grossesse à terme. Nous pourrions croire que j'étais déjà impatient de voir le jour. C'est en tout cas l'un de mes traits de caractère, je ne supporte pas l'attente et vous l'apprendrez au fil des pages.

Me voilà maintenant, enroulé dans une couverture, posé tout contre ma mère. L'annonce du sexe avait été faite quelques minutes auparavant : « Félicitations, c'est un garçon ». Sur le coup, mon père, en état de choc, n'arrivait pas à réaliser. Quand il me raconte aujourd'hui ce moment, il me décrit toujours son immense déception. Oh bien sûr, il vint à se laisser prendre par l'émotion, rejoignant ainsi les larmes de ma tante et de ma mère. Son dépit laissa place au bonheur, celui d'être père une seconde fois. Il enlaça ma tante dans ses bras, embrassa ma mère, avant de se diriger vers la salle d'attente. Il y trouva mon oncle, tout juste installé et qui n'avait pas encore eu le temps de se plonger dans ses mots croisés. À l'annonce de la bonne nouvelle, tonton ne put retenir son étonnement en s'exclamant : « Quoi ? Déjà ? ! »

Plusieurs minutes après, mes grands-parents sont arrivés, accompagnés d'une bouteille de champagne et de mon grand frère Maxime, alors âgé de trois ans. Les présentations faites, mon aîné, content et fier d'avoir un frère cadet pour jouer avec lui, a sorti de sa poche une petite voiture et des billes qu'il a posées près de moi. Il fut très vite surpris et déçu de voir qu'il lui faudrait attendre quelque temps avant que nous puissions nous amuser tous deux. L'intention était là, c'était sans doute sa manière à lui de me souhaiter la bienvenue.

Après quelques coupes de champagne en compagnie de la femme du docteur, l'heure fut venue de conduire tata et tonton à la gare. C'est le cœur chargé d'émotions, un doux mélange d'euphorie et de mélancolie, qu'ils ont quitté la chambre de ma mère. Mon père, mon oncle, ma tante, ainsi que mon grand-père se sont dirigés vers la sortie.

Arrivés dehors, et toujours dans la folie du moment, ils ont déclenché une bataille de neige sur le parking de la polyclinique. Oh ! Je ne serais pas surpris d'apprendre que tonton Éric était à l'origine de cette guerre sans pitié ! À ce jeu-là, chacun y va de sa propre technique pour constituer les plus belles boules de neige qui soient. C'est une question de survie, il est impératif de trouver une méthode efficace pour faire un maximum de victimes le plus rapidement possible. Mon oncle, spécialiste en la matière, et ayant fait ses études en école militaire, avait une tactique performante et bien à lui. Il se couchait naturellement sur le capot des voitures pour racler de ses deux bras l'intégralité de la neige présente sur les pare-brises. Sa technique avait déjà fait ses preuves puisqu'il avait, quelques secondes auparavant, pu constituer plusieurs projectiles de bonne taille sur quelques-uns des véhicules du parking.

C'est grâce à cette technique qu'une anecdote supplémentaire est restée gravée dans la mémoire de tous les soldats présents au front ce jour-là, déclenchant une fois de plus un fou rire général et impérissable. En pleine bataille, et comme à son habitude, mon oncle se mit, de ses deux bras, à racler le pare-brise d'une voiture, en pensant probablement à sa prochaine cible. Mais la préparation de ses munitions fut brutalement interrompue lorsqu'il tomba nez à nez avec le propriétaire du véhicule qui se trouvait à l'intérieur et qui le fixait d'un air ahuri, laissant mon oncle bouche bée. Je pense que les deux ont été aussi surpris, et que l'un comme l'autre se rappellent encore de cet instant.

Je m'imagine aujourd'hui la scène vue de l'intérieur du véhicule, et ce que l'homme a dû penser. Je l'imagine racontant le scénario à ses proches. Même si je n'étais pas présent ce jour-là, je ne peux m'empêcher de rire en écrivant ces lignes.

*

Le jour d'une naissance reste inoubliable pour quiconque. L'arrivée d'un enfant est un moment fort et émouvant. Ma naissance était un jour unique comme tout un chacun, avec néanmoins quelques anecdotes dignes d'un scénario de film comique.

2

Mon enfance

Au retour de la maternité, je suis conduit dans le domicile familial, rue de la Jaulaie, numéro 5, à Châtellerault. C'est une petite maison nichée dans une ruelle calme et paisible, dans laquelle il m'arrivait occasionnellement de m'amuser sous le regard bienveillant du voisinage, des retraités pour la plupart. Cette rue, légèrement pentue et pavée en son centre, est localisée au cœur du quartier de Châteauneuf, quartier qualifié de populaire, situé rive gauche et qui prend naissance au bout du pont Henri-IV. J'y ai grandi et y suis resté jusqu'à l'âge adulte. C'était, à mon époque, un lieu de mixité culturelle où nous pouvions trouver des personnes de toutes origines, tous vivant dans le respect de chacun.

La demeure qui m'a vu grandir avait été rénovée par mes parents. C'était, à l'origine, une maison de quartier vétuste, composée de pièces minuscules et d'une cuisine archaïque, dans laquelle les escaliers permettant de se rendre à l'étage étaient situés dehors. Mes parents m'ont souvent raconté que les nuits d'hiver, il fallait se montrer bien courageux pour descendre aux w.c., localisés dans la salle de bain, au rez-de-chaussée.

Grâce au ciel, à ma naissance, mes parents avaient déjà transformé les lieux. L'escalier s'était invité à l'intérieur. En bois massif, il se faisait discret le long du mur à gauche en entrant. La cuisine, située au fond à droite, avait redoré son blason, neuve et tout équipée. Les cloisons en briques avaient été démolies, ouvrant considérablement l'espace à vivre. La salle de bain, refaite à neuf, nous invitait généreusement à prendre un bain chaud et moussant. Le plafond, quant à lui, en poutres apparentes, assurait à l'édifice un charme indéniable.

En montant les escaliers, il fallait faire preuve de vigilance, puisqu'au niveau de la troisième marche, en partant du haut, une pointe dépassait suffisamment pour que nous puissions nous piquer les orteils. Je ne serais pas surpris d'apprendre que cette vicieuse est encore présente aujourd'hui, ce qui ranime en moi certains souvenirs de piqûres oubliées.

En arrivant sur le palier, la première porte qui s'offrait à nous était celle de la chambre de mes parents. Elle donnait sur le jardin, et le lambris qui habillait les rampants apportait un parfum suave et délicat que je n'oublierai jamais. J'aimais également l'odeur dégagée par la moquette, aussi douce qu'une peau de pêche, et qui, malgré les années, sentait toujours le neuf, comme au premier jour. La linéarité des lames de lambris était interrompue par une fenêtre de toit depuis laquelle nous dominions les jardins du voisinage. Cette ouverture vers l'extérieur constituait un véritable point stratégique d'observation que j'ai souvent eu l'occasion de fréquenter au cours de mes enquêtes imaginaires de bambin. En poursuivant sur le palier, nous arrivions dans la chambre qui fut la nôtre, à mon frère et à moi, située côté rue. Nos deux lits étaient aux antipodes. Le mien au fond à droite, et celui de mon aîné, au fond à gauche. Entre les deux, s'offrait à nous un bel espace qui nous a permis, plus grands, de construire nos circuits de voitures ou d'ériger de grands édifices à base de Lego.

Au fil des années, mes parents ont su faire de cette vieille bâtisse un lieu de vie agréable où nous sommes restés jusqu'à ma douzième année. J'étais très attaché à ce logis, et lorsqu'il nous fallut déménager, mon cœur d'enfant s'est vu dévasté par le chagrin. Malgré les années, c'est toujours avec une grande émotion que je repasse devant cette maison qui fut la mienne. J'ai souvent prétendu la racheter un jour ; ce n'est pas encore chose faite, mais qui sait de quoi demain sera fait ?

*

En face de chez nous vivait un vieux garçon prénommé Jacquot. Il cohabitait avec une colonie de chats qu'il nourrissait de son mieux, avec le peu de ressources financières dont il pouvait disposer. Ses colocataires, qui peuplaient le quartier, n'hésitaient pas à se coucher au soleil sur les rebords des fenêtres du voisinage, parfois même sur les voitures. Je me souviens d'un jour où nous étions partis en voiture en compagnie de ma mère et mon frère. Alors que le véhicule roulait depuis quelques minutes, des miaulements se sont laissés entendre. Ils provenaient d'un chat qui avait élu domicile à l'intérieur du compartiment moteur. J'ai encore l'image de ma mère ouvrant le capot tout en s'exclamant : « Bah ? Ya un chat là-dedans ! ». Par chance, l'animal n'a pas été blessé, nous l'avons donc reconduit parmi les siens, dans notre rue.

Je n'ai eu l'occasion de rentrer qu'une ou deux fois chez Jacquot. Le regard médusé de bon nombre de ses colocataires laissait entendre que presque personne ne venait lui rendre visite. C'était un homme solitaire qui vivait en marge de notre société. Je me souviens que le revêtement de sol n'était presque plus perceptible, recouvert d'une pellicule de crasse qui collait aux chaussures. Il régnait dans sa maison une forte odeur d'ammoniac qui vous saisissait à la gorge avant même avoir franchi le seuil de sa porte. En dépit des conditions précaires dans lesquelles il vivait, cet homme au cœur sur la main trouvait malgré tout le moyen de nous offrir de temps à autre, à mon frère et à moi, des bonbons achetés à la boulangerie d'à côté. Du haut de mon enfance, je ne pouvais me rendre compte des sacrifices faits par cet homme en nous offrant ces sucreries. C'est avec beaucoup d'émotion et d'admiration que je repense aujourd'hui à la générosité de ce vieillard boiteux, qui avait toujours un bâton de réglisse à la bouche et qui ne sortait jamais sans son béret noir.

Situé à l'angle de ma rue, non loin de chez Jacquot, régnait un petit bar restaurant à la devanture rouge bordeaux tenu par un couple. L'enseigne : « Chez Martinière » portait le nom des propriétaires et faisait le bonheur des ouvriers qui venaient y déjeuner. Certains habitués pouvaient y passer la journée et repartaient ivres une fois la nuit tombée, en se tenant aux murs des maisons pour tenter de garder l'équilibre. Je ne me rappelle pas avoir eu l'occasion de manger dans cet établissement voisin. Cependant, je me souviens de manière sûre que, grâce à lui, une odeur alléchante de plats cuisinés parfumait la rue, réveillant ainsi les papilles gustatives des résidents et passants, à vous en mettre l'eau à la bouche.

Je pourrais vous donner encore bon nombre de détails, comme cette fontaine qui se trouvait en haut à gauche de la rue. Jacquot y venait chaque jour puiser son eau dans un seau. Mon frère et moi préférions l'utiliser pour confectionner des bombes à eau.

De nos jours, ma rue natale semble déserte et les maisons inhabitées. Les pancartes « À vendre » fleurissent sur les façades, remplaçant immanquablement les jardinières de géraniums que j'ai connues par le passé. Jacquot n'est plus des nôtres depuis bien des années, et sa disparition a marqué le départ de ses colocataires, aujourd'hui portés déserteurs.

*

Maintenant que vous connaissez l'environnement dans lequel j'ai grandi, il est temps de parler un peu de moi. Le récit de mes premières années émane principalement de la mémoire de mes parents. C'est donc grâce à eux que je peux partager avec vous cette période de ma vie, pour laquelle je n'ai pas vraiment de souvenirs. Ils vous diront que j'étais un bébé calme et autonome. D'après eux, je ne pleurais jamais. Ils furent très surpris de cette particularité puisqu'en général, les pleurs d'un nouveau-né constituent son seul moyen de communication. Bien entendu, et comme le disait Napoléon III : « Il ne faut jamais dire jamais », car à l'âge de dix-huit mois environ, je finis par pleurer pour la première fois, sous l'œil stupéfait de mes parents. L'événement était tellement rare, que mon père ne put s'empêcher d'aller chercher en urgence l'appareil photo situé à l'étage de la maison, pour redescendre et immortaliser ces premiers pleurs, ces premières larmes. Voici le cliché obtenu ce jour-là. J'ai toujours été photogénique, comme vous pouvez le constater par vous-même.

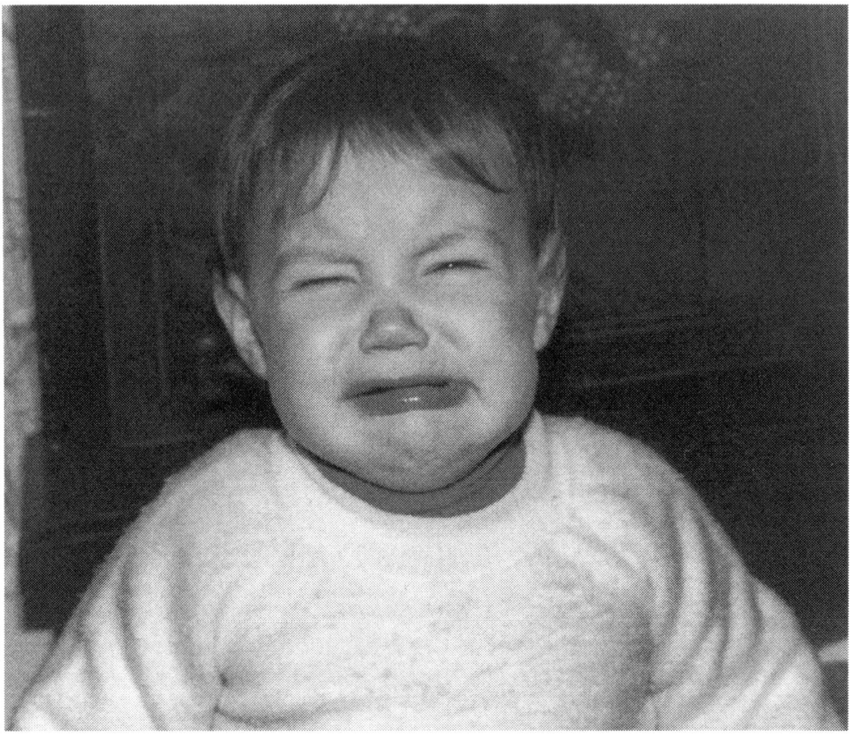

Outre cette première particularité, j'étais un enfant qui s'est mis à parler sur le tard. Mes parents, de leur point de vue, préfère qualifier ce retard de « fainéantise », dans la mesure où je ne semblais pas vouloir faire d'effort pour m'exprimer. J'arrivais, paraît-il, à me faire comprendre avec des onomatopées bien à moi ; ce mode de communication me donnait entière satisfaction, alors pourquoi procéder différemment ? Par exemple, si j'avais soif, je montrais le verre d'eau du doigt en gémissant : « hun hun ». Mes parents, convaincus d'agir pour mon bien, me disaient : « De l'eau ? Tu veux de l'eau ? et bien, dis-le, tu dis : "de l'eau" ». Face à l'effort demandé, je préférais me priver de mon besoin pour m'éviter de parler. Ce genre de situation pouvait se reproduire presque quotidiennement, que ce soit pour de l'eau, du pain, un jouet, ou toute autre chose. C'est pour ces raisons que mes premiers mots, et mes premières phrases, sont apparus un peu plus tard que mon aîné ou que la moyenne. Même si je n'étais pas en mesure de m'exprimer, cela ne voulait pas pour autant dire que je ne comprenais pas le langage des adultes.

L'anecdote qui va suivre permet d'illustrer ce dernier point. À l'époque des faits, j'étais âgé de deux ans, mon frère Maxime, quant à lui, en avait cinq. C'était une journée calme et ordinaire, nos parents vaquaient à leurs occupations et mon frère et moi devions très certainement être occupés à jouer. C'est au cours de cette journée que, dans un moment d'égarement, mon frère Maxime s'est légèrement coupé le doigt. Comme tout enfant qui se respecte, la douleur et la vue du sang l'ont directement mené à des pleurs, alertant mes parents, ainsi que tout le voisinage, qu'un drame venait de se produire. Guidés par les hurlements, ils ont découvert mon frère en larmes qui tenait son doigt ensanglanté. Dans la panique, ma mère a crié à mon père : « Vite, va chercher du coton ! ». Sous le choc, il a mis plusieurs secondes à reprendre ses esprits. Au moment où il commençait à s'élancer vers la salle de bain, j'en étais déjà ressorti, accompagné du sac de coton que j'avais récupéré dans le placard, sous l'évier de la salle de bain. Je me suis dirigé droit vers ma mère, en lui tendant du bout de mes petits bras le coton qu'elle avait demandé.

Cette situation a surpris mes parents qui ne s'attendaient pas à ça, mais c'est bien là, la démonstration que les enfants comprennent très bien les adultes.

Un autre de mes comportements était également surprenant pour un bambin de moins de quatre ans. Figurez-vous que lorsque le lave-vaisselle avait terminé son cycle, je m'empressais vers lui sans mot dire, j'ouvrais la porte et je sortais la vaisselle pour ensuite la ranger, sans demander l'avis de personne. Cette anecdote de quelques lignes n'apporte rien de bien constructif, mais elle a tout de même sa place ici !

*

Je vous invite maintenant à entrer dans une période de ma vie qui correspond à mon séjour en école maternelle. Je me souviens de l'une de mes premières frustrations. Peut-être ne le savez-vous pas, mais mon existence tout entière en est parsemée, et je me bats contre elles quotidiennement. Le souci du détail et l'énergie que je déploie pour essayer d'atteindre la perfection me frustrent et finissent par m'épuiser. Ajoutons à ça les journées trop courtes pour me permettre d'assouvir toutes mes envies, les risques d'échecs, les objectifs que je me fixe, les imprévus... Vous apprendrez au fil de cet ouvrage à comprendre comment je fonctionne... ou du moins je l'espère.

J'étais à l'époque scolarisé à l'école de Châteaufort, rue de Châteaufort, à Châteauneuf, comme vous l'aurez deviné. Cette école a été rasée depuis une vingtaine d'années pour laisser champ libre à des logements sociaux. Ma première frustration connue en ces lieux, et contre laquelle j'ai lutté des jours entiers, concernait le simple fait de faire mes lacets de chaussures. Je n'y arrivais pas. Je me souviens que lorsque la cloche métallique au son strident annonçait le début de la récréation, les autres enfants s'empressaient de sortir jouer tous ensemble, tandis que moi, je partais seul m'installer au calme, dans un coin de la cour, afin d'essayer de comprendre comment nouer ces maudits lacets. Je me souviens encore du sentiment viscéral d'énervement qui gisait en moi et qui ne me donnait qu'une envie, celle de découper mes lacets en morceaux et de jeter mes chaussures à la poubelle. Ça aurait d'ailleurs peut-être été la meilleure des solutions. Heureusement pour mes souliers, je suis de nature persévérante. En conséquence, face aux difficultés, je redouble d'efforts sans jamais baisser les bras. D'autant plus que Johanna, une enfant de mon âge, gentille et d'une patience remarquable, avait constaté que j'étais bien souvent seul à triturer continuellement mes lacets. Elle essaya par tous les moyens de m'expliquer comment réussir à atteindre mon objectif. Malgré sa pédagogie, je restais dans l'incapacité de comprendre, et mon énervement n'en était qu'amplifié devant sa facilité d'exécution. Il semblait que pour elle, nouer des lacets était quelque chose de très simple, un geste presque anodin.

Au fil des cours particuliers gentiment offerts par ma camarade, je me renfermais de plus en plus sur moi-même. Mes difficultés devenaient exaspérantes, mon insatisfaction grandissait de jour en jour, et cette histoire de lacets tournait à l'obsession. Pendant la classe, je repensais continuellement aux explications de Johanna, les images repassaient en boucle dans ma tête. Le soir, je me sentais tellement misérable et en colère contre moi-même que je n'osais même pas demander à mes parents de m'aider. Au bout de plusieurs jours, la fatigue, la frustration et la colère ont totalement pris possession de moi, c'est ainsi que j'ai fini par me transformer en véritable tête de bouc. J'en voulais à la terre entière, plus on m'expliquait, moins je comprenais, moins je comprenais et plus ça m'énervait. J'étais en pleine crise et je n'en pouvais plus. Mon comportement était devenu si extrême, que Johanna préféra me laisser seul pour ne pas avoir à supporter mes colères.

Quelques jours plus tard, je m'assis dans la cour de l'école, sur un banc implanté contre un mur, proche du bac à sable qui, d'ailleurs, sentait toujours mauvais, les chats prenant cet endroit pour une litière géante. Alors que j'étais occupé à tenter une fois de plus de nouer mes chaussures, ma compagne de lacets fit irruption. Elle revenait vers moi pour tenter une nouvelle fois de me former, mais cette fois-ci, avec une méthode totalement différente. Dans un premier temps, la panique s'est emparée de moi. Voilà qu'il existait maintenant plusieurs manières de lacer des souliers. Les bras m'en tombaient… J'ai essayé tant bien que mal de suivre les explications de cette nouvelle méthode, lorsque d'un seul coup, j'ai eu un déclic ! Ce fut une révélation, et instinctivement, j'ai compris comment nouer des chaussures, toutes techniques confondues. Mon enthousiasme est rapidement retombé en apprenant l'existence des doubles nœuds, mais plus de peur que de mal, j'ai très vite assimilé cette technique.

Peut-être que vous aussi avez également eu des difficultés à comprendre comment lacer vos chaussures ? Ou peut-être ne vous en souvenez-vous même pas ? La différence avec moi, c'est que cette difficulté tournait à l'obsession, je m'en voulais énormément de ne pas réussir. L'énergie dépensée et l'acharnement mis en place pour y arriver font qu'aujourd'hui encore, je me souviens de ces moments avec beaucoup de précision.

*

C'est dans cette même école que je me souviens avoir été victime d'une situation que j'ai mal vécue, et qui demeure plutôt injuste. Un matin, notre institutrice, accompagnée de son assistante, nous a conviés à un atelier de coloriage et de découpage. Le travail consistait, dans un premier temps, à colorier trois formes de différentes tailles, un carré, un rectangle et un cercle, pour ensuite les découper. La maîtresse avait donné les directives : « Surtout pour le découpage, vous devez couper <u>bien droit, sur le trait</u> ». Ayant à cœur de réussir ce travail, j'ai pris note des consignes et ai commencé par faire mes coloriages. Après cette première phase, je me suis emparé de ma paire de ciseaux pour entamer la découpe du carré, puis du rectangle. Aucun problème notable, les lames coupaient en plein sur le trait. Vint ensuite le moment de m'attaquer au cercle qui, au départ, avait un diamètre d'environ quinze centimètres. Cette dernière information, anodine de prime abord, va prendre tout son sens dans les lignes qui suivent.

J'ai donc commencé par donner un premier coup de ciseaux, mais je me suis très vite rendu compte que, contrairement aux deux formes précédentes, cette fois-ci, je n'arrivais pas à couper sur le trait... Ce dilemme créa en moi un état de blocage majeur. Pour employer un terme au goût du jour, j'étais en train de « bugger ». J'ai cessé toute activité physique, sans pouvoir poursuivre mon travail. Mes yeux posés sur la feuille de papier restaient fixes, et se perdaient dans les abîmes de ma conscience. Lorsque je suis dans cet état, je suis physiquement dans la salle de classe, sans vraiment l'être. Je suis déconnecté du moment présent, inerte, les ciseaux encore au bout des doigts.

Malgré les airs de doux rêveur que je semble dégager dans ces moments-là, mon esprit lui, est toujours actif, en pleine ébullition, et continue inlassablement de s'acharner à essayer de comprendre la raison de ce blocage. Dans le cas présent, qu'est-ce qui n'allait pas ? Qu'avais-je manqué ? Pourquoi les autres n'avaient pas semblé avoir de problème ? Ma frustration grandissait de seconde en seconde, et devant l'obstacle, les larmes commençaient à me monter aux yeux.

C'est lorsque la cloche annonçant la récréation a retenti que je suis revenu à moi. Alors que tout le monde se levait pour sortir dans la cour, l'assistante m'a ordonné de rester en classe pour finir mon découpage. C'était d'après elle « ma punition pour avoir rêvassé au lieu de faire le travail demandé ». Ça y est, c'en était trop. La frustration, à son apogée, a poussé des larmes rouges de colère à s'échapper de mes yeux. Je devais certainement être un tant soit peu furieux contre cette femme qui ne comprenait pas l'état dans lequel j'étais, mais surtout, j'étais terriblement en colère contre moi-même, résigné à admettre que je n'étais qu'un incompétent, un bon à rien. Même ruiné par l'humiliation, j'ai continué à penser à ce problème. J'ai analysé mes actions en fonction des consignes données par la maîtresse qui pourtant m'avaient semblé très claires : « Pour le découpage, vous devez couper bien droit, sur le trait ».

J'étais au pied du mur, et sans échelle... Pour découper bien droit, je devais le faire dans le sens des lames des ciseaux. Je suis sûrement stupide, mais « couper bien droit », c'est comme couper sur un trait tiré à la règle non ? Comme le contour du carré et du rectangle que je venais de réaliser, mais pour un cercle ? Comment couper « bien droit » un trait qui ne l'est pas ? Pourquoi suis-je le seul dans cette situation ? Pourquoi et comment les autres ont-ils réussi à couper bien droit ce trait refermé sur lui-même et qui se mord la queue ? Une part de moi était forcée de constater que les consignes de la maîtresse semblaient en contradiction avec le tracé du cercle, mais je n'osais pas y croire. Le problème devait plutôt venir de moi. Mes camarades avaient été autorisés à sortir en récréation, et moi, j'étais là, seul, sous l'œil exaspéré de l'assistante d'éducation, et prisonnier de cette salle de classe...

Épuisé par toutes ces questions et cette colère qui me rongeaient de l'intérieur, j'ai repris provisoirement confiance en moi, en m'accrochant à l'idée que tout le monde avait probablement eu la même réflexion que moi. Mes découpes précédentes étaient concluantes, il n'y avait peut-être pas de quoi se couper les cheveux en quatre ? Malgré mes doutes, j'ai décidé de continuer le tour complet du cercle, en essayant de suivre le trait, tout en faisant une découpe bien droite. D'une manière assez schématique, le fruit de mon travail ressemblait à ceci :

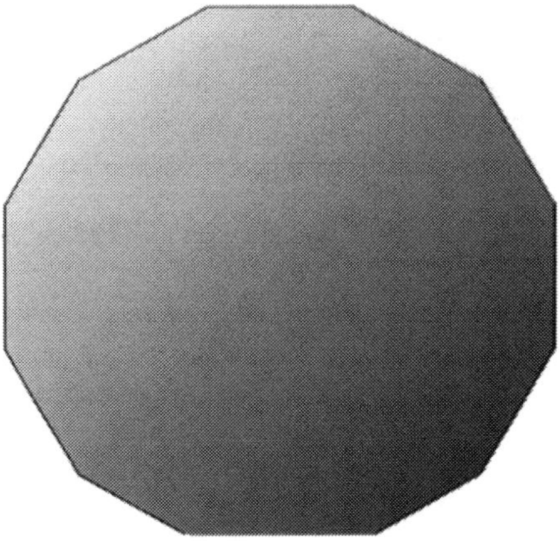

Malheureusement, malgré l'effort fourni, je n'ai toujours pas gagné ma liberté, ma geôlière ayant jugé le travail non satisfaisant. Ma crainte a été confirmée, c'est avec effroi que j'ai été forcé d'admettre que le problème provenait de moi, et par conséquent, que j'étais le plus lamentable de la classe, incapable de découper un cercle « bien droit ». L'assistante de la maîtresse, très agacée, m'a alors dit : « Regarde, ça ne doit pas faire de pointes ici », tout en me montrant du doigt les angles saillants de mon découpage. J'entreprends donc de recouper lesdites pointes, ce qui me conduit au résultat suivant :

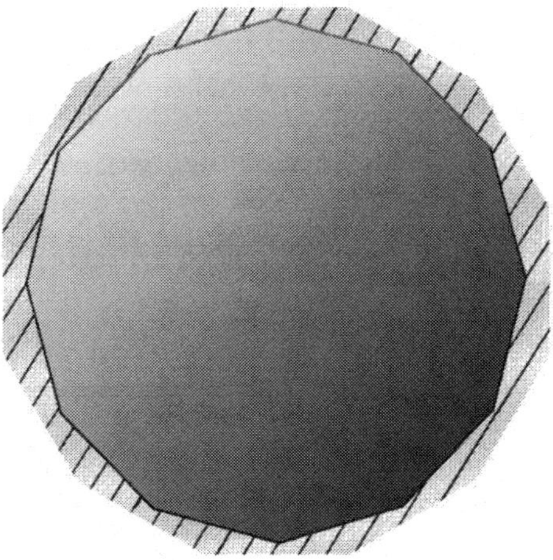

Malgré mes efforts, l'amputation du surplus de pointes en faisait naître de nouvelles. J'ai alors recommencé un troisième tour, mais rien à faire, des pointes refaisaient systématiquement leur apparition. Mon pauvre cercle de papier avait bien perdu quatre ou cinq centimètres de diamètre. Le cerveau toujours en ébullition, j'atteignais un niveau de saturation incommensurable. L'assistante, maintenant totalement désabusée, m'a demandé : « Tu le fais exprès là ? Tu te moques de moi ??? ». Je ne comprenais pas le sens de sa question, moi qui cherchais tant à m'appliquer à la tâche et, qui plus est, dans le scrupuleux respect des consignes... Pourquoi s'acharnait-elle sur moi ?

Je suis resté une nouvelle fois statique devant mon travail. C'est alors qu'avec son impatience et son air mal aimable, elle m'a arraché mon ouvrage des mains, et s'est lancée dans une démonstration de la technique à utiliser. La voilà qui commence à découper en m'expliquant que je devais tourner le papier en même temps que les ciseaux se refermaient afin d'arrondir la coupe... Je connaissais cette technique puisque j'avais déjà réalisé plusieurs découpages dans ma jeune vie, mais j'ai constaté que cette méthode était en parfaite contradiction avec les consignes de la maîtresse. Pour couper bien droit, il aurait fallu suivre un trait rectiligne comme un I. Après cette démonstration, j'ai pu terminer cette tâche laborieuse et gagner ma liberté. Je n'en étais pas moins frustré, bien au contraire. Même délivré de cette salle de classe, j'ai continué à me dire que les instructions restaient en totale incohérence avec le travail réalisé, ce qui m'a laissé un arrière-goût amer d'incompréhension.

Cet exemple permet de mettre en avant la différence avec laquelle je perçois les événements. Souvent, j'ai tendance à me focaliser sur des détails sans être capable de voir la globalité d'un sujet. Si j'ai une idée en tête, il m'est compliqué d'en changer. Le respect des règles représente également un point crucial dans ma vie, et le moindre écart me met mal à l'aise au plus haut point. C'est le cumul de ces deux particularités qui m'a conduit à ce blocage, qui malheureusement, était loin d'être le dernier.

*

Mes parents vous diront aujourd'hui que je n'étais pas un enfant bavard. Le soir, après l'école, je m'installais avec mes jouets sans rien dire. Il fallait alors me « tirer les vers du nez » comme ils disent, pour que je raconte ma journée. Mais pourquoi des vers sortiraient-ils de mon nez ? Drôle d'expression, soit dit en passant... Je ne chantais jamais les chansons apprises à l'école et ne parlais jamais de rien. Je semblais être concentré et captivé par mes jouets, rien d'autre ne paraissait avoir d'importance. Je me souviens d'un enregistrement audio fait par mon père dans lequel nous pouvions entendre ma voix de l'époque en train de réciter un poème, celui du « Petit écureuil ». Malheureusement, quelques années plus tard, au cours d'une de mes nombreuses expériences, j'ai malencontreusement supprimé ce moment capté avec si grand soin par mon père. Cette maladresse tira un trait définitif sur cette archive éphémère de ma voix grave et monocorde. La déception de mes parents fut immense. Perdre un instant aussi unique qu'exceptionnel... C'est seulement aujourd'hui que je mesure l'importance de ce souvenir effacé.

L'année de mes quatre ans, j'occupais mes soirées printanières en jouant dans le jardin. J'adorais faire le « cochon pendu » sur notre balançoire. Cette attraction renversante me permettait de découvrir de nouvelles sensations. Un soir, peut-être un peu plus fatigué que d'ordinaire, mes jambes, habituées à rester solidement armées à la barre métallique de la balançoire, vinrent à me faire défaut en pleine acrobatie. C'est ainsi que je suis tombé la tête vers le sol, chute sans gravité apparente puisque j'arrivais encore à bouger tous mes membres, et que j'ai poursuivi mes activités sans difficulté. Le lendemain matin, avant d'aller à l'école, j'ai ressenti quelque chose d'anormal en passant mon tee-shirt. Une sorte de gêne qui se manifestait au moment où je devais remuer mon bras. Je me souviens que c'était une curieuse sensation que je ne connaissais pas. Au moment d'endosser mon cartable, alors que mes bras se tendaient vers l'arrière pour enfiler les bretelles, cette étrange sensation refit son apparition. Tout ceci ne m'a pas empêché d'aller à l'école avec mon sac bien ancré sur le dos.

Le soir venu, mon père m'attendait à la sortie de l'établissement scolaire. Il me revoit avec mon cartable sur le dos, l'épaule droite inclinée vers le sol, ne pouvant soutenir le poids de mon bras droit, à la limite de traîner par terre. Forcé de constater que quelque chose n'allait pas, il m'a conduit en urgence au travail de ma mère, afin de consulter un médecin. L'avantage d'avoir une maman employée dans un cabinet de radiologie, c'est que nous sommes reçus comme des VIP, et n'avons donc pas besoin de patienter en salle d'attente ! Arrivé sur place, j'ai été immédiatement pris en charge. Après une brève auscultation du médecin, une radiographie a été réalisée. Me voilà de nouveau debout sous l'œil de cette grosse machine aux pouvoirs magiques. Juste après ça, nous avons eu le privilège de pouvoir patienter directement dans le bureau du praticien, sans repasser par la salle d'attente. Quelques minutes plus tard, le maître des lieux est entré avec les radios à la main tout en s'exclamant : « Il est pété !!! ». Je dois bien avouer qu'à ce moment-là, je ne comprenais pas grand-chose à ce qui pouvait se passer. Nous avons ensuite dû changer de lieu pour nous rendre chez un chirurgien. Mon père l'écoutait attentivement, pendant que moi, j'observais ce nouvel environnement. Il y avait des documents, des parties de squelette schématisant des articulations, et des dizaines d'objets tous aussi fascinants les uns que les autres. J'ai rapidement été interrompu lorsque le médecin a allumé un tableau lumineux fixé au mur, pour y installer les radiographies. Papa semblait boire les paroles de cet homme. Il m'a ensuite demandé de m'asseoir sur la table d'auscultation tout en m'expliquant : « Pour te guérir, je dois remettre en place ton os. Tu dois rester bien sagement assis, pendant que moi, je vais appuyer sur l'os de ta clavicule pour la remettre en place. Ça ne va pas être très agréable, mais c'est le seul moyen. ». Cet exercice ne me semblait pas très compliqué. C'était finalement un peu comme chez le coiffeur. Je devais rester assis, et si je réussissais à adopter un comportement exemplaire, le coiffeur me laissait choisir un bonbon dans le gros bocal situé en haut de l'étagère, derrière la caisse. Le chirurgien, sous l'œil inquiet de mon père, a positionné ses deux pouces de part et d'autre de la fracture, et a appuyé fermement, d'un seul coup d'un seul, afin de remettre l'os en place. Je suis naturellement resté bien sage, sans bouger et sans rien dire. Mon corps, à mon insu, et sous la violence de l'action, laissa échapper une unique larme qui roula le long de ma joue. Mon père lui, finit par détourner le regard, ne pouvant supporter la vision de ce geste à la limite du soutenable.

Après cet acte barbare, le chirurgien m'a installé un strapping avec du gros scotch autocollant, puis s'est directement adressé à moi : « Et bien, dis donc, toi, tu es un dur ! Tu sais que beaucoup d'adultes pleurent et hurlent lorsque je dois faire ça ? Toi, tu n'as rien dit, bravo ! ». Sur le coup, je n'ai pas compris la difficulté. J'avais simplement fait ce qu'il m'était demandé de faire, j'étais resté assis, sans bouger... Aujourd'hui, je me rends mieux compte de la situation. Remettre un os en place est quelque chose d'inhabituel, et j'ai conscience que cet acte puisse faire paniquer certaines personnes. Au moment de partir, je n'ai pas manqué de faire remarquer au chirurgien qu'il fallait me donner un bonbon. En effet, tout comme chez le coiffeur, mon comportement avait été exemplaire, je m'attendais donc à recevoir une récompense. Mais mon père et le chirurgien ont ri puisqu'ici, nous n'étions pas chez le coiffeur, et qu'il n'y avait pas de friandises. Je suis reparti quelque peu contrarié…

Un mois après l'installation de mon strapping, mon père a dû me le retirer. J'étais assis dans mon bain pendant qu'il tentait de décoller ces gros scotches qui semblaient avoir été fixés avec de la glu. Si j'avais su conserver un comportement exemplaire lors de la remise en place de mon os, ce jour-là, ce fut une toute autre histoire. Pour les enlever, mon père imbibait les bandes blanches en les mouillant à l'eau puis tirait dessus. Je garde encore en mémoire cette horrible douleur difficilement supportable. Je hurlais en pleurant à chaudes larmes en même temps que mon corps entier tremblait. Mon père, lui, se souvient qu'il était délicat de retirer le strapping et que des morceaux de peau s'arrachaient en même temps. Oui, vous avez bien lu, des petits bouts de peau sont bel et bien restés accrochés aux scotches et mon père s'en voulait terriblement de devoir m'infliger une telle souffrance. C'était pour lui le seul moyen de le retirer.

Je tiens à ouvrir une courte parenthèse, car bien des années plus tard, mon frère s'est fracturé un orteil. Pour l'occasion, le médecin a entrepris la pose d'un strapping. Mon père a immédiatement reconnu cet insupportable ruban adhésif et n'a pas manqué de prévenir mon aîné qu'il risquait de « chanter » au moment de les retirer. Un mois après, mon père l'a de nouveau accompagné chez le praticien pour enlever le strapping. Le spécialiste a commencé par verser un produit sur les scotches avant de les décoller sans forcer et sans aucune douleur. Papa n'en croyait pas ses yeux et en est resté « scotché ». Il s'est exclamé « Mais ? Quand mon deuxième fils a eu la clavicule de cassée, j'ai dû lui retirer moi-même les bandes et c'était horrible, je lui ai arraché des morceaux de peau, c'est quoi ce produit ? ». Le médecin a alors expliqué qu'il aurait simplement fallu imbiber les bandes avec de l'éther, ce qui aurait eu pour effet de dissoudre la colle.

*

Focus maintenant sur l'année 1990, et plus particulièrement le 4 novembre. C'est ce jour-là que mon grand-père paternel, Paul de son prénom, éternel bricoleur à la générosité débordante, s'est éteint à jamais. Il a laissé derrière lui un vide indéfinissable dans le cœur de ma grand-mère Marie-Louise, de ses quatre enfants et de tous ses petits-enfants. La vie ne nous aura hélas pas offert suffisamment de temps pour mieux nous connaître. D'après les dires de mon père, Paul était un « geek » de l'époque. Tous ses enfants le qualifient de « touche à tout », avec une nette préférence pour l'électronique. En tant qu'expert, il avait fabriqué un poste de radio amateur qui lui permettait de dialoguer sur grandes ondes avec des personnes de la France entière. Il disposait d'une licence qui l'autorisait à diffuser, ce qui causait immanquablement le désespoir de tous les voisins de l'immeuble. En effet, le signal émis par la gigantesque antenne qu'il utilisait venait perturber la réception des ondes hertziennes et brouillait alors tous les téléviseurs de l'immeuble.

L'ensemble de son matériel était stocké dans une pièce située au fond du couloir principal de l'appartement. Cette pièce c'était « son bordel » comme il disait, et gare à l'inconscient qui osait s'y aventurer sans son accord. J'en ai d'ailleurs fait les frais. En effet, un jour où mes parents et moi étions venus rendre visite à mes grands-parents, j'ai profité d'un moment d'inattention des adultes pour me diriger vers cette zone sacrée. Mon aventure a rapidement été interrompue par le maître des lieux qui m'a grondé en n'hésitant pas à utiliser une force de dissuasion persuasive. Il a, pour ce faire, sorti du troisième tiroir de la commode, juste derrière la porte d'entrée principale, une ceinture en cuir qu'il a pliée en deux afin de la faire claquer devant mon nez. Je dois bien l'avouer, ce geste m'a terrorisé, mais aujourd'hui, en me remémorant la scène, je visualise et comprends mieux le sourire qui ornait son visage. Il s'agissait, disons-le, d'une boutade, car il me semble inconcevable d'imaginer ce saint homme lever la main sur l'un de ses petits-enfants. Cet acte, aussi maladroit qu'il puisse paraître, représente cependant le seul souvenir qui me reste de lui. Je suis convaincu qu'il aurait apprécié la révolution numérique avec la démocratisation de l'informatique des années 1990. Ce domaine aurait sans nul doute constitué un centre d'intérêt commun permettant de nous rapprocher un peu plus l'un de l'autre.

*

C'est cette même année que j'ai clôturé mon parcours en école maternelle. À ce titre, je souhaite vous raconter une désolante anecdote qui témoigne d'une méthode pédagogique inadaptée. Vous vous rendrez d'ailleurs compte qu'au fil de ma scolarité, j'ai quelquefois eu affaire à des professeurs au comportement déplorable. Certains n'hésitaient pas à se transformer en véritables tyrans, loin de l'image de l'instituteur bienveillant…

Nous avions appris les bases de l'écriture. Il s'agissait de savoir reproduire les lettres en suivant un modèle, le tout le plus proprement possible. J'avais beaucoup de difficultés dans cette discipline. Mes doigts se crispaient jusqu'à la tétanie, mon poignet se raidissait comme une bûche de bois, avec comme résultat un trait fébrile et grossier, parsemé de taches d'encre.

En fin d'année, et après une réunion de parents d'élèves, la maîtresse a vivement conseillé à mes parents de me faire rédiger des lignes d'écriture pendant les grandes vacances. Ces travaux d'été avaient pour but de me permettre de rattraper mon retard calligraphique avant mon entrée en CP. C'est pendant cette même réunion que mes parents allaient connaître un profond mal-être. La maîtresse, fière de son enseignement, a expliqué les travaux d'écriture réalisés par les enfants. Pour illustrer ses propos, elle a levé les bras en affichant des lignes faites par ma collègue championne de laçage, Johanna : « Alors vous voyez, ici, nous avons une écriture propre et exemplaire. C'est Johanna qui a fait ces lignes, c'est vraiment la plus belle écriture de la classe ». Puis, elle a changé de document tout en poursuivant son discours : « Et vous voyez ici, c'est la pire écriture que nous puissions voir, c'est illisible et sale, c'est l'écriture de Mathieu ».

Mes parents se souviennent encore du sentiment de honte qui les a envahis. S'ils avaient eu connaissance à cette époque que j'étais simplement différent avec un QI supérieur à la moyenne, alors peut-être auraient-ils été moins affectés ? Peut-être auraient-ils envoyé paître cette abominable maîtresse ? J'essaie aujourd'hui de comprendre la logique argumentative de cette institutrice. Quel était son intérêt ? S'est-elle vraiment rendu compte de l'impact de son geste et de ces propos ?

Je tiens aujourd'hui à remercier mes parents de ne pas avoir suivi les consignes de cette représentante de l'éducation aux conseils de tortionnaire, qui voulait me voir passer mes vacances à rédiger des lignes plutôt qu'à jouer. Si, à l'époque des faits, j'avais eu conscience de la situation, je lui aurais bien rétorqué : « Mais laissez-moi vivre ma vie d'enfant bon sang ! ». Quoi qu'il en soit, trente ans après ces faits, j'écris toujours aussi mal, avec une cadence toujours aussi lente, et peu après les premiers mots, mes doigts ainsi que mon poignet sont déjà à l'agonie.

*

Après des vacances d'été bien méritées, la rentrée des classes s'annonçait imminente. Mon cartable se tenait prêt à m'accompagner sur les bancs de cette nouvelle et grande école, l'établissement Édouard Herriot de Châtellerault. Ce bâtiment gigantesque, aujourd'hui encore intact, était à l'époque bordé d'une conséquente étendue de verdure déserte. Ce terrain vague communément appelé « le champ » constituait un espace de jeux pour tous les enfants du quartier, et cela depuis des générations. Mes parents, dans leur jeune temps, s'y rendaient également en compagnie de leurs amis. J'imagine que mon père, à ses heures rebelles, a dû voir naître en ces lieux de nombreuses « guerres de gangs », toutes aussi sanglantes les unes que les autres. En ce qui me concerne, le seul combat que j'ai connu sur ce lopin de terre opposait justement mon père et un boomerang en plastique. Je brûle d'impatience de vous raconter cette anecdote, c'est pourquoi j'ouvre immédiatement une parenthèse.

De retour des courses, ma mère a eu l'idée de nous offrir, à mon frère et à moi, un boomerang chacun. Quelques semaines auparavant, nous avions eu l'occasion de voir un homme sur la plage qui maîtrisait majestueusement le lancer de cet instrument merveilleux, qui a le don de s'élever dans le ciel pour revenir seul vers son point d'origine.

Excités par cette nouvelle acquisition, nous avons aussitôt migré dans le petit jardin de cent mètres carrés situés derrière la maison, pour essayer de dompter ce jouet. Hélas, nous manquions considérablement d'espace. L'objet heurtait les murs en pierre bien trop hauts, et ne pouvait s'épanouir dans ce jardin minuscule. La déception commençait à s'emparer de nous : que pouvions-nous faire de ce bout de plastique qui ne fonctionnait pas ? Le cœur résigné, nous avons décidé de rentrer à la maison pour tenter de nous consoler avec autre chose. C'est justement à cet instant précis que mon père, de retour du travail, a franchi le seuil de la porte du logis. Il nous découvrit tous deux bien en peine, avec nos bras pendants qui tenaient les boomerangs de manière nonchalante. La vision de ce jouet a dû réveiller son âme d'enfant, puisqu'à peine était-il arrivé, que nous étions déjà en chemin vers le champ. Et oui ! C'était une bonne idée, ce champ, à cinq cents mètres de chez nous, sans l'ombre d'un obstacle, ni arbres, ni murs : voilà ce qui avait manqué à notre réussite ! L'excitation reprit de nouveau le dessus.

Une fois sur les lieux, mon père s'est saisi de l'un des boomerangs. Il s'est ensuite penché afin de couper quelques brins d'herbe qu'il lança dans les airs devant lui afin de prendre connaissance de la direction du vent. Il a ensuite visé la zone de survol en tendant le bras en avant. Mon frère et moi, légèrement en contrebas, étions en totale admiration tant l'assurance de ses gestes et son savoir-faire semblaient innés. Mon père arma ensuite son bras vers l'arrière, à hauteur de sa tête. Sous l'impatience du moment, mon cœur cognait de plus en plus fort, au point de mettre en vibration tous les organes de ma poitrine. J'allais assister de très près à un lancer de boomerang. Allait-il revenir ? Ce n'était plus qu'une question de secondes. Il bloqua alors sa respiration avant de procéder à un lancer d'une puissance inégalable. Le boomerang s'est élancé en arrachant l'air tel un avion supersonique. J'ai encore aujourd'hui le bruit en tête. Je dois avouer que je n'ai pas vraiment vu la course du boomerang. Je l'ai très vite perdu de vue. La seule chose dont je me souvienne, c'est la voix de mon père qui nous a subitement crié : « COUCHEZ-VOUS !!! » suivi de très près par des injures envers sa propre personne : « Oh m #rde, quel c*n !!! ». C'est en me relevant que j'ai découvert le boomerang au sol, gisant aux pieds de mon père penché en avant, la lèvre inférieure ensanglantée et ouverte en deux. Nous avons dû rentrer en urgence, d'un pas encore plus précipité qu'à l'aller, mon père tenant un mouchoir en tissus taché de sang sur sa lèvre abîmée.

Après cet exploit, nous avons eu l'interdiction formelle de jouer avec ces boomerangs jugés trop dangereux. Ce bougre, dans un excès de confiance, avait voulu rattraper l'instrument au vol. Il s'était donc placé en plein sur la trajectoire de retour du boomerang, les bras tendus en avant, la main gauche paume vers le ciel, et la droite vers le sol. Lors du retour éclair de ce bout de plastique volant, mon père avait tenté de claquer ses deux mains l'une contre l'autre pour intercepter l'engin. Hélas, il n'avait fait que filer entre ses doigts. La seule chose ayant stoppé sa course fut le visage de mon père, qui gagna le droit d'aller se faire recoudre à l'hôpital.

*

Trêve de plaisanteries, il est temps d'aborder mon entrée en classe de CP, en septembre 1992, année qui fut riche en émotions. Commençons par le début, le premier jour, celui de la rentrée des classes. Peut-être vous souvenez-vous, tout comme moi, de ce sentiment mélancolique qui prenait naissance les jours précédents la rentrée. Devoir refermer le livre des vacances et tirer par la même occasion un trait sur les journées de plage, les châteaux de sable, le temps libre à s'adonner à nos loisirs... Être de nouveau obligé de se faire violence le matin, se lever de bonne heure, je me sentais pourtant si bien dans mon lit... Ce matin-là, je devais me dépêcher et porter ce cartable sur mon dos. Pourquoi mes parents avaient-ils l'air d'être aussi agités ? Où allions-nous de si bonne heure ? Tellement de questions face à l'inconnu...

Nous sommes partis en direction du champ, à une heure plutôt inhabituelle, sans mon vélo et sans aucun de mes jouets, ni ballon, ni boomerang... Dans la rue, d'autres enfants semblaient emprunter la même direction. Après avoir traversé le champ, nous nous sommes retrouvés devant ce portail métallique à barreaux qui ne m'avait d'ailleurs jamais inspiré confiance. Contrairement à la normale, les portes étaient ouvertes. Il y avait énormément de monde devant l'école ainsi que derrière les grilles, où je pouvais voir des enfants jouer. La foule semblait se faire aspirer au fin fond des entrailles de cet établissement.

C'est peu après mes premiers pas dans la cour que j'ai fait la connaissance de ma maîtresse, Brigitte. Bien que je n'étais à l'époque qu'un enfant, le visage de cette femme fit naître en moi quelque chose de nouveau. Je n'arrivais plus à la lâcher du regard. Quelle pouvait donc être cette étrange sensation à l'intérieur de ma poitrine ? Contrairement à mon ancienne institutrice, Brigitte semblait d'une rare douceur. Sa gentillesse se lisait sur son visage angélique. Le soir, lorsque je vaquais à mes occupations, elle revenait souvent dans mes pensées... Dans mon souvenir, sa beauté était telle que nul mot n'aurait pu la décrire. Comment pourrais-je le faire, et que dire ? Si ce n'est qu'elle était tout simplement jolie. Ses yeux étaient-ils verts ? ou marron ? Avait-elle un grain de beauté sur le visage ? Je crois que oui, et, dans mon souvenir, cet ornement naturel, légèrement bombé, venait sublimer la partie inférieure de son visage. Je ne saurais vous dire s'il était placé sur son menton ou au-dessus de sa lèvre supérieure, mais qu'importe. J'ai compris très jeune que les femmes semblaient disposer d'un pouvoir, et qu'elles représenteraient, pour moi, une source de fascination intarissable. Avec mon œil d'adulte, je pense que l'enfant que j'étais devait être désespérément tombé sous le charme de cette femme.

Au mois de novembre, alors que mon année scolaire suivait son cours, l'arrivée des températures négatives allait me faire découvrir l'esprit manipulateur et la méchanceté de certains êtres. Tout a commencé avec une paire de gants. Quoi de plus normal avec la venue des premières gelées que de se protéger les mains du froid ? Pour cette occasion, ma mère m'avait offert une paire de gants des plus originales que je portais avec grande fierté. Il s'agissait de gants velus imitant à la perfection les pattes charnues d'un ours polaire. Mes doigts se sentaient bien au chaud sous cette fourrure artificielle. Ils étaient tellement uniques, que, pour la première fois, un garçon de mon âge n'a pu s'empêcher de venir me voir pour discuter avec moi :

« Ouahhh !!! Ils sont trop bien tes gants, donne-les-moi.
— Non, je ne peux pas te les donner, car ce sont mes gants, lui ai-je expliqué.
— Ah bah d'accord… et bah, prête-les moi alors.
— Oui, ça, te les prêter, je veux bien », lui ai-je répondu tout en lui tendant ma paire de gants.

Le soir, en rentrant à la maison, mes parents se sont inévitablement aperçus que mes mains n'étaient plus couvertes et n'ont pas manqué de m'en informer :

« Où sont tes gants tout neufs ? J'espère que tu ne les as pas perdus ?
— Non, je les ai prêtés à mon nouveau camarade.
— Tu les as prêtés !? Dès demain, tu lui demandes de te les rendre. Nous ne voulons pas que tu prêtes tes affaires.
— D'accord. », ai-je répondu sans véritablement comprendre leur inquiétude.

Le lendemain, c'est en toute simplicité que je suis retourné voir mon nouvel ami, qui avait justement revêtu ses mains avec :
« Maman veut que tu me redonnes mes gants.
— Quels gants ?
— Les miens, ceux que je t'ai prêtés hier.
— Je ne les ai pas, moi, tes gants », a-t-il dit en ricanant tout en s'éloignant de moi.

À mon retour au domicile, je n'avais toujours pas mes gants et n'arrivais pas à expliquer cette situation. Je suis resté muet face aux questions de mes parents. À leur demande, je les ai réclamés pendant plusieurs jours, mais en vain... J'ai fini par me sentir impuissant et ai expliqué à mes parents :

« Il me dit qu'il n'a jamais eu mes gants et qu'il ne les a pas.
— Eh bien voilà... Tu ne les reverras jamais, il te les a volés. Voilà ce qu'il en coûte de prêter ses affaires à n'importe qui. »

Mon incompréhension était totale et mon monde venait de s'écrouler. Mes parents avaient raison. Je n'ai jamais revu cette magnifique paire de gants que je n'aurai finalement portée qu'une ou deux fois. Je ne comprenais, et ne comprends toujours pas, malgré les années, comment et pourquoi une personne peut s'autoriser à enfreindre les règles ! Ces comportements me valent encore aujourd'hui de nombreuses colères. J'en suis arrivé à la conclusion que l'homme, l'Homo sapiens avec un grand H, cette espèce capable d'envoyer ses semblables dans l'espace, est hélas ainsi constituée. L'irrespect fait vraisemblablement partie intégrante de bon nombre d'individus. J'imagine que le contournement des règles doit offrir à ces fauteurs de troubles une indicible impression de supériorité, avec peut-être même la sensation d'être une personne invincible. C'est ainsi que je vais d'ailleurs pouvoir, tout au long de ma vie, continuer d'être le spectateur consterné par le spectacle des innombrables bêtises humaines.

Cette même année, il y a eu un matin où mon état physique ne semblait pas habituel. Je me sentais différent et mon corps me faisait ressentir des sensations encore jamais perçues. Ces nouveaux signaux situés dans mon ventre m'avaient coupé l'appétit. C'est d'ailleurs pour cette raison que je n'avais presque rien mangé au petit déjeuner. Cette sensation étrange et gênante restait malgré tout supportable. Je suis donc parti à l'école, comme à mon habitude. Le midi, en rentrant déjeuner, mon état ne s'était guère amélioré. Ma mère, soucieuse de me voir ainsi, m'a alors préparé mon plat favori, des croque-monsieur cuits au gaufrier, mode de cuisson optimal qui offre un croustillant inégalable au pain de mie. Avec ce menu sur-mesure, maman pensait éveiller mes papilles. Mais ce jour-là, contrairement à mon habitude, je n'avais pas très faim, mon appétit étant toujours entaché par cette curieuse sensation à l'intérieur de mon ventre. Sur les conseils de ma mère, je suis resté allongé sur le canapé pour, en théorie, voir disparaître miraculeusement la douleur. Qui n'a jamais entendu ou dit ça ? « Repose-toi un peu et ça ira mieux tout à l'heure ».

Je suis donc resté étendu en silence, dans le salon ouvert sur la salle à manger, en train d'attendre que mon mal-être disparaisse miraculeusement. Spectateur du déjeuner, l'habituelle douce odeur du pain grillé commençait à m'écœurer. La rythmique des claquements de dents de mon frère et de mes parents finissait même par me donner la nausée. Après le déjeuner, en me voyant toujours inerte, ma mère, pensant bien faire et misant sur un coup de stress ou une simple baisse de moral, m'a conduit dehors afin de jouer au badminton. Elle avait à cœur de me changer les idées et qui sait, peut-être même réussir à m'ouvrir l'appétit.

Il faut dire que depuis tout petit, je suis très facilement perturbé et envahi par certaines émotions que je ne comprends pas toujours. Elles me traversent et m'affectent, sans pour autant laisser apparaître quoi que ce soit. La plupart du temps, je m'ennuyais terriblement et pouvais rester seul assis à ne rien faire, ne trouvant rien d'intéressant pour m'occuper suffisamment. Il m'arrivait aussi régulièrement de ne ressentir aucune satisfaction dans ce que je décidais d'entreprendre, ce qui me désolait chaque fois un peu plus. J'ai toujours été l'unique juge de mes actions, mais j'ai souvent tendance à estimer à tort que j'aurai pu ou que j'aurais dû mieux faire. Tout ceci me conduisait donc parfois à un état mélancolique et d'ennui profond, pour ne pas dire dépressif.

J'ai réussi, tant bien que mal, à me lever pour aller jouer dehors, le buste légèrement courbé vers l'avant sous la douleur. Cette tentative m'a permis de m'apercevoir que j'étais dans l'incapacité de me tenir debout plus de quelques minutes. Mon mal devenait beaucoup plus aigu. J'ai donc décidé de retourner m'allonger, en silence et sans sommation. Toujours avec l'ambition de me changer les idées, ma mère m'a soutenu afin de m'emmener faire quelques pas dans la ruelle devant chez nous. Malgré la motivation maternelle, ma douleur persistait et ma vue a même commencé à se brouiller. Un voile noir accompagné de petites étoiles blanches a fait son apparition. J'ai immédiatement décrit cette image à ma mère en lui expliquant que je ne voyais plus rien, hormis une image semblable à celle de notre poste de télévision lors de sa phase d'allumage, des points noirs et blancs qui s'agitent dans tous les sens. Dans le même temps, j'ai senti ma gêne se transformer en douleur aiguë, à la limite de l'insoutenable. Je ne savais plus comment me positionner pour me sentir mieux et j'ai enfin commencé à me plaindre sévèrement.

Ma mère, à l'époque toujours employée dans le milieu hospitalier, m'a rapidement conduit sur son lieu de travail où ma prise en main fut des plus rapides. Un médecin m'a ausculté le ventre avant d'introduire délibérément son doigt dans mon anus. Cette palpation amplifia violemment ma douleur abdominale, à tel point que je me souviens encore aujourd'hui de cette abominable sensation que je ne pourrais décrire. Si vous l'ignoriez, sachez que le toucher rectal permet de confirmer le diagnostic d'une appendicite aiguë.

Dès qu'il a retiré son doigt, les choses se sont accélérées. J'ai rapidement eu droit à une radiographie de l'abdomen durant laquelle les petites étoiles ont refait leur apparition, me conduisant à une brève perte de connaissance. La radio a confirmé le premier diagnostic : l'ablation de l'appendice devait être réalisée sans plus attendre. Il a fallu pour cela me faire expressément une prise de sang, événement durant lequel je me suis transformé en véritable cannibale devant la peur de cet acte de torture encore inconnu. En effet, pour m'aider à mieux supporter ma crainte de cette grosse aiguille, ma mère avait placé son index entre mes dents, et m'avait conseillé de mordre dedans pour me libérer de ma douleur... Comme je suis du genre à écouter les consignes, « action/réaction », j'ai mordu aussi fort que j'avais peur. Quelques secondes après, ma mère s'est mise à parler d'une voix anormalement aiguë : « Il me mord ! Aïe aïe, il me mord ! Lâche mon doigt, lâche-le ! ».

Tous les examens préliminaires achevés, il était maintenant temps de passer à l'anesthésie, puis à l'opération.

J'ai été conduit dans une chambre, accompagné de ma mère. J'ai dû me déshabiller et mettre une sorte de blouse en papier que je trouvais désagréable au contact de ma peau. L'idée d'être nu en dessous n'était pas non plus pour me rassurer. Une infirmière est ensuite arrivée, munie d'un chariot sur lequel du matériel était disposé. Elle m'a demandé de tendre mon bras afin d'y placer un garrot, avant de me piquer avec une aiguille sur le dessus de ma main. Cette fois-ci, je n'ai pas eu peur, et ma mère, quant à elle, a gardé ses doigts bien en sécurité. Après quelques instants, je me suis retrouvé avec un objet scotché sur la main et une sensation étrange. Il s'agissait en fait d'un cathéter ayant pour but de recevoir une perfusion.

Quelques minutes après m'être fait « charcuter », j'ai été conduit sur mon lit à roulettes en direction d'un ascenseur situé non loin de ma chambre. Ou allions-nous ? En ressortant, j'ai été frappé par la fraîcheur des lieux. On m'a ensuite laissé seul dans une salle, allongé sur mon lit. Au-dessus de ma tête, un genre de gros lampadaire à la texture chromée me faisait de l'œil. Alors en pleine contemplation de ce curieux objet, le visage d'un homme masqué s'est interposé. Après avoir manipulé le cathéter planté dans ma peau, il m'a regardé en me disant ceci : « Essaie de compter jusqu'à trois ». Au moment où j'ai commencé à prononcer le chiffre un, j'ai senti quelque chose de froid partir de ma main et monter dans mon bras. J'entendais également d'autres personnes s'animer autour, qui discutaient. Alors que je prononçais le chiffre deux, mes yeux n'ont plus tenu ouverts et la sensation de froid a continué de parcourir mon bras et à m'envahir de plus en plus. Quant au chiffre trois, il n'est jamais sorti de ma bouche puisque j'étais déjà endormi par l'anesthésie.

L'opération s'est déroulée dans les meilleures conditions et a confirmé l'urgence de l'intervention : la péritonite commençait visiblement à me faire les yeux doux.

À mon réveil, j'étais de retour dans ma chambre d'hôpital. À mes côtés, mon père patientait assis dans un fauteuil. Je me souviens que je ressentais des « tiraillements » à l'intérieur de mon ventre. La douleur était maintenant différente, mais toujours perceptible. Je venais de me faire soigner, tout le monde m'expliquait que c'était terminé, pourtant, j'avais très mal au ventre. Fatigué par ces événements, j'ai choisi d'écouter l'appel de mon corps en me laissant prendre par le sommeil. Après ma sieste, en ouvrant les yeux, j'ai découvert cette fois-ci que c'était ma mère qui veillait à mon chevet. Papa était retourné à la maison et s'occupait de mon frère. Maman, quant à elle, a passé la soirée et la nuit à mes côtés, assise dans ce fauteuil inconfortable qui ne lui a pas permis de beaucoup dormir. Quoi qu'il en soit, la nuit fut compliquée. Réveillé par une envie urgente de faire pipi, et ne pouvant me mettre debout pour aller aux toilettes, je fus dans l'obligation de solliciter l'aide de ma mère. C'est alors que j'ai découvert un mystérieux objet en plastique appelé « pistolet ». Cet instrument à la forme hasardeuse offrait une nouvelle manière originale de faire ses besoins sans même quitter son lit… Le reste de la nuit a également été interrompu à diverses autres reprises par des bruits inconnus dans les couloirs qui retenaient toute mon attention et éveillaient mon inquiétude. Heureusement, maman savait me rassurer, mais, malgré sa compagnie, je n'ai pas dormi beaucoup, perturbé par ce changement d'environnement, et cette douloureuse sensation abdominale qui ne me lâchait pas.

Le lendemain matin, mon père est venu prendre la relève. Peu après sa venue, quelqu'un a frappé à la porte de la chambre. C'était mon oncle Lionel, le frère de mon père, ou plus exactement, son demi-frère. Cela ne fait pas pour autant de lui un demi-oncle, d'autant plus qu'aux yeux de mon père, c'est sans équivoque un véritable frère. Tonton est entré dans la chambre et m'a offert un cadeau juste après m'avoir salué. Délicate attention, mais ça n'était pas mon anniversaire ? En l'ouvrant, j'ai découvert un camion de pompier métallique enfermé dans une boîte transparente. Alors que je cherchais un moyen d'en extraire le véhicule, une femme fit une violente irruption en m'ordonnant de libérer le lit. Elle souhaitait changer les draps. Mon père lui a alors expliqué que je venais tout juste de m'éveiller et que j'étais au lendemain d'une opération de l'appendicite. Moi-même, je sentais bien que je n'en aurais pas eu la force. J'arrivais à peine à me tenir assis, comment imaginer me mettre debout ? J'avais très mal au ventre, et étais exténué. Mais pas de pièce à y coudre, cette femme m'a une nouvelle fois ordonné de libérer le lit. Sous la colère — d'ailleurs, pourquoi était-elle en colère ? — elle s'est saisie de moi avant de m'extirper de ma couche. En une fraction de seconde, je me suis retrouvé en larmes sous la douleur, et soutenu par mon père consterné par le comportement violent de cette femme brusque et sans cœur. Tonton Lionel, lui aussi choqué, a laissé échapper quelques mots : « Non mais ça ne va pas, non ??? ». De retour dans mon lit, je n'avais plus envie de jouer avec mon dernier cadeau et ai choisi de fermer les yeux pour m'endormir.

L'après-midi, j'ai eu droit à beaucoup de visites. Mes grands-parents, oncles et tantes, tous sont venus m'offrir des jouets. Le soir, c'est mon père qui était de veillée afin de me tenir compagnie. Il m'a forcé à aller marcher dans le couloir. Ma main droite tenait la rambarde fixée au mur, et ma main gauche s'agrippait fermement à la perfusion montée sur roulette. J'avançais lentement, le buste courbé vers l'avant. Quelques pas ont suffi pour me donner le droit de retourner me coucher !

Ma mère a exceptionnellement obtenu ma « libération » le jour suivant. Je suis donc rentré à la maison, deux jours seulement après mon opération. Mes parents pouvaient alors s'occuper de moi, tout en passant des nuits bien installés confortablement dans leur lit.

Une semaine après mon intervention, nous sommes allés dans un grand parc d'attractions situé en région Parisienne. Ce voyage organisé par la Maison Pour Tous (MPT, centre de loisirs du quartier) était prévu depuis longtemps et payé à l'avance. Je ne peux pas en vouloir à mes parents de m'y avoir conduit. La magie de ces lieux opère sur tous les enfants de manière universelle. Leur intention de maintenir le déplacement était des meilleures, mais elle n'en était pas moins des plus ambitieuses. J'aurais, en toute honnêteté, préféré achever ma convalescence dans ma chambre, bien au chaud et au calme. Néanmoins, et comme dirait ma femme, « il faut toujours voir les points positifs ». Dans le respect de ce conseil, je dois bien admettre que ce voyage allait me permettre de découvrir que certains bus disposaient de toilettes embarquées. Cette installation était des plus pratiques, car, durant mon enfance, les stimulus causés par les changements d'environnement me provoquaient une envie incessante d'uriner. D'ordinaire, lors de nos départs en vacances à bord de la voiture familiale, nous devions nous arrêter très régulièrement, trop régulièrement même, ce qui devenait exaspérant pour mes parents et mon frère. Le plus embarrassant, c'est que j'éprouvais de grandes difficultés à faire pipi en extérieur. Par exemple, en cas d'arrêt le long d'un chemin, ou sur le bord d'une route, je devais me concentrer de longues minutes pour espérer réussir à me libérer de cette envie pressante. Bien sûr, avant de me mettre à l'ouvrage, je prenais soin de marcher une distance suffisante dans le but de m'isoler et ainsi être hors du champ de vision de quiconque. Malgré ces précautions, il m'arrivait de ne pas réussir à parvenir à mes fins. Je restais à attendre, mon attribut prenant un petit bol d'air frais, pendant que je me perdais dans mes pensées : « Mais bon sang, j'ai pourtant envie, j'ai tellement envie que j'en ai mal à la vessie, alors où est-elle cette envie pressante ? Pourquoi rien ne se produit ? ». Après plusieurs minutes, et sous l'impatience de mes proches : « Bon Mathieu, tu as terminé ? Dépêche-toi. », je devais parfois me résigner à remettre l'oiseau dans son nid et rejoindre le cortège estival avec mon envie et mes douleurs. Voilà pourquoi il était préférable de privilégier de véritables toilettes, avec une porte pouvant se verrouiller.

Aujourd'hui, même si c'est parfois encore le cas, je dois bien avouer que mes envies préssantes se sont légèrement calmées. En effet, depuis mon adolescence, je suis victime d'un autre phénomène d'évacuation bien plus désagréable et dont je me serais bien passé. Maintenant, face aux imprévus, je ressens de violents maux de ventre accompagnés d'inéluctables séances aux cabinets à siéger tel un empereur sur son trône. Je ne vous fais pas un dessin, j'ose espérer que la comparaison sera suffisante. Dans ces moments, je serre les dents en espérant que la crise s'achèvera au plus vite. Bien sûr, ce n'est jamais le cas. Lorsque je suis confronté à cette situation, je dois passer de très longues minutes, parfois des heures, à souffrir aux toilettes en attendant que mes intestins aient terminé d'expulser tout leur contenu. En plus d'être totalement désagréable, cela reste une épreuve épuisante pour l'organisme, et les heures suivantes, je souffre de spasmes intestinaux difficiles à supporter...

Prenant en compte ce paramètre-là, vous n'aurez pas de mal à vous imaginer les problématiques auxquelles je peux être confronté quotidiennement en cas de changement dans mes habitudes, que ce soit au travail, pour sortir faire les magasins, me rendre à un simple repas de famille, ou encore partir en vacances. C'est un phénomène que je n'arrive pas à endiguer. Lorsqu'un événement plus ou moins inhabituel est prévu, j'essaie de prévenir le phénomène en ingurgitant la veille, ainsi que le jour même, du charbon végétal ou un anti-diarrhéique. L'objectif est tout bonnement de réussir à bloquer mon transit. Malheureusement, ce n'est pas une science exacte, et parfois, malgré mes tentatives préventives, je dois quand même subir ce phénomène d'évacuation... Là où ça devient gênant, c'est lorsque je pars en déplacement (professionnel ou loisir) avec des personnes qui ne sont pas informées de mes difficultés. Je vous fournirai d'autres exemples au fil des pages en vous racontant notamment quelques déplacements professionnels, et plus particulièrement la journée passée au salon du Bourget.

La journée dans ce parc d'attractions a été des plus intensives et nous n'avons pas cessé de marcher. Ma cicatrice sur le ventre m'a rappelé à l'ordre tout au long de la journée, en me faisant ressentir de sévères tiraillements. Je subissais toujours une fatigue lourde et pesante, et ce jour-là, j'étais présent sans réellement l'être. Mes oreilles bourdonnaient, le bruit de la foule, les musiques, ce vacarme ambiant résonnait dans ma tête au point de m'en donner la nausée. Mes parents pensaient sincèrement me faire plaisir, mais je pense qu'ils ont vite compris que j'aurais été bien mieux à la maison. J'ai dû passer une bonne partie de la journée à me plaindre de la fatigue, à éprouver des difficultés pour marcher, et, comme si ce n'était pas suffisant, je ne pouvais pas monter dans certaines attractions par restriction médicale. En effet, les consignes du médecin étaient claires : « pas de manège brusque, afin d'éviter une éventration ».

*

C'est quelque temps après être retourné sur les bancs de l'école que notre maîtresse a organisé un après-midi à la patinoire. Je me souviens avoir contracté une crise de panique en découvrant cette grande étendue blanche qui m'était encore inconnue. La maîtresse a fini par me rassurer, et m'a accompagné sur la glace en me tenant par la main. En quelques minutes, des dizaines de nouvelles sensations se sont présentées à moi : la glisse, la vitesse, l'air froid sur mon visage et l'odeur de la glace, cette odeur si particulière qu'elle reste toujours présente dans mon souvenir. Quelques années plus tard, pendant ma préadolescence, je suis revenu dans ce même lieu pour le plaisir de glisser, mais j'y ai également réalisé de bien mauvaises rencontres.

Toujours la même année, j'ai également découvert la piscine de Châtellerault et son gigantesque toboggan. J'avais déjà eu l'occasion de me baigner avec mes parents, dans la piscine du village vacances situé à Brillac. Ce lieu de vie est un incontournable pour la famille Beaulieu. Chaque été, la coutume nous amenait à nous réunir en ce village. Tous étions présents ensemble, parents, grands-parents, oncles et tantes, cousins et cousines. Nous gardons tous d'excellents souvenirs de ces heureux moments passés en ce village, duquel mon grand-père Beaulieu était originaire.

Ma femme et moi avons d'ailleurs entrepris quelques recherches généalogiques qui montrent que de ce côté de la famille, et au plus haut que nous ayons pu remonter (1780), l'ensemble de nos ancêtres étaient natifs de ce village ou de villages voisins. Je trouve qu'il est singulier de savoir que tous les Beaulieu peuvent encore de nos jours se sentir bien et apaisés en ces lieux. Existerait-il un lien inexplicable, une sorte de connexion invisible qui nous dépasserait tous ?

Je n'échappe pas à la règle et, les rares fois où je m'y rends, j'aime redécouvrir ce bourg de campagne. L'odeur des prairies, des champs et bocages, me rapporte tout droit à mes souvenirs d'enfant. C'est à l'aube que la magie opère. Chaque matin, le village s'éveille et prend vie au rythme du soleil. Je songe aux petits déjeuners qui réunissaient dehors tous les membres de la famille. Pendant que les hommes installaient quotidiennement les tables dans une herbe encore rosée par l'aurore, les femmes préparaient les victuailles. À notre réveil, un véritable banquet s'offrait à nous, du lait acheté au producteur local, du pain frais, des viennoiseries, des céréales... Je repense aux longues promenades du soir, rythmées par le chant des grillons. Nous pouvions marcher jusqu'à la nuit tombée. Au retour, les plus chanceux avaient droit à une veillée tardive avec l'incontournable partie de belote en compagnie de mémé Beaulieu. J'ai également ce délicieux souvenir des spaghettis à la bolognaise minutieusement préparés avec amour par tonton Jean-Paul, qui était aussi connu pour ses siestes quotidiennes. Quel intérêt de vous parler des roupillons de JP me direz-vous ? Et bien, tous les jours, après le déjeuner, il avait pour habitude d'aller s'allonger. Rien d'exceptionnel jusque-là. Mais lorsque l'heure de le réveiller était venue, mon père, sous mon regard attentif, remplissait le fond d'un verre d'eau. Il entrait ensuite dans la chambre, entamant une approche furtive, sur la pointe des pieds. Lorsqu'il se trouvait suffisamment proche, il devait se concentrer pour verser le contenu du verre dans l'oreille du dormeur ! Cette intervention avait pour but de le réveiller instantanément, et bien entendu, de causer l'amusement de tous les membres de la famille. Après la sieste, certains allaient jouer à la pétanque pendant que les enfants préféraient se rendre à la piscine. J'y revois encore mes cousins, et aussi cet homme atteint de trisomie 21 qui passait ses après-midi dans l'eau. Chaque jour, il revenait avec toujours la même joie intarissable et communicative. Il plongeait continuellement sa tête dans l'eau de manière si forte, que les projections aspergeaient tous les baigneurs dans un rayon d'au moins deux mètres. C'est en songeant à cette personne que je me dis que chaque être sur cette Terre est exceptionnel. Cette joie au moment où il entrait dans l'eau nous offrait une véritable leçon de vie. Il criait et s'amusait sans se soucier de quiconque. Il vivait l'instant présent à cent pour cent, voilà pourquoi je trouve cette personne admirable. Être dans l'instant, c'est quelque chose qui m'est difficile à réaliser. Mes pensées prennent le contrôle et bien souvent, je passe à côté de belles choses pourtant si simples...

Dans le bourg du village, ma mémoire redonne vie aux anciens jouant à la belote à la terrasse du café, à l'ombre des parasols. Je me souviens y avoir vu plusieurs fois un vieil homme charpenté vêtu d'une salopette qui avait l'étrange habitude de toujours avoir une allumette entre ses lèvres... Au fil des lignes, les souvenirs rejaillissent et font naître en moi une sorte de nostalgie. Certes, rien ne sert de vouloir vivre dans le passé, mais simplement, si je devais décrire mes émotions concernant mes souvenirs en ce village de vacances, je dirais que cela ressemble à une cuillère de miel. En bouche, je trouve que le miel apporte une douceur paisible à la fois rassurante, douce et joyeuse. Il en va de même pour ce sentiment.

Recentrons-nous maintenant sur le récit. J'ai débuté avec la piscine de Châtellerault, et je termine sur une cuillère de miel ! Tout ça pour simplement vous dire que j'avais déjà eu l'occasion de me baigner dans la piscine de ce village vacances, mais jamais dans celle de ma commune de résidence. Ce fut pour moi une grande découverte : l'immensité de ce centre aquatique et son odeur de chlore si forte que les yeux me brûlaient avant même d'avoir trempé mes orteils. Il y avait beaucoup de bruit et le son résonnait, ce qui ne me rassurait pas tellement. Je n'ai pas de grands souvenirs en ces lieux, si ce n'est la peur du grand toboggan. Tout a commencé avec un escalier... Mes camarades et moi arpentions ce géant de fer à partir duquel je pouvais voir certains d’eux descendre en glissant. Les cris qu’ils poussaient n’étaient pas pour me rassurer. Arrivés en haut, nous devions tous patienter en file indienne. Je pouvais alors voir mes camarades se faire avaler par cet énorme tube de plastique. Lorsque ce fut mon tour, j’étais paniqué et terrorisé. Je pleurais en hurlant : « Je ne veux pas y aller, je veux descendre ». J’ai même commencé à rebrousser chemin en me dirigeant vers les escaliers, mais l’une des institutrices qui nous accompagnaient m’a décollé du sol, et m’a porté vers l’entrée du toboggan. Je me débattais et criais, mais malgré ça, elle a tout de même réussi à me jeter à l’intérieur du toboggan. C’est en pleurs que j’ai effectué cette première descente. Arrivé en bas, mes larmes ont disparu pour laisser place à une nouvelle sensation de glisse pas si désagréable que ça, finalement. J’ai d’ailleurs souhaité refaire un deuxième passage, mais l’heure avançait et nous devions déjà regagner les vestiaires. L’après-midi, la maîtresse nous a demandé de rédiger quelques lignes afin de raconter notre matinée. J’avais beaucoup de choses à écrire, et ma rédaction lui a tellement plu qu’elle n’a pas manqué, le soir venu, d’aller en informer mon père qui m’attendait à la sortie de l’école.

*

Puisque nous abordons les crises émotionnelles, je vais solliciter ici quelques lignes pour vous conter l’un de mes voyages au ski en compagnie de mes grands-parents maternels. À l’époque des faits, j’avais trois ans. Nos grands-parents, Reine et Claude, nous avaient emmenés, mon frère et moi, en vacances de neige dans le Mont d’Or, plus précisément à la Bourboule. Une fois arrivé sur place, et sans en connaître la cause, j’ai contracté une attaque de panique. J’étais en pleurs et n’arrêtais pas de scander : « Je veux ma maman... Je veux ma maman... ». Mes grands-parents ne savaient plus comment me consoler. La crise a duré si longtemps que mon grand-père a commencé à sérieusement envisager d'effectuer les trois cents kilomètres en sens inverse afin de me ramener à Châtellerault.

Avant d'en arriver là, il eut l'idée de nous conduire à l'extérieur afin de nous faire prendre l'air. C'est en passant devant une épicerie que papi s'est proposé de nous acheter un soda pour tenter de désamorcer la situation. Il nous a demandé ce que nous souhaitions boire, pour mieux nous l'offrir. Cette technique était sur le point de fonctionner. J'ai donc demandé un Orangina, ma boisson favorite à l'époque, et ma crise a commencé à s'apaiser. Quelques minutes plus tard, mon grand-père est sorti de l'épicerie, la mine réjouie en hissant devant lui la bouteille, symbole de sa victoire ! Bon... Dommage pour lui, il avait acheté une sous-marque...

Inutile de vous dire que j'ai très rapidement compris qu'il y avait erreur sur la marchandise, et je n'ai pas manqué l'occasion de hurler mon désarroi : « Ce n'est pas un Orangina... Je veux un Orangina. » Cette anecdote, les membres de ma famille s'en sont amusés pendant des années, c'est encore aujourd'hui toujours le cas.

*

Poursuivons avec mon année de CE1. Cette année-là, je ne disposais pas d'un, mais de deux instituteurs. Le premier, n'était autre que « Môssieur » (comme dirait Obélix...) le responsable de l'établissement. Ses occupations extrascolaires et sa place de directeur ne lui laissaient que très peu de temps à consacrer à ses élèves, ce qui n'était finalement pas plus mal... Cet homme qui me paraissait austère et psychorigide nous bâclait l'enseignement deux jours par semaine. Les jours suivants étaient assurés par un jeune instituteur, monsieur Bouvoit. Je pourrais le qualifier « d'original » dans ses pratiques. Il portait la barbe, et avait ce don que peu de professeurs possèdent, celui de nous donner l’envie d’apprendre. Avec lui, nous avions la chance de réaliser beaucoup de travail manuel. Des constructions, des dessins, de la flûte, de la peinture… J’étais chaque fois toujours plus impatient de démarrer de nouvelles activités. Les découvertes que je faisais en classe étaient toutes passionnantes. Il était d’une sagesse remarquable et éveillait nos sens de la plus ludique des façons. Je me souviens d’un après-midi où nous avons travaillé notre ouïe. Le maître utilisait trois pots de yaourt en plastique, chacun rempli au quart. L’un contenait du sable, le second de la semoule, et le dernier du riz. Nous devions ensuite fermer les yeux pendant que le maître secouait l’un des pots. Le but du jeu était de réussir à identifier par le son lequel des trois était en mouvement. Était-ce le bruit du sable ? le riz ? ou la semoule ? Cet exercice, pourtant si simple, parvenait à canaliser tous les élèves, y compris les plus turbulents. Je me souviens également de la fabrication d’un culbuto en papier, actionné par une bille, et aussi d’un kaléidoscope composé de trois miroirs, de papier calque et des perles. J’ai bien dû refaire ces fabrications des dizaines de fois tellement ça me plaisait !

Il y eut également cette journée axée sur le corps humain qui me marqua. Nous avons abordé le cœur et son principe de fonctionnement. Pour cette occasion, le maître a demandé à notre camarade Élodie, élève studieuse au visage angélique, de se mettre debout sur l’estrade. Les autres enfants devaient passer chacun à leur tour devant elle afin de coller une oreille contre sa poitrine pour écouter les battements de son cœur. À mesure que mes camarades s’exécutaient, j’ai réalisé qu’il serait pour moi bientôt l’heure de les imiter. Dès lors, j’ai senti mes jambes entrer en vibration, au détriment de ma volonté. Alors que j’étais sur le point de m’approcher, j’ai senti mon cœur s’emballer et ma respiration s’accélérer, ce qui donna naissance à des étourdissements. Je devais maintenant, tout comme mes camarades, coller mon oreille contre sa poitrine. À cet instant, mon corps tout entier s'est mis à trembler. Mes côtes, mes mains, mes bras, mon ventre, ma nuque, mon cou, mes tympans. Tout était en train de vibrer à l'intérieur de moi. Je n'ai d'ailleurs pas réussi à percevoir le moindre battement de cœur, et suis retourné m'asseoir en me demandant ce que les autres avaient bien pu entendre...

J'ignorais encore à cet âge que cet état incontrôlable faisait partie de moi, et que j'allais ressentir cette sensation à bien d'autres reprises tout au long de ma vie. J'ai d'ailleurs récemment constaté que ces réactions physiques correspondaient à une hausse de tension pouvant avoisiner les dix-sept. Ceci permet de mettre en avant à quel point les Asperger peuvent vivre les choses de manière différente avec une forte intensité. En analysant aujourd'hui cette situation, je me rends compte que c'était la première fois que j'entrais physiquement en contact avec une personne extérieure à mon entourage.

Monsieur Bouvoit était passionné par les phasmes, ces insectes aux allures de brindilles. Il en faisait même un élevage qu'il n'a pas manqué d'apporter en classe à la fin de l'année. C'est avec émerveillement qu'un beau matin, nous avons découvert devant nous, posé sur nos tables d'élèves, un gigantesque vivarium. Il y avait à l'intérieur beaucoup de branchages et de verdure, ainsi que des centaines d'insectes. Nous pouvions généreusement en récupérer pour ramener à la maison et tenter nous aussi d'en faire un élevage. J'avais donc pour l'occasion apporté un seau recouvert d'un papier sulfurisé. Le soir venu, j'ai poussé la porte du domicile accompagné de mon contenant et de mes nouveaux pensionnaires. Malheureusement, la nuit même, ils n'ont pas manqué de s'échapper, laissant derrière eux un seau vide et un enfant déçu.

J'ai pendant des années cru que c'était mon père qui les avait volontairement relâchés dans le jardin. Car, pour être honnête, papa n'était pas très enjoué de me voir arriver avec ces insectes. Il m'a dit avec son humour bien à lui : « Ils sont sortis du seau et vont rentrer par tes trous de nez dans ton sommeil pour te manger le cerveau ! ». Cette remarque m'a laissé perplexe, d'autant plus que M. Bouvoit nous avait expliqué que ces insectes étaient phytophages et que, par conséquent, ils ne se nourrissaient que de verdure... Néanmoins, ces insectes devaient certainement aimer s'isoler dans des endroits sombres et paisibles... À ce titre, mes narines auraient donc pu offrir une porte d'entrée vers un véritable havre de paix pour eux... C'est donc suite à cela que pendant plusieurs semaines, je me suis endormi en prenant soin de garder la tête sous la couverture afin d'éviter toute intrusion.

Notre autre instituteur, au visage fermé et indéchiffrable, me terrorisait. Tous les jeudis, nous devions nous soumettre à une insoutenable autodictée. Je l'apprenais par cœur et sans faire la moindre faute, mes parents m'en sont témoins. Pourtant, une fois en classe, et sans savoir pourquoi, il devenait pour moi impossible de rédiger sans effectuer une faute à chaque mot. Les vendredis étaient encore plus insupportables, puisque c'était le jour où le maître nous remettait les notes. Je me situais régulièrement en dessous de trois sur dix, et pour ceux qui, comme moi, présentaient de mauvais résultats, la sentence demeurait irrévocable. Le maître se transformait en tortionnaire et s'approchait de nous avant d'attraper nos cheveux au niveau des tempes, entre son pouce et son index, et de tirer si fort que nos yeux en pleuraient... Il en était ainsi toutes les semaines. Pour lui, j'étais un élève médiocre qui n'apprenait pas ses leçons, ce qui avait le don de le mettre en colère. Un jeudi matin, alors que ma mère m'accompagnait à l'école, j'ai fait une crise de panique. Je ne voulais plus la lâcher et pleurais en la suppliant de ne pas me laisser y aller. Ce jour-là, ma camarade Hamina, arrivée en même temps que moi, m'a offert tout son soutien, elle aussi victime de cet instituteur aux méthodes abjectes.

Durant toute ma scolarité, j'ai passé mes récréations à voguer dans la cour en accordant peu d'intérêt aux distractions de mes camarades. Je n'appartenais à aucun groupe spécifique, ne disposais d'aucun ami attitré. Parfois, certains prenaient plaisir à venir me chahuter, à me voler mes billes ou bien mes pogs... Je me souviens de ce garçon plus âgé que moi, aux origines espagnoles. Il m'avait pris en sympathie et m'offrait sa protection. Si quelqu'un venait à m'indisposer, je n'avais qu'à le lui dire et il s'occupait d'intimider à son tour mes agresseurs.

Je songe également à mon année de CM2. Cette année-là, mon institutrice était très âgée et achevait sa dernière année d'enseignement. Elle avait les traits du visage marqués, et la rigidité de sa pédagogie m'était très ennuyeuse. Mon désintérêt, principal instigateur de mes mauvais résultats, me conduisit à effectuer une année supplémentaire, le traditionnel redoublement. Je n'imagine pas la déception de mes parents. Fort heureusement pour moi, ma deuxième année de CM2 allait se dérouler d'une bien meilleure façon. J'ai troqué ma vieille institutrice froide et austère contre une nouvelle, cette fois-ci bien plus jeune, souriante et agréable. Yvonne possédait une véritable âme d'artiste. Passionnée par les arts plastiques, elle ne manquait pas de nous faire partager sa ferveur artistique. Elle porte encore aujourd'hui le même intérêt dévoué à son art qu'elle exprime au cœur de son atelier de gravure. L'enseignement qu'elle nous prodiguait était fluide et enrichissant.

Nous profitions de nombreux ateliers découvertes, des dessins, des collages, des bricolages... Elle nous offrait même des séances pouvant s'apparenter à de la méditation. La maîtresse diffusait de la musique classique, les élèves que nous étions devaient alors fermer les yeux et laisser leur main munie d'un stylo flâner sur une feuille blanche, au rythme des variations musicales. Notre attention devait être portée sur la musique, son énergie, son émotion. La première fois, mon esprit a eu du mal à comprendre l'exercice. Dessiner les yeux fermés ?! Quelle drôle d'idée ! Il était déjà bien assez compliqué de dessiner en gardant les yeux ouverts... Mais ce jour-là, Yvonne allait m'apprendre qu'un dessin ne devait pas spécialement ressembler à quelque chose de précis. Je venais de découvrir la notion du mot « abstrait ». Tout comme M. Bouvoit, Yvonne m'apportait beaucoup avec sa gentillesse, son sourire inoubliable, ses cheveux bruns et ondulés, et surtout, de par ses méthodes atypiques qui alimentaient continuellement ma fibre créative.

Avec le recul, je constate à quel point ces exercices d'ancrage pouvaient se montrer bénéfiques pour mes camarades et moi-même. J'ai toujours trouvé les modes d'enseignement traditionnel d'un ennui terrible. J'étais d'ailleurs souvent incompris par mes professeurs. Pour certains, j'étais totalement transparent, pour d'autres, j'incarnais l'essence même d'une nonchalance exacerbée. Et enfin, il y avait ceux qui lisaient en moi comme un livre ouvert. Ceux-là, en prenant le temps de s'intéresser à moi, finissaient par découvrir tout mon potentiel et ma force intérieure. Avec ce genre de professeur, j'obtenais de très bons résultats et repoussais continuellement mes limites. Hélas, je n'en ai croisés que très peu, forcé de constater que sur toutes mes années d'école primaire, collège et lycée, ils ne doivent être que cinq ou six. J'éprouvais ce besoin d'originalité, d'apprendre différemment avec des enseignants patients et empathiques. Je devais également ressentir une sorte de passion de la part de l'enseignant afin de pouvoir m'en inspirer et ainsi avoir l'envie d'apprendre. Je trouve malheureusement que trop peu de professeurs disposent de cet enthousiasme communicatif en mesure de susciter chez les élèves un intérêt sincère et passionné. En rédigeant ces lignes, je me rends compte que ce schéma est aujourd'hui sensiblement le même dans ma vie d'adulte. Il y a dans mon milieu professionnel, ceux qui ne m'en croient pas capable, ceux qui ne me consultent pas ou qui m'ignorent, puis viennent ceux qui ont réellement appris à me connaître et à voir en moi le potentiel exploitable.

*

Sur cette même période, je suivais des cours de musique. J'aurais souhaité étudier la batterie, mais mes parents avaient finalement réussi à me convaincre d'opter pour la guitare, ce qui leur semblait moins encombrant et surtout moins bruyant. Un professeur particulier venait à la maison m'apprendre le solfège et la pratique de l'instrument. Il s'appelait Michel Lefort, et reste connu dans ma ville notamment pour sa chanson qui rend hommage à notre ancienne manufacture d'armes de Châtellerault. Il est toujours de ce monde, je sais qu'il s'adonne aujourd'hui au théâtre. Cet artiste accompli n'est resté mon professeur que deux années, puisqu'un beau jour ses occupations artistiques ne lui ont plus laissé suffisamment de temps pour continuer à assurer mon enseignement. J'ai subsisté ainsi quelques années, à jouer seul sur ma guitare, en me nourrissant de quelques partitions récupérées sur le pupitre de l'orgue électronique de mon aîné. C'est d'ailleurs là que j'ai découvert la partition « Les copains d'abord » de Georges Brassens. Allez savoir pourquoi, j'ai instantanément été fasciné par cette mélodie. Mes parents possédaient justement un CD sur lequel se trouvait l'enregistrement de cette chanson. C'est de cette manière que j'ai découvert l'univers de Georges. J'ai toujours été touché par sa voix suave et chaleureuse qui m'émeut au plus profond de mon être. Georges était un poète au grand cœur, sensible et bon vivant. Depuis mon plus jeune âge, il ne m'a jamais quitté. Je n'arrive toujours pas à m'expliquer l'indéfectible attachement que je voue à ce chanteur décédé quatre ans avant ma naissance. Je l'ai dans la peau, c'est ainsi. Je connais aujourd'hui la plupart de ses chansons et il ne s'écoule d'ailleurs pas une semaine sans que je ne passe l'un de ses disques. J'ai lu beaucoup de biographies, écouté des interviews, vu des émissions... Tout me plaît chez cet homme, son parcours, son mode de vie atypique, sa façon d'être... À l'école, il était quelque peu cossard, et qui aurait pu croire que bien des années plus tard, il recevrait le grand prix de poésie de l'Académie française ? Son chemin impose le respect, bravo Georges !

Devant mon entêtement à m'exercer en autodidacte, mes parents, persuadés de mon potentiel, et après des mois à s'évertuer, ont finalement réussi à me convaincre de reprendre les cours au conservatoire. L'idée d'intégrer cet établissement me terrorisait depuis des années. J'avais entendu parler des auditions régulières ainsi que des évaluations de fin de cycle obligatoires pour valider un niveau et passer dans la classe supérieure. Le tout devant un jury et un public. Cette idée me glaçait le sang, et représentait l'unique obstacle. J'étais également au fait des cours de solfège en salle et en groupe d'une vingtaine de personnes... De quoi ravir l'aspie (aspie = personne souffrant du syndrome d'Asperger) que je suis ! (humour !) La guitare a joué un rôle important dans ma vie, vous aurez l'occasion de l'apprendre au fil de mon récit.

Lorsque je passais du temps à la maison, en plus de m'exercer à la guitare, j'essayais de m'occuper comme je le pouvais. Malgré tous mes efforts, j'étais très vite lassé de ce que je pouvais entreprendre. Je m'amusais tant bien que mal avec mes jouets, mais ressentais rapidement un ennui profond. J'éprouvais cet insatiable besoin de créer, de bâtir quelque chose, de faire fonctionner mon esprit en apprenant de nouvelles choses. Je me souviens encore de cet épouvantable ennui qui m'envahissait dès lors que j'entamais quelque chose. J'ai beaucoup souffert de cette situation. Si, par chance, j'arrivais à trouver une activité, le travail produit me laissait un terrible goût d'insatisfaction. Je ne voyais que les imperfections, et ce constat nourrissait un terrible sentiment de frustration difficilement supportable. J'avais à cet âge l'abominable impression de me sentir inutile et incompétent. Il n'était pas rare que j'éprouve de la colère pour moi-même et, à ce titre, il m'arrivait de prononcer envers et contre tous : « Je suis bon à rien, je suis nul ». C'est malheureusement toujours le cas aujourd'hui, et même si j'ai travaillé sur moi et que j'ai progressé, il me reste encore beaucoup à apprendre. J'essaie aujourd'hui de modérer ces exigences envers moi-même, et d'accepter les imperfections que je peux commettre. C'est un effort quotidien qui reste difficile à accomplir, mais je progresse.

Pendant ces phases durant lesquelles mon état pouvait se qualifier, il faut le dire, de dépressif, j'aimais me réfugier dans la salle de bain, sur le sèche-linge, lorsqu'il était en fonctionnement. Placé dans l'angle au fond à droite, je ne pouvais résister à l'envie de me hisser dessus, sans mot dire à quiconque. Je m'asseyais ensuite en position fœtale, le dos appuyé contre le mur, mes genoux repliés sous mon menton et mes deux bras venant enlacer mes jambes pour tenir la posture. Par avance, je prenais le soin de placer la robe de chambre de mon père entre la faïence froide et mon dos, afin de m'épargner une sensation bien désagréable. Ce sèche-linge en fonctionnement transformait la salle de bain en un véritable sanctuaire. Cette merveilleuse machine, en plus de sécher le linge, me procurait un bien-être inégalable. Mes peurs, mes angoisses, tout semblait s'évanouir. Une fois installé, je pouvais rester ainsi de longues heures en perdant toute notion du temps. Mes yeux se fondaient dans le vide, je plongeais dans un état hypnotique et ne faisais plus qu'un avec l'appareil. Le bruit régulier du linge brassé ; les vibrations que je ressentais ; le ronronnement constant de la soufflerie ; la chaleur émise ; toutes ces sensations me garantissaient quiétude et réconfort. Ma peau devenait chair de poule et mon corps frissonnait en tremblant dans son intégralité devant la délectable intensité des sensations que je percevais. Hélas, un triste jour, cet appareil est tombé en panne. Mes parents ont pris la décision de ne pas en racheter un, j'étais comme anéanti. Mon angoisse ne cessait de croître à l'idée de ne plus jamais pouvoir revivre ces sensations aussi apaisantes qu'agréables. J'ai donc rapidement éprouvé un état de manque, mon équilibre était menacé, je devais trouver une solution palliative au plus vite. C'est au cours de cette recherche que je me suis naturellement rabattu sur la machine à laver située, quant à elle, dans la cuisine. Ainsi, dès lors que ma maman lançait un cycle, je venais m'asseoir par terre, le dos plaqué contre la tôle, dans la même position symbolique. Mes parents ne se sont jamais inquiétés de ce comportement, quasiment quotidien. Après tout, j'étais sage, et ne faisais de mal à personne… Tout au long de ma vie, j'ai découvert que d'autres sons pouvaient me procurer de pareilles sensations, comme le bruit d'un aspirateur, celui d'un sèche-cheveux, la pluie et l'orage, un ventilateur… À titre d'exemple, lorsque je suis au travail et que le climatiseur du bureau s'enclenche, qu'il soit réglé sur chaud ou froid, mes poils se dressent sur mes bras, et je sens des frissons me parcourir le dos de bas en haut.

J'étais sans nul doute un enfant anxieux, et cela se manifestait par différents tics. Avec le temps, je dois bien reconnaître que... mes tics sont toujours présents. Ainsi, lorsque je suis stressé, anxieux ou fatigué, je peux avoir les yeux qui roulent vers le ciel, ou bien fermer de manière exagérée mes paupières comme si quelque chose me grattait les mirettes. Je peux également me frotter le dessous du nez avec ma lèvre supérieure ou me racler la gorge toutes les dix secondes, le tout bien entendu de façon récurrente et incontrôlée, pour le plus grand bonheur de mon entourage ! Inutile de préciser que cela peut devenir rapidement insoutenable pour mes proches, et ça l'est aussi pour moi. J'ai parfois le dessous du nez irrité à force de frotter ma lèvre supérieure, et j'ai souvent mal aux yeux ou à la gorge. Je dois vivre avec. Une chose que je trouve cependant assez intéressante, c'est que certaines activités permettent de les éliminer. C'est par exemple le cas quand je joue de la musique, que je chante ou que je fais l'amour. Il en va de même lorsque je suis en milieu social, au travail entre autres, je me surpasse tellement dans ce genre d'épreuve que mes tics disparaissent. Par contre, dès que je retourne dans mon cocon et que la pression redescend, ils reviennent de plus belle. Lorsque j'étais enfant, ma mère avait acheté du millepertuis chez l'herboriste du quartier. Je n'ai malheureusement jamais trouvé ça efficace, et les gélules étaient très difficiles à avaler. Ma femme aujourd'hui essaie elle aussi de trouver des solutions, mais il semble que ces manifestations soient ancrées en moi et difficiles à éradiquer.

Afin de combler mon temps libre et apporter un peu de sens à mon existence, ma mère m'avait appris le tricot. Eh oui !!! Depuis mon plus jeune âge, je tricote. Ce hobby m'a coûté quelques moqueries, aussi bien à l'école qu'auprès de certains proches : « t'es qu'une tarlouze, t'es qu'une mamie, ah la gonzesse… », j'ai vite compris qu'il serait préférable pour moi de dissimuler ce passe-temps pour m'éviter toute sorte de railleries sous-jacentes. Lorsque Reine, ma grand-mère maternelle, me gardait, il n'était pas rare que je tricote devant la télévision. Si j'avais faim quand le quatre-heures montrait son nez, elle me préparait mon traditionnel sandwich au camembert avec des noix, un délice. Le tricot a toujours constitué l'un de mes centres d'intérêt. Il me permet de me concentrer sur quelque chose de précis et de ne penser à rien d'autre. Enfant, j'ai rapidement effectué le tour du tricot. Ma mère m'a donc appris à faire du crochet, j'ai dû produire un ou deux napperons. Mais une fois de plus, ma lassitude prenait le dessus, et j'avais besoin d'autre chose. J'ai découvert les scoubidous, mais après des centaines de réalisations allant des hélicoptères aux tours Eiffel, en passant par des carottes, des ancres marines, des cœurs, des scoubidous à deux fils, quatre fils, huit fils… j'ai, au bout d'un moment, fini par faire le tour du sujet. Je me suis alors essayé à la couture, au bricolage du bois en fabriquant de petites boîtes ainsi que des sculptures aux apparences désastreuses. Je démontais également tous mes jouets pour en examiner l'intérieur et récupérer des pièces pour mes bricolages. La pâte à sel, les Legos, les perles, les bracelets en fil de coton, les tours de magie, les maquettes… j'avais continuellement besoin de me nourrir en occupations.

Il m'arrivait aussi très souvent de regarder mon père bricoler. J'apportais ma contribution du mieux que je le pouvais. J'aurais aimé pouvoir l'aider encore plus, mais mon inexpérience et mon jeune âge auraient pu altérer la finalité de son travail. Alors je l'observais attentivement. J'analysais chacun de ses gestes et j'apprenais ainsi. En toute modestie, je dois vous avouer que mon sens de l'observation est très affûté, et que je peux apprendre et reproduire d'un simple regard.

*

Cela me donne envie de vous raconter cette anecdote qui remonte au mois de février 1992. À cette époque, je regardais régulièrement la télévision avec mon père, afin de suivre les Jeux Olympiques d'hiver d'Albertville. Mon attention demeurait aux aguets, puisque cette année-là, mes parents m'avaient inscrit à un voyage à la neige organisé par le comité d'entreprise de mon père. Ils m'avaient expliqué que j'allais partir en bus avec d'autres enfants, en compagnie de mon frère Maxime, et que j'allais apprendre à faire du ski, à la montagne. J'observais donc avec intérêt ces skieurs évoluer sur la piste, et avais constaté qu'à la fin d'une descente, ces experts effectuaient systématiquement une sorte de grand dérapage sur le côté pour s'arrêter rapidement. Et bien, croyez-moi ou non, mais quelques semaines plus tard, alors que je venais tout juste de chausser des skis alpins pour la première fois, c'est sur le même geste technique que j'ai achevé ma première descente. Je me souviens encore de la réaction du moniteur qui m'a dit :
« Mais dis-moi, toi, tu as déjà skié ? Mais où as-tu appris à t'arrêter comme ça ? m'a-t-il lancé avec un sourire.
— J'ai appris ça en regardant la télé.
— À la télé ? Ah ah ? En regardant la télévision ?! » a-t-il répondu en éclatant de rire.

*

L'année de mes sept ans, toujours empli d'un ennui quotidien, j'ai fini par mettre la main sur le tout premier ordinateur acheté par mon père, un TO8 de chez Thomson.

Je m'étais également emparé d'un livre d'apprentissage du BASIC, langage de programmation de cet ordinateur. En parcourant les pages, j'ai découvert la possibilité de faire jouer des notes de musique à la machine, en indiquant des fréquences et des durées. J'ai donc commencé par m'amuser avec cette fonctionnalité en programmant de petites mélodies traditionnelles comme « Au clair de la lune », ou encore « Une souris verte ». J'ai également repéré dans cet ouvrage qu'il était possible de réaliser des dessins à partir de coordonnées. J'ai rigoureusement suivi les instructions du livre en tapant des dizaines de lignes de code. C'est en appuyant sur la touche « Entrée » du clavier que la magie opérait. Devant mes yeux d'enfant, une maison se traçait automatiquement sur l'écran. Toutes ces découvertes nourrissaient mon intérêt, ce qui m'encourageait à poursuivre mes investigations. J'aimais beaucoup jouer avec cet ordinateur, mais je me suis vite aperçu que je perdais énormément de temps à chercher les touches sur le clavier. Par chance, maman travaillait en tant que secrétaire médicale. Je me suis donc procuré son livre d'apprentissage de la dactylographie, et ai commencé en autonomie à me former : « QSDF JKLM QSDF JKLM QSDF JKLM… » puis « QSDFGF JHJKLM… » puis encore « le la le la le la le la le la… se ce se ce se ce se ce… ». Ma détermination m'a conduit à m'exercer pendant des semaines afin d'acquérir la dextérité que je souhaitais obtenir. J'y suis parvenu ! Cet apprentissage m'a permis de stupéfier mes camarades, puisque je savais maintenant taper de mes dix doigts sans même regarder le clavier ! Je m'amusais à leur demander de me dicter du texte que je frappais instantanément les yeux fermés et la tête levée vers le ciel. Cette démonstration faisait son effet à tous les coups !

Pendant que j'occupais mon temps libre en travaillant ma dactylographie ou en saisissant des lignes de code, mon frère, lui, voguait à l'extérieur de la maison. Il aimait jouer avec les autres enfants du quartier. S'il n'était pas sur son vélo, il chaussait ses rollers et partait le plus souvent et aussi longtemps que possible. Bien souvent, mes parents me forçaient à l'accompagner pour que je puisse tout comme lui prendre l'air. Sans ces incitations, je ne serais vraisemblablement jamais sorti. Je dois bien vous avouer qu'à cette époque, et sans m'en rendre compte, je venais de découvrir l'un de mes centres d'intérêt qui me suivra de longues années.

Depuis toujours, je porte en moi cette intarissable soif de créativité ainsi que cet acharnement maladif qui me contraint à repousser perpétuellement la frontière de mes connaissances. Si vous découvrez le syndrome d'Asperger, vous devez savoir que nous sommes capables de nous plonger dans un centre d'intérêt, sans aucune limite. Pendant ces phases, je m'inflige une irrationnelle pression qui me crée une sorte de stress permanent. Mon esprit raisonne et part dans tous les sens. J'ai de multiples questions, et si je trouve une réponse, alors je vais trouver dix autres points d'interrogation. En vieillissant, je suis forcé de constater que mon corps présente de plus en plus de difficultés à suivre la cadence. Tous ces efforts, cette ténacité quasi systématique, finissent par affaiblir mon organisme. Il n'est pas rare qu'après plusieurs jours de concentration intensive, je sombre dans un état d'épuisement profond. Dans les cas les plus extrêmes, je suis parfois obligé de rester alité plusieurs jours sans même être en mesure de m'alimenter. Durant ces périodes-là, je peux perdre entre deux et trois kilos. Ce stress crée chez moi le fameux phénomène d'évacuation désagréable dont je vous ai déjà parlé précédemment. Si vous avez oublié de quoi il est question, et afin de vous éviter de chercher, je fais allusion à des maux de ventre, accompagnés de coliques, qui me valent alors de longues séances aux toilettes à attendre dans la douleur que mes intestins soient purgés. Cette phase est relativement éprouvante et contribue à mon état d'affaiblissement général.

*

Concernant l'école, ma seconde année de CM2 fut nettement meilleure que la première. J'appréciais énormément mon institutrice et le temps passé en classe apportait du sens à mon expérience personnelle. J'attendais toutefois, avec une impatience non dissimulée, la venue des week-ends, vacances et jours fériés. En effet, c'est en cette année 1996 que mes grands-parents maternels ont cassé leur tirelire pour offrir un cadeau inestimable à toute la famille, une maison en bord de mer. Située dans le petit village de La Terrière, commune de la Tranche sur mer, la plage n'est qu'à seulement deux kilomètres à pieds, une aubaine pour nous tous. Cette bâtisse offrait suffisamment de pièces pour que nous puissions disposer d'une chambrée par ménage. Avec mes parents, nous avons pris pour habitude de nous y rendre dès que nous en avions l'opportunité. C'est en arrivant sur place que nous avions parfois la surprise d'y retrouver mes grands-parents, mes cousins ainsi que mon oncle et ma tante. Aujourd'hui, dès lors que j'arrive devant le portail qui mène à cette villa, mon cœur et ma gorge se serrent et la mélancolie s'empare immédiatement de moi. Je suis assailli de souvenirs que les odeurs ne cessent de raviver, douce incandescence éternellement ancrée en moi. Je me rappelle des petits déjeuners au soleil avec une table bondée de victuailles, des innombrables barbecues, de nos après-midi à nous affronter au poker, à jouer de la musique, à aller à la plage… En rédigeant ces lignes, je réalise alors à quel point le temps s'écoule, à quel point nous changeons au fil des ans, et que le passé est révolu.

Dorénavant, j'aime m'y retrouver seul en compagnie de ma femme. J'éprouve ce besoin sincère de calme et de sérénité, le besoin naturel de me ressourcer. Nous apprécions nous promener dans le village. En traversant le terrain de pétanque, je revois mes proches jouer et rire, mon père, mon oncle Éric, mon grand-père… Les arbres qui l'entourent ont bien grandi, et l'ombre qu'ils apportent aurait été jadis fort appréciée. Je me remémore les inlassables tournois organisés par mon cousin Julien. En poursuivant notre pèlerinage par le bois, je redécouvre l'odeur des pins, identique à mes souvenirs. Le sol, toujours aussi sableux et jonché d'épines, offre une légèreté à nos foulées, portées par cette surface au matelassage naturel. Après plusieurs minutes de marche, nous commençons à apercevoir la lisière du bois, embrassée par les dunes, dernière étape avant l'océan. Je nous revois enfants, mon frère Maxime, mon cousin Julien, et ma cousine Mathilde. Nous aimions y faire voler nos cerfs-volants, offerts par notre grand-père Claude. Nous pouvions parfois nous livrer à des combats aériens où l'objectif était de couper les ficelles des autres avec les nôtres, en réalisant des loopings à vive allure… Je songe, le sourire aux lèvres, à cette journée où nous avons accroché les peluches de Mathilde sur l'armature de l'une de nos voiles dans l'unique but de les faire s'envoler… Je revois également mon grand-père qui ne manquait rien du spectacle. Même s'il ne pilotait pas, il s'amusait et riait tout autant que nous en commentant nos actions entre deux fous rires. En cas de crash, il n'hésitait pas à se rendre au pas de course sur la zone afin de nous relancer l'appareil dans les airs. Nous voir nous épanouir ainsi était pour lui un bonheur certes des plus simples, mais surtout une fierté.

Après l’ascension des dunes, nous arrivons à la plage. C’est une magnifique et gigantesque étendue de sable, sans l’ombre d’un rocher. C’est ici que nous venions à marée basse pour pêcher ces fruits de mer nommés « pignons ». Nous pêchions sur une partie de la plage non surveillée, et réservée aux naturistes. Cette zone était beaucoup moins fréquentée, ce qui nous permettait d’évoluer plus facilement. Je me souviens de ce jour où ma grand-mère Reine pêchait sous l’œil attentif et curieux d’un nudiste, qui n’a finalement pu s’abstenir de venir à son contact afin de lui poser quelques questions. Il est vrai que cette technique de pêche peut sembler particulière pour une personne non initiée. La méthode de ramassage se pratique avec un traditionnel outil de jardinage, un simple grattoir à herbe monté sur un manche en bois. Il suffit ensuite de le tirer dans le sable tout en reculant. Si un fruit de mer se trouve enfoui, nous ressentons un léger choc comme si nous venions de heurter un caillou. Il ne reste plus qu’à fouiller le sable à la main pour en sortir le pignon. Je revois donc ma grand-mère, légèrement voûtée pour tirer le manche de son outil planté dans le sable, et ce nudiste qui lui tenait la conversation, les parties battant en plein vent, à seulement quelques dizaines de centimètres de son visage. Elle n’osait même pas tourner la tête, et se contentait de répondre à cet interlocuteur décomplexé en gardant les yeux bien fixés sur le sable. Cette anecdote est restée dans les mémoires et ne cesse d’alimenter de longs fous rires depuis des années.

Je repense également à cet après-midi, je devais être âgé de dix-sept ans. Alors que nous arrivions au niveau du parking de la plage, nous avons découvert que le drapeau de surveillance hissé était de couleur orange. Cette couleur, relativement fréquente, ne nous faisait pas peur. D’ailleurs, en règle générale, cela nous apportait même une certaine excitation puisque nous avions l’habitude de pratiquer le bodyboard. Un fanion de cet acabit s'annonçait précurseur de sensations fortes. Arrivé sur la plage, il ne m'a fallu guère longtemps pour constater que la mer était extrêmement agitée, bien plus que d'ordinaire. Mon cousin et moi sommes allés dans l'eau, munis de nos planches, en compagnie de ma cousine et de mon oncle Éric, qui eux étaient en nage libre. Alors que nous attendions patiemment « la » bonne vague pour glisser, nous avons vu se dessiner des rouleaux bien plus gros que les précédents. J'ai donc immédiatement décidé de modifier ma position en naviguant quelques mètres vers le large pour réussir à attraper cette gigantesque vague, mais elle ne s'est finalement pas formée comme je l'avais prévu. La bougresse venait tout bonnement de me faire faux bond, en coulant sous ma planche, sans même me secouer. Mon cousin Julien, qui était resté à notre position initiale, était parvenu à se faire propulser par les flots en direction de la plage. Qu'importe, les vagues de ce genre se forment par série, et une deuxième tout aussi grosse était justement en train de se préparer, occasion pour moi de le rejoindre. Malheureusement, le même scénario s'est répété. Alors que la mer devenait un peu plus calme, j'ai constaté que nous étions extrêmement loin du rivage. Je pouvais voir mon oncle Éric, à une dizaine de mètres de moi, qui nageait le crawl en espérant regagner la plage. Il nageait, mais n'avançait pas d'un centimètre. Il me semblait même qu'il était en train de reculer vers le large. C'est à cet instant que j'ai pris conscience de la situation et je me rappelle m'être dit « c'est en train de nous arriver ». Mais de quoi était-il question me direz-vous ? Et bien, depuis des années, nous avions entendu parler de ces courants redoutables appelés « baïnes ». Nous savions pourtant les reconnaître puisqu'ils sont généralement visibles depuis la plage, mais tout venait de se produire en quelques secondes. Nous étions en train de nous faire tirer vers le large par cette véritable force de la nature, qui avait eu l'audace de s'emparer de nous, sans aucune forme de sommations. Alors que nous étions déjà à une distance déraisonnable de la plage, j'ai soudainement aperçu Julien qui revenait vers moi sur sa planche, fier de la vague qu'il avait réussi à dompter. Il m'a dit :

« T'as vu un peu ? J'ai réussi à prendre la vague !!! Truc de fou la puissance !
— Ne viens pas ! Ne viens pas ! Va-t'en, tu ne vois pas que nous sommes emportés par un courant ? ».

Malheureusement, trop tard pour lui, il venait de rejoindre notre horde de déportés à destination du grand large. Grâce à nos planches, Julien et moi avons réussi à regagner la plage en battant des pieds et en restant le buste bien installé dessus. Mon oncle et ma cousine eux, n'arrivaient pas à revenir à la nage, et se faisaient aspirer vers le large à une vitesse effrayante. Heureusement, la baignade était surveillée, et les secouristes n'ont mis que quelques minutes à intervenir avec le scooter des mers. C'est la seule fois où je me suis fait prendre par ce courant pourtant très fréquent sur ces plages de sable, et qui est malheureusement responsable chaque année de nombreuses noyades.

Quoi qu'il en soit, nous connaissions la meilleure façon de nous en sortir. Mon grand-père Claude, intarissable bavard, avait échangé bien souvent avec les CRS responsables de la surveillance. Nous avions donc été avertis des comportements à adopter si un jour le courant venait à s'emparer de nous. Et si vous ne connaissez pas encore ces bonnes pratiques qui pourraient vous sauver la vie, laissez-moi vous en informer. Si cela vous arrive et que vous êtes avec une planche de bodyboard, alors restez accroché à elle et battez des jambes pour avancer vers la plage. Si en revanche, vous êtes tranquillement en train de nager et que vous sentez que vous dérivez vers le large, sachez qu'il ne sert à rien de lutter contre le courant qui se montrera de toute façon bien trop fort pour vous. Dans ce genre de situation, vous n'aurez pas pied, c'est d'ailleurs ce qui m'a surpris. Avant d'être emporté par le courant, je pouvais fouler le sable du bout de mes orteils, mais d'un seul coup, plus rien. Je me souviens, après avoir pris conscience que nous étions dans une baïne, avoir volontairement essayé de toucher le fond en plongeant sous l'eau, impossible de vous dire à combien était le fond. Nous venions de passer d'une profondeur d'un mètre quatre-vingt-dix à plus de deux mètres cinquante. Quoi qu'il en soit, si vous cherchez à lutter, en nageant éperdument vers la plage, vous allez dépenser toute votre énergie et finir par vous noyer. Ne sous-estimez pas la puissance de la nature, croyez-en mon expérience. Le meilleur des moyens pour survivre dans cette situation consiste à tout simplement vous laisser emporter vers le large en vous laissant flotter sur le dos. Dès que le courant s'affaiblit, il vous faudra alors nager parallèlement à la plage. Vous devriez ensuite pouvoir regagner le rivage à la nage à moindre effort. Vous pouvez également, si vous le souhaitez, effectuer de grands signes en espérant que les gens puissent capter vos signaux de détresse.

Bien entendu, toutes ces théories sont beaucoup plus faciles à dire qu'à faire ! Mon oncle pensait réellement être en mesure de revenir à la nage, s'il avait été seul. Je suis moins confiant que lui, et je le revois nager face au courant tout en reculant malgré ses efforts...

Cette maison de famille en bord de mer, cette plage, tous ces moments passés sont ancrés dans ma mémoire. Me rendre en ces lieux aujourd'hui est un véritable pèlerinage, un retour aux sources, un rappel du temps qui s'écoule.

*

Il est temps de nous recentrer sur le récit… Où en étais-je ? Avez-vous pris des notes ?

*

Trêve de plaisanteries, je vous parlais de ma seconde année de CM2, grâce à laquelle j'ai obtenu mon billet d'entrée au Collège Jean Macé de Châtellerault. Ce changement d'établissement éveillait en moi quelques angoisses. J'allais devoir découvrir de nouveaux camarades, de nouveaux enseignants, les plannings à horaires variables, les carnets de correspondance, les élections des délégués… J'avais entendu ces sujets dans les discussions de mon frère, qui, par la même occasion, n'a pas manqué de me conter le récit du terrible bizutage infligé aux nouveaux élèves de sixième. Il appelait ça : « La bite au poteau ». Il m'a raconté, avec un niveau de détails suffisamment précis pour éveiller mes craintes, que les élèves les plus âgés perpétuaient une effrayante coutume. Elle consistait à porter de force les nouveaux arrivants, en leur tenant les jambes écartées, dans l'unique but de leur écraser les parties génitales sur l'un des nombreux poteaux métalliques du préau… Ce châtiment, visiblement inévitable, me terrorisait. Mon cousin Benjamin en avait d'ailleurs déjà fait les frais, et son témoignage semblait indéniablement confirmer les dires de mon frère. Bien que je ne comprenne pas l'intérêt d'une telle pratique, je m'attendais à ce qu'on me tombe dessus tôt ou tard. Par chance, je n'ai jamais été bizuté, et je n'ai pas à m'en plaindre.

*

C'est sur cette transition entre l'école primaire et le collège que je choisis de clôturer le chapitre de mon enfance, en laissant place à celui de mon adolescence.

3

Mon adolescence

Avant ma rentrée des classes au collège, il y avait bien entendu les traditionnelles grandes vacances. Cette année-là, pour le 14 juillet 1997, nous sommes allés voir le feu d'artifice avec ma cousine Amandine, accompagnée de son amie et voisine Fanny. C'était une jolie jeune fille qui était vraisemblablement amoureuse de moi. Depuis plusieurs années, je recevais, par l'intermédiaire d'Amandine, des lettres parfumées, missives chargées de mots doux, illustrées de baisers tendrement déposés par ses lèvres recouvertes de rouge à lèvres. Elle ne manquait pas la moindre occasion pour me rendre visite en compagnie d'Amandine. Mon jeune âge ne me permettait pas encore de comprendre la valeur de ces lettres et l'intention qu'elle avait. Fanny, comme beaucoup de jeunes filles, faisait preuve de maturité. Pendant le feu d'artifice, elle s'est placée à côté de moi et a délicatement glissé sa main dans la mienne. J'ai instantanément été pétrifié. Mon corps tout entier s'est mis à trembler. La sensation ne m'apparaissait pas forcément désagréable, mais l'émotion était si intense que ma gorge était serrée et que je pouvais sentir mes côtes trembler ainsi que mon ventre, mes jambes. Même mes tympans vibraient. Mon cœur, quant à lui, battait la chamade. Je n'arrivais plus à contrôler mon corps. Je ne savais pas comment réagir, mais je comprenais toutefois que ce moment demeurait unique et important. C'est plusieurs semaines plus tard que nous avons eu l'occasion d'échanger notre premier baiser. Bien que Fanny ait été scolarisée dans le même collège que moi, mes maladresses et mon inexpérience sur le plan sentimental contribuèrent à faire se séparer nos chemins. C'était une jeune fille douce et sensible. Malheureusement, la vie lui a réservé un triste sort puisqu'elle nous a quittés dans sa dix-huitième année, atteinte d'une leucémie.

*

Mon année de sixième fut une franche réussite. J'effectuais mes devoirs seul, et obtenais de bons résultats. J'ai découvert, le jour de la rentrée, mes nouveaux camarades de classe. Parmi eux se trouvait Vanessa. Son visage parsemé de taches de rousseur lui procurait un charme auquel je ne pouvais rester insensible. Cette camarade éveillait chez moi un sentiment agréable. J'aimais son contact, elle se montrait gentille avec moi, et parfois, le soir, il nous arrivait de cheminer ensemble à pied. Nous avions quelquefois l'opportunité d'échanger quelques mots affectueux par l'intermédiaire d'une amie commune. Le matin, à mon réveil, mes premières pensées lui étaient destinées, et j'attendais avec impatience de pouvoir la retrouver en classe. Nous étions de plus en plus proches, et notre amie, entremetteuse à ses heures perdues, essayait par tous les moyens de forcer les deux grands timides que nous étions à nous rapprocher peu à peu. Malheureusement, pendant nos vacances scolaires, j'ai appris par l'intermédiaire de ma tante Annie, qui avait lu la nouvelle dans le journal, que Vanessa était tragiquement décédée. J'ai eu du mal à réaliser et mes émotions m'ont laissé bouche bée. Je pense que j'ai compris instantanément que je ne la verrais plus. Je ne me suis pas effondré. J'éprouvais du chagrin, mais n'y pouvais rien, forcé d'accepter la fatalité de la situation. Pour m'aider, je me plongeais encore plus allègrement dans mes centres d'intérêt. J'imagine que cela me permettait de me concentrer sur quelque chose de rassurant.

Je n'ai jamais partagé ma peine avec mes parents. Je n'en voyais pas la nécessité, et n'aurais de toute façon, pas su comment aborder la situation. Cependant, je pouvais compter sur notre amie mutuelle pour en discuter. Le temps finit par panser notre chagrin, et quoi qu'on en dise, la vie se devait de poursuivre son cours.

Parmi mes nouveaux camarades se trouvait également Justin. Ce jeune homme m'a abordé en toute simplicité en me demandant si je voulais être son ami. Cette requête m'a surpris, mais la question avait le mérite d'être claire et directe. C'est ainsi que nous nous sommes retrouvés en dehors du collège pour jouer et passer le temps. Justin était un fervent amateur d'ornithologie et amoureux de la nature. Il avait dans son jardin une immense volière avec de multiples variétés d'oiseaux. Il aimait également pêcher et m'a fait découvrir sa passion pour le carnassier. Nous allions souvent pêcher dans l'étang privé de son oncle, situé à Antran, à quelques kilomètres de Châtellerault. Ma maladresse dans les contacts humains finit par détruire cette relation amicale. Ça ne sera d'ailleurs pas la dernière. Je dirais que je suis quelqu'un qu'il faut accepter en l'état. Je suis une personne qui ne donne que très rarement de ses nouvelles. Je ne téléphone jamais pour le plaisir de discuter, et ne m'autorise à passer du temps avec les gens que si j'en ai la motivation et l'énergie. Il est par exemple fréquent que mon téléphone portable sonne et que je ne réponde pas à l'appel d'un ami ou d'un membre de ma famille. J'ai parfois des périodes de silence, un besoin d'isolement qu'il est nécessaire de savoir respecter et ça, croyez-moi, ce n'est pas à la portée de tout le monde. Partant de là, vous comprendrez que la plupart de mes relations amicales se soient toujours terminées en échec. Il en va de même concernant les liens familiaux. À ce jour, je ne me suis lié d'amitié qu'avec une seule personne, Damien, qui m'accepte et m'apprécie pour l'être que je suis. Nous nous connaissons depuis seize années, c'est je crois, l'âge qu'il devait avoir au moment de notre rencontre. Cet « effronté » sait respecter mes silences. À ce titre, il nous est déjà arrivé de rester deux ou trois ans sans nous donner le moindre signe de vie. Et pourtant, lorsque nous avons le plaisir de nous retrouver, rien n'a changé. Il est comme un frère pour moi, je sais que je peux compter sur lui dans les meilleurs et les pires moments, et c'est évidemment réciproque. Il peut sonner à n'importe quelle heure de la nuit, ma porte lui restera toujours ouverte, avec sa boisson préférée pour l'accueillir : un cappuccino !

*

En sixième, la technologie demeurait incontestablement ma matière préférée. Peut-être était-ce lié à notre professeur aux allures atypiques et qui semblait plaisanter à chacun de ses cours ? Monsieur Roux était un enseignant bienveillant, c'est indéniable. Avec lui, nous disposions de beaucoup de travaux pratiques. Je me souviens de la fabrication du porte-clés lumineux, que beaucoup de ma génération connaissent également. Pour le réaliser, il fallait souder des composants sur une carte électronique. Mon sens de l'observation m'a une fois de plus aidé. En effet, à cette époque, mon père avait entrepris la conception d'un gigantesque circuit de train électrique. Je me tenais très souvent à ses côtés pour l'observer dans ses travaux. Des soudures, il en avait réalisées des centaines sous mon regard attentif. J'avais étudié tous ses gestes dans les moindres détails. Je n'avais encore jamais eu l'autorisation de m'exercer, mon père ayant jugé le fer à souder trop dangereux pour l'enfant que j'étais. J'allais donc enfin pouvoir pratiquer. Mon cœur battait terriblement fort ce jour-là, car je savais que j'étais prêt et que j'allais réussir. En quelques minutes, j'ai terminé ce fameux porte-clés, presque déjà déçu que ça n'ait pas duré plus longtemps. Quelques jours plus tard a eu lieu la réunion parents-professeurs. J'ai accompagné mes parents pour l'occasion. Je me souviendrais toujours de la discussion qu'ils ont eue avec mon professeur de technologie. Monsieur Roux s'est adressé à mes parents :

« Dites-moi, notre petit Mathieu là, est-ce qu'il a déjà soudé à la maison ?

— Non, il a interdiction de toucher à mon fer, a répondu mon père d'un air étonné.

— Ah bon ? Ça alors, vous l'auriez vu souder le porte-clés, on aurait dit qu'il avait fait ça toute sa vie !

— Mathieu est très manuel et s'intéresse à beaucoup de choses, a alors expliqué ma mère.

— Ah oui ? Moi aussi je suis manuel, qu'est-ce qu'il aime faire ?

— Il fait un peu de tout… du tricot, du crochet, de la broderie, de la couture, du bricolage, il démonte ses jouets, des scoubidous, des perles, des bracelets…

— Du tricot ! Ça alors, moi aussi je tricote, ça me détend ! a répondu mon professeur la mine enjouée, surtout, tu dois continuer de cultiver ces qualités, c'est important », a-t-il dit en s'adressant à moi.

*

Je me suis également beaucoup impliqué dans certains clubs du collège qui étaient animés par nos enseignants. J'ai ainsi participé au club musique, piloté par notre bienveillant professeur. Avant chacun de ses cours, nous avions droit à des exercices de respiration de quelques minutes : « Inspirez par le nez… on reste plein, on reste plein, encore, encore… Soufflez par la bouche… on reste vide, on reste vide… ». Cela m'apaisait beaucoup, et je comprends aujourd'hui qu'il cherchait à nous décontracter pour mieux nous canaliser. Je me suis également investi dans le club émaux, animé par le documentaliste du collège. Ainsi, pendant les récréations, ou pendant les pauses déjeuner, je me réfugiais dans les salles afin de me divertir. C'était un moyen de passer le temps de manière constructive, mais aussi, et surtout, de fuir le vacarme de la cour en limitant les contacts et le bruit.

*

En parallèle du collège, je continuais de suivre mes cours de guitare au conservatoire. Je m'entraînais dès que j'en avais l'occasion. Le matin avant d'aller en classe, le midi pendant la pause déjeuner, le soir en rentrant de l'école. Mes parents finissaient par avoir du mal à supporter mes heures quotidiennes de répétitions. Je progressais cependant très rapidement, ce qui m'encourageait toujours plus. D'après mon père, je devais bien jouer entre trente-cinq et quarante heures de guitare dans la semaine. Au début, mes doigts étaient recouverts d'ampoules qui perçaient et saignaient dès que je jouais. Mais mon envie d'apprendre était bien plus importante que la douleur. À force de persévérance, les ampoules se sont transformées en corne épaisse, et j'ai fini par ne plus sentir la moindre gêne. Mes nombreuses heures de répétitions engendraient également une usure fulgurante des cordes. Je devais les changer toutes les semaines. Le vendeur du magasin de musique, voyant mon père revenir aussi régulièrement, s'est étonné de la situation et a dit : « Ça n'est pas possible d'user des cordes si rapidement !?! » La seule réponse de mon père fut : « C'est qu'il joue beaucoup... ». Compte tenu du budget que cela représentait, un arrangement a été négocié auprès de la boutique et pour l'achat de neuf jeux de cordes, le dixième était offert. C'était toujours ça de gagné !

C'est également à cet âge que j'ai commencé à écrire quelques poèmes que j'ai mis en musique par la suite. Lorsque j'avais du temps, j'aimais me rendre au CDI afin de composer mes textes. Cet endroit restait constamment calme, et j'affectionnais particulièrement l'odeur des livres. Pour m'aider dans mes compositions, j'utilisais un dictionnaire de synonymes. J'ai toujours trouvé que l'écriture constituait un exutoire simple et efficace, un moyen d'expression libérateur et bénéfique pour moi. J'ai composé plusieurs textes dont un en lien avec la disparition de Vanessa, ma camarade. Ce travail, sans aucune valeur artistique, m'a néanmoins permis d'extérioriser ma peine à ma manière. La mélodie, accompagnée d'arpèges, était mélancolique et touchante. C'est de cette manière que j'ai exprimé, tout au long de mon adolescence, mes humeurs, mes peurs et angoisses.

Sur la même période, je me suis également rapproché d'un camarade de classe qui aimait se rendre à la patinoire les mercredis après-midi. De manière assez naturelle, nous avons fini par nous y rendre ensemble. Y aller seul était pour moi impossible. Il me fallait une personne de confiance pour m'accompagner et ainsi me sentir un peu plus rassuré. Là encore, avec le patinage, j'ai vite progressé. Je dois reconnaître que je pratiquais un autre sport de glisse assez proche, le roller, ce qui a certainement contribué à cette évolution. J'aimais tellement patiner que je m'étais même offert mes propres patins de hockey. Je me souviens encore de l'odeur si particulière qui pouvait en émaner, sans oublier l'émotion intense au moment de l'achat avec mes économies.

C'est donc devenu une habitude, tous les mercredis après-midi, pendant la saison, mon camarade se faisait déposer à la maison juste après le déjeuner. Ma mère prenait ensuite le relais pour nous accompagner à la patinoire, puis nous y laissait seuls. Tout se passait véritablement bien, jusqu'au jour où la folie m'a pris de m'adresser à un enfant plus jeune que moi qui semblait isolé. C'est justement pour cette raison que je lui ai livré quelques banalités. Ça n'a pas été simple, mais j'ai réussi à établir un contact verbal. J'ai même passé un peu de temps avec lui, et n'ai rien relevé de particulier. La semaine suivante, alors que je terminais de chausser mes patins dans les vestiaires, j'ai de nouveau aperçu le jeune garçon, cette fois-ci en compagnie d'un autre bien plus âgé que moi. Il devait bien avoir six ou sept ans de plus. Je les ai vus discuter, et l'enfant, celui à qui j'avais tenu compagnie la semaine d'avant et qui m'avait semblé si seul et innocent, celui pour qui j'avais réalisé tant d'efforts pour échanger quelques mots, cet enfant-là, se mit à me pointer du doigt. Le plus âgé des deux s'est ensuite dirigé vers moi à grandes enjambées. Une fois à ma hauteur, il m'a attrapé violemment par le col de mon blouson tout en me plaquant contre le mur : « Tu vois le p'tit là-bas ??? Tu t'approches plus de lui », m'a-t-il dit tout en me frappant au visage devant le regard impassible de dizaines d'enfants. Ses propos m'ont paru incohérents et j'étais effondré. Qu'avais-je fait de si horrible ? J'étais en pleurs dans les vestiaires, mais c'est finalement, coquin de sort, grâce à ce geste violent que j'ai obtenu l'immunité absolue pour de nombreuses années.

Pour comprendre de quoi il est question, je dois au préalable vous parler de mes origines du côté maternel. Je suis, tenez-vous bien, le descendant d'une lignée de forains. C'est un fait, et d'ailleurs, en réalisant mon arbre généalogique, je suis forcé de constater que contrairement à ma branche paternelle, mes ancêtres du côté maternel voyageaient énormément. À en croire certains registres matricules des armées, certains d'entre eux se soumettaient difficilement aux règles qui régissent notre société. C'est une lignée qui, je pense pouvoir le dire, a le sang chaud. En d'autres termes, la castagne ne leur fait pas peur.

Et justement ! Le cousin germain de ma mère, Frédéric, plus communément connu dans ma ville sous le surnom de « Pot-au-feu », vivait lui aussi à Châtellerault. Il avait le même âge que mon frère, mais sa réputation n'était déjà plus à faire. Il représentait une figure emblématique dans les quartiers, et faisait trembler tous les clans. Il régnait en maître sur la voyoucratie locale, et rien ne lui faisait peur. Il avait su s'imposer en édictant sa loi et ainsi forcer le respect. Tout le monde savait pertinemment qu'il valait mieux être l'ami de Pot-au-feu plutôt que son ennemi. La chance que j'ai eue, c'est que cette forte tête de la famille aimait lui aussi se rendre à la patinoire pour se divertir. C'est ainsi qu'un jour, en entrant dans les vestiaires, il m'a découvert en pleurs, recroquevillé sur moi-même. Il s'est adressé à moi en me demandant si j'allais bien. Je lui ai alors expliqué qu'un garçon plus âgé m'avait agressé. Il m'a demandé de lui indiquer qui était la personne qui avait osé s'en prendre à moi. A peine ai-je eu le temps de baisser le bras qu'il avait déjà attrapé l'individu par le « colbac », celui-ci se retrouvant dans la même posture que celle qui m'avait été infligée, c'est-à-dire plaqué dos au mur. Pot-au-feu lui expliqua alors, devant les yeux de toute la populace : « Tu l'vois le jeune là-bas ??? Guette-le, tu l'vois bien sa grand-mère ??? C'est mon p'tit cousin, tu as bien compris le sang de ton grand-père ??? Donc si jamais j'apprends que tu le retouches, t'auras affaire à moi, t'as compris ? Espèce de #%***$ £ ¥#%... ».

Ce message presque pacifique fleuri de mots tendres a fait son effet puisque le garçon a acquiescé en silence avant de quitter les lieux tête baissée. Quelques secondes après, des dizaines d'enfants des bas quartiers se sont regroupés autour de moi en s'écriant : « Quoi ??? Toi, t'es le cousin de Pot-au-feu ??? ». Ils semblaient ne pas en croire leurs yeux et ça n'en finissait plus, je me retrouvais assailli de questions de la part de ces jeunes à la fois estomaqués et admiratifs devant cette nouvelle. J'avais soudainement plein de copains qui faisaient preuve de bienveillance à mon égard.

C'est depuis ce concours de circonstances, fruit d'un merveilleux hasard, que j'ai réussi à éviter les brimades. Car je dois bien le reconnaître, ma frêle silhouette, ornée d'une paire de lunettes adjointe à ma coupe au bol, me donnait une « tête de premier de la classe » et faisait de moi « une proie » facile. Du collège au lycée, j'ai fréquemment été alpagué par des jeunes qui agissaient en bande. C'est d'ailleurs souvent dans les vestiaires, après le sport, que j'étais le plus souvent exposé à de potentielles agressions. J'ai toujours eu besoin de plus de temps que les autres pour me changer. Je me retrouvais donc seul avec des individus qui restaient volontairement le plus longtemps possible dans ces lieux pour ne pas retourner en cours. Ils pouvaient alors pour se divertir venir me chahuter... Depuis ce jour à la patinoire, dès lors qu'un voyou s'en prenait à moi, ses confrères intervenaient rapidement pour lui rappeler : « Attention, fais gaffe, ne le touche pas, c'est le cousin à Pot-au-feu ». Je n'ai jamais remercié Frédéric d'avoir pris ma défense. Grâce à toi, j'ai échappé à de nombreuses agressions, tu as, sans le savoir, veillé sur moi des années durant. Aujourd'hui, je me dois de te dire un immense « merci » des plus sincères.

*

C'est cette même année que mes parents, à la suite d'un bilan sans appel, ont pris une grande décision. Notre nid était devenu trop étroit pour nous quatre, nous devions nous enquérir d'un nouveau logis. Nous étions sur le point de quitter une maison de soixante-dix mètres carrés pour une autre de cent trente, avec un jardin de mille mètres carrés, soit presque dix fois plus que celui que nous avions. J'allais pouvoir disposer de ma propre chambre, nous étions tous très excités par ce changement. J'ai éprouvé un immense pincement au cœur à l'idée de laisser derrière moi mes souvenirs vécus en ces lieux, qui étaient des meilleurs. Je me suis toujours juré un jour de racheter ce bien immobilier. Je n'étais alors qu'un enfant, et même s'il m'arrive encore régulièrement de repenser à cette maison, même si j'aime retourner fouler le sol de mon ancienne rue en m'abandonnant à mes souvenirs, mon portefeuille, lui, ne me permet pas cet extra.

Ma peine fut vite épongée puisque nous n'étions pas perdants au change. Cependant, la nouvelle acquisition ne pouvait être habitée en l'état. En effet, certaines pièces du rez-de-chaussée disposaient d'un sol recouvert de terre battue, la toiture prenait l'eau, bref tout était vieux et nécessitait une rénovation massive et intégrale. Pendant les travaux, nous avons vécu durant six mois dans la caravane de mon grand-père Claude. Elle stationnait dans le jardin d'une ancienne grange qu'il avait acheté quelques années auparavant. Il se servait de ce bâtiment pour stocker ses meubles et tous les objets qu'il vendait sur les brocantes. La grange s'étendait sur une surface importante, mais ne possédait qu'une toute petite pièce aménagée d'environ douze mètres carrés. Nous n'avions à notre disposition qu'un évier sans eau chaude, une table et des chaises, un réfrigérateur, un four à micro-ondes, ainsi que des w.c. La nuit, nous dormions donc dans la caravane. Pour se rendre aux toilettes, pas d'autres choix que de sortir et oser affronter le froid et l'obscurité pour entrer dans la grange, la traverser, et finalement arriver aux commodités. L'été, ce parcours était supportable, mais l'hiver, il fallait être motivé et se couvrir avec manteaux et écharpes. Je me rappelle que j'avais souvent très froid, que ce soit aussi bien dans la pièce aménagée que dans la caravane. Le matin, nous devions faire notre toilette à l'eau froide dans une pièce difficile à chauffer. Le soir, le ciel en soit loué, nous allions prendre notre douche chez mes grands-parents. Parfois, nous avions la chance et le plaisir d'être conviés pour le dîner, ce qui nous permettait de manger dans un endroit bien chauffé.

Malgré les contraintes que pouvait engendrer cette situation, j'en conserve un excellent souvenir. Ce que j'appréciais le plus reste les nuits pluvieuses. Le bruit des gouttes qui tombaient sur le toit de la caravane me procurait une sensation de bien-être jusque-là rarement ressentie. Ces sensations m'apparaissaient aussi puissantes que celles que j'avais pu ressentir avec le sèche-linge qui avait bercé mon enfance. Dans ces moments, j'espérais au plus profond de moi que la pluie ne cesse jamais. Je me blottissais dans mes draps, recroquevillé sur le côté, toujours en position fœtale, et me laissais naturellement bercer par le doux battement des gouttes sur la tôle. Je sentais sur mon visage la fraîcheur ambiante de la caravane. Cette sensation couplée au bruit intense et constant des gouttes me donnait des frissons et tous les poils de mon corps finissaient par se dresser. Parfois, un coup de tonnerre avait l'audace de retentir ce qui n'altérait en rien mon plaisir, bien au contraire. Les soirs de pluie, c'est avec une grande volupté que je cheminais vers ma couche, car contrairement à la normale, je pouvais m'endormir assez rapidement. Je pouvais ainsi me concentrer sur quelque chose de précis, ce qui me permettait d'arrêter de penser.

C'est justement là l'un de mes éternels problèmes. Mon mental ne cesse jamais de cogiter. Mes nuits sont souvent compliquées. C'est d'ailleurs grâce à cette expérience en caravane que j'ai finalement trouvé une méthode efficace pour trouver le sommeil de manière plus rapide. Aujourd'hui encore, je m'endors systématiquement avec un casque audio dans lequel je diffuse en boucle des bruits qui m'apaisent. Après les travaux, lorsque la maison a été terminée et que j'ai enfin pu dormir dans ma propre chambre, j'ai très vite ressenti un manque. Alors, les soirs de pluie, j'allumais mon ordinateur, j'ouvrais la fenêtre de ma chambre, et j'enregistrais l'ambiance extérieure, la pluie, le vent, et l'orage. J'ai pu ensuite me créer des bandes sons personnalisées, en réalisant des mixages que je gravais sur un disque audio. Une fois dans mon lit, je diffusais en boucle ces sons pour m'aider à trouver le sommeil.

Aujourd'hui, je n'ai plus besoin de sortir mon microphone ni même besoin d'allumer mon ordinateur. Avec l'arrivée des smartphones, il existe une multitude d'applications qui permettent de créer rapidement des mixages à partir d'échantillons sonores mis à disposition. Le casque qui me sert à écouter ces sons la nuit me suit partout en déplacement, et si je ne l'ai pas avec moi, je diffuse directement depuis le haut-parleur de mon téléphone. Par chance, cela ne dérange pas ma femme !

*

Pendant la rénovation de la maison, j'ai essayé de me rendre utile de mon mieux, en aidant mes parents dès que j'en avais l'occasion, toujours mené par ce besoin viscéral d'acquérir de nouvelles aptitudes, cette nécessité de créer quelque chose de mes mains, de transformer. Je participais quotidiennement au chantier. Mon frère n'a pas eu cette chance, il suivait sa scolarité en internat et ne rentrait que les week-ends. Cela ne lui laissait que très peu de temps pour œuvrer avec nous.

Je me souviens cependant de sa présence le jour où mon grand-père Claude a décidé de nettoyer le vieux puits de cette récente acquisition. En effet, la maison disposait d'un puits, qui ressemblait lors de l'achat à un conteneur à ordures. Les anciens propriétaires avaient jeté tous leurs déchets à l'intérieur, et sa teneur ne constituait plus qu'un amas de polystyrène, de sacs plastiques, de conserves, de quoi nous occuper un moment... C'est donc cette journée-là que mon grand-père a décidé de nettoyer tout ça pour voir si ce puits fournissait encore de l'eau.

Il faut dire que ce sujet le passionnait depuis des années. Il avait, dans sa précédente habitation, entrepris d'en creuser un lui-même à un endroit précisément identifié par ses soins, à l'aide d'une baguette de sourcier en essence de noisetier. Cependant, et après plusieurs semaines de travail, l'eau ne voulant pas faire surface, il avait dû abandonner son chantier.

Cette affaire de puits représentait donc une source d'excitation, il avait hâte de le nettoyer pour en voir le contenu. Ainsi, il installa avec soin une échelle de trois mètres à l'intérieur du puits. Avant de descendre, il la souleva à plusieurs reprises, pour l'enfoncer plus sèchement. Cela lui permit, je pense, de se rassurer en essayant de palper le fond. L'édification semblait plutôt stable, mon frère et moi en étions témoins. Après ces vérifications, il a enjambé le muret de pierre pour entamer sa descente, armé de sa pelle pliante militaire. Notre mission, à mon frère et moi, consistait à faire descendre un grand sac en nylon maintenu par une corde afin d'extraire les déchets collectés.

Mon grand-père a commencé à évacuer les premiers déchets qu'il chargeait au fur et à mesure dans le sac. Au bout de quelques minutes, nous avons remonté le premier chargement, que nous avons vidé au sol en attendant de l'emmener à la déchetterie. Alors que nous engagions le sac en vue d'une deuxième cargaison, mon grand-père a frappé un gros morceau de polystyrène du bout de sa pelle, dans le but de le fendre en deux, du moins je présume que c'était son intention. Il a frappé une première fois, puis une seconde, puis… Je me souviens avoir entendu comme de grosses bulles d'air remonter à la surface, le bruit impressionnant témoignait que quelque chose était en train de se produire. J'ai immédiatement vu une sorte de gros remous, comme si le fond du puits prenait vie. D'un seul coup, le sol s'est dérobé sous ses pieds. Son premier réflexe a été de remonter à l'échelle, mais au fur et à mesure qu'il gravissait les échelons, elle s'enfonçait toujours plus vers les abîmes. Il finit par arriver rapidement à son sommet sans avoir parcouru un seul centimètre. Je n'ai pas compris tout de suite ce qui était en train de se produire. Nous étions spectateurs de cette scène, seul, mon grand-père, mené par son instinct de survie, était dans le feu de l'action. Voyant que l'échelle l'entraînait vers le fond, il finit par la lâcher pour finalement s'agripper aux parois du puits, pieds et mains écartés. L'échelle, quant à elle, a achevé sa chute en contrebas, le puits étant passé d'une profondeur de trois mètres à plus de huit. Mon grand-père affolé s'est adressé à moi : « Vite, va chercher ton père ! ». C'est en courant que je me suis lancé à sa recherche. Il bricolait à l'intérieur de la maison. Ne sachant pas où il se trouvait précisément dans cette bâtisse, j'ai crié : « Papa,

Papa, vite, Papi vient de tomber dans le puits, dépêche-toi de venir, dépêche-toi… » Voyant qu'il n'arrivait pas, je me suis mis à hausser le ton sous l'impatience et la gravité de la situation. Il a fini par montrer son nez, sans afficher le moindre signe de panique. L'expression de son visage semblait vouloir dire : « Mais qu'est-ce qu'ils me font comme farce encore ? ». Car effectivement, mon grand-père est un blagueur accompli, et une boutade de ce genre aurait tout à fait été envisageable… C'est en se penchant au-dessus du puits, et en voyant mon grand-père tenir par l'unique force de ses membres, qu'il comprit l'urgence. Ainsi, nous avons noué en catastrophe de vieilles cordes avec une grande boucle au bout, que mon grand-père réussit à enfiler sous ses aisselles. Nous l'avons ensuite assisté dans son escalade, la corde assurant son maintien en cas de chute. C'est seul qu'il se mit à gravir les pierres, pour s'extraire de ce puits qui avait voulu sa peau. Claude a toujours été musclé, son activité professionnelle physique avait affûté sa silhouette au fil des ans.

Une fois mon grand-père remonté, je me souviens que nous ne faisions pas les fiers. Cette aventure venait de nous couper la chique, comme dirait l'autre. Après avoir retrouvé nos esprits, et comme il restait encore des déchets à évacuer, mon grand-père a souhaité descendre à nouveau pour nettoyer le puits. Nous avions besoin cependant d'une échelle bien plus grande. Par chance, la charpente était en pleine réfection et les entrepreneurs avaient laissé toutes leurs échelles pendant le week-end, nous n'avions que l'embarras du choix. Mon père en a donc réquisitionné une en bois, de huit mètres de long. Une fois installée dans le puits, elle ne dépassait pas, et était même en dessous de la surface du sol de presque un mètre. Cette aventure s'est bien terminée, avec, en guise de récompense, la confirmation de la présence d'un gisement d'eau permettant ainsi un arrosage économique du jardin.

*

En face de chez nous vivait Céline, une camarade du collège. Cette fille de mon âge faisait preuve d'une grande maturité, et a joué un rôle essentiel tout au long de mon adolescence. Nous faisions quotidiennement le chemin ensemble, que ce soit pour nous rendre au collège ou regagner nos domiciles respectifs les fins d'après-midi. Nous avions également mis en place un code bien à nous. En effet, si je souhaitais dialoguer avec elle, je n'avais qu'à ouvrir la fenêtre de ma chambre et siffler le plus fort possible en utilisant la technique des doigts dans la bouche. Si Céline se trouvait à son domicile et disponible, elle se présentait à son tour à la fenêtre de la chambre de ses parents. Il en allait de même pour elle qui n'hésitait pas à me siffler si l'envie lui prenait de vouloir échanger avec moi. Ainsi nous pouvions discuter de tout et de rien. Malgré ces interactions de façades, je me rendais chez elle presque tous les soirs afin de partager mes problèmes et essayer d'obtenir des réponses. Car je pouvais me poser énormément de questions et ressentais d'innombrables frustrations en lien avec mes relations au collège et mes émotions. Par exemple, j'ai pu me rendre compte que beaucoup de mes camarades disposaient de petites copines auxquelles ils pouvaient « rouler des pelles » à tour de bras. Bien que je ne comprenne pas trop l'intérêt de fourrer sa langue dans la bouche d'une autre personne, j'ai fini par me convaincre que c'était tout à fait normal. C'est donc tout naturellement que j'en vins à me dire : « Pourquoi pas moi ? ». Oui, mais voilà... comment réussir à avoir une relation amoureuse quand on est introverti comme moi, et qu'on ne saisit pas grand-chose dans le langage non verbal ?

Dans ma classe, j'ai constaté que l'une de mes camarades semblait m'offrir un sourire concupiscent dès que je croisais son regard. Je pouvais alors rester des heures à la contempler. Ses rictus faisaient naître en moi un sentiment agréable au point de sentir mon cœur s'emporter. Était-ce ça l'amour ? Le soir, je racontais donc mes journées à Céline qui tentait de répondre à mes questions tout en me donnant son avis. Pour ma part, j'avais du mal à maîtriser mes émotions, et je pouvais me rendre malade pour un simple regard échangé avec une fille. Qu'est-ce que cela signifie ? Est-ce qu'elle est amoureuse de moi ? Est-ce qu'elle veut sortir avec moi ? Céline essayait de m'aider, mais me disait bien souvent que le meilleur moyen d'être fixé restait d'aller voir la personne concernée et de lui demander la nature de ses sentiments... Cette méthode se trouvait être bien trop directe pour moi. Pour bien faire, il m'aurait fallu un intermédiaire, ou encore utiliser la voie de l'écriture. Quoi qu'il en soit, peu importe la technique employée, malgré mes tentatives, je collectionnais régulièrement les râteaux. Je n'y comprenais rien. Les filles m'adressaient des sourires, mais ne voulaient jamais sortir avec moi... Je devais forcément commettre des erreurs pour systématiquement échouer. Pourquoi se forçaient-elles à me sourire ? Est-il permis de sourire par simple sympathie ? Est-ce normal de se rendre aussi malade pour tout cela ? Car pendant ce temps, j'avais du mal à manger, je n'arrivais plus à me concentrer en classe, je pensais encore et toujours à toutes ces situations, ces regards échangés, ces sourires...

Aujourd'hui, je comprends qu'elles étaient certainement gênées devant l'insistance de mes regards, ou qu'elles voulaient naturellement se montrer gentilles. J'ai mis des années à appréhender ces signaux. Désormais, j'ai intégré le fait qu'une femme pouvait sourire à un homme par simple sympathie ou compassion, et qu'il ne fallait pas y voir là un quelconque message subliminal.

*

C'est seulement lorsque je suis arrivé en classe de quatrième que j'ai connu ma première relation de couple. Ma compagne se montrait relativement timide et réservée, un peu comme moi. Nous avons été mis en contact par des intermédiaires qui ont réussi à forcer le destin. J'ai dû apprendre à lui tenir la main. Je voulais le faire, mais restais bloqué et dans l'incapacité de me lancer. C'est après plusieurs semaines de préparation mentale et de tentatives infructueuses que j'y suis enfin parvenu. Céline m'a été de très bon conseil. C'est elle qui m'a expliqué comment m'y prendre et quel comportement adopter. J'ai donc simplement mis en application ses suggestions. Se posait maintenant la question du baiser, celui avec la langue. J'allais bientôt devoir à mon tour, « rouler une pelle », mais comment faire quand c'est la toute première fois ? C'est tout naturellement que je me suis une fois de plus adressé à Céline afin d'obtenir ses conseils. Nous nous connaissions suffisamment bien et elle s'est proposée de m'apprendre cette fameuse technique du fourrage de langue, sous forme de travaux pratiques, en toute amitié, un peu comme un bon service rendu entre voisins.

Nous étions chez mes parents, dans le bureau de mon père, c'est là que la leçon allait se dérouler. Mon professeur particulier et moi-même étions installés face à face, tous deux assis sur une chaise. Céline a toujours su faire preuve d'une grande pédagogie à mon égard. Elle m'a expliqué par avance toutes les étapes du processus, de quelle manière je devais ouvrir ma bouche, ni trop, ni pas assez, comment je devais sortir ma langue, dans quel sens tourner... Elle a répondu à toutes mes nombreuses questions. J'ai essayé de retenir ces informations qui m'ont semblé relativement techniques, et, au fond de moi, j'avais bien peur de ne pas réussir à mettre cela en application... Il était temps de passer à la pratique. Céline a commencé par approcher ses lèvres des miennes, jusqu'au contact. À cette étape, et en faisant abstraction de tous mes membres qui se sont mis à trembler à mon insu, je dirais que j'arrivais à tolérer la situation. Du moins, je tenais bon ! Comme convenu, j'ai légèrement entrouvert mes lèvres tout en sentant nos souffles se mélanger. C'était une sensation bien particulière. J'ai ensuite dégainé ma langue pour que nos deux organes puissent s'entremêler. Quelques secondes plus tard, ça y est, nos deux langues se sont touchées. Alors que j'aurais dû poursuivre, conformément à ma leçon, en entamant une rotation linguale dans un sens bien défini, je me souviens avoir été frappé par ce contact mouillé et visqueux... Ce n'était pas agréable du tout, et ces sensations ont produit comme un électrochoc avec un dégoût que je n'ai pas réussi à dissimuler. J'ai immédiatement interrompu la séance, pour courir vers la salle de bain afin de me rincer la bouche, la tête dans le lavabo, sous un jet d'eau abondant, dans l'intention d'effacer cette horrible sensation poisseuse et aqueuse. Céline a été prise d'une crise de fou rire face à ma réaction qu'elle a, j'en suis sûr, jugée démesurée.

Après cette première tentative, je n'ai pas souhaité prolonger le cours particulier. Quelques semaines plus tard, et à force de pratiquer quotidiennement le « smack » avec mon amoureuse, j'ai réussi à renouveler l'expérience, cette fois-ci en ressentant un peu moins de dégoût. Ce n'était pas pour autant l'extase, mais j'arrivais à le tolérer. Aujourd'hui encore, j'ai toujours du mal à supporter ce genre de baiser.

Au bout de plusieurs semaines, notre relation s'est soldée par un échec, pour une raison qui m'échappe encore aujourd'hui, néanmoins, j'étais satisfait d'avoir vécu cette expérience. C'est là ma seule véritable histoire d'amour du collège. J'ai cependant expérimenté une autre relation, avec une prénommée Sandra. Il n'y a pas de quoi faire couler beaucoup d'encre, mais l'anecdote mérite d'être contée tant elle se montre originale !

Pour comprendre le contexte, vous devez savoir qu'après ma cinquième, mes notes au collège étaient devenues plutôt médiocres. J'étais un élève certes avec des capacités, mais relativement fainéant. Cela me valut d'ailleurs le droit de redoubler ma classe de quatrième. C'est donc l'année de mon redoublement que j'ai fait connaissance de Sandra, affectée dans la même classe que moi. Malgré ma deuxième année, mes résultats se montraient tout aussi mauvais que l'année précédente.

Sandra, élève mignonne et studieuse, m'avait promis de sortir avec moi sous l'unique condition que ma moyenne générale au prochain trimestre soit de minimum quatorze points. C'était plutôt atypique comme demande, mais il m'en fallait bien plus pour m'impressionner. J'ai accepté de relever ce défi qui m'offrait dorénavant un but bien déterminé, avec une amourette à la clé. Je devais rentabiliser le temps passé en classe et donc mettre fin à mes diverses distractions perpétuées pendant les cours : terminé les dessins, origamis, poèmes et autres distractions. Il me fallait maintenant écouter attentivement mes professeurs tout en effectuant les exercices avec un intérêt particulier. Néanmoins, à la maison, je ne révisais pas plus que ça. Si j'avais des devoirs, je m'arrangeais pour les bâcler au plus vite. Je préférais les loisirs, jouer de la guitare, disséquer mes jouets, ou réparer de vieux téléviseurs... À la fin du trimestre suivant, le peu d'efforts que j'ai fournis m'ont permis de remonter ma moyenne et ainsi, d'atteindre le nombre décisif de quatorze, ni plus, ni moins. C'est fier de moi que j'ai donc porté mon bulletin à ma promise, arborant ce morceau de papier tel un trophée. Ma part du contrat était remplie, tous les feux étaient maintenant au vert pour que je puisse sortir avec elle. Sandra a respecté notre accord et accepta une amourette avec moi. Cependant, notre relation ne s'est limitée qu'au simple fait de se tenir la main. Quelques jours plus tard, elle a décidé de rompre, ce qui, je pense, n'était pas plus mal... Je comprenais encore difficilement les relations amoureuses. J'étais, je pense, bien trop jeune et maladroit. Mes expériences rapidement avortées me perturbaient profondément. J'avais la nette impression d'enchaîner les échecs, en fournissant des efforts qui ne payaient pas sur le long terme. Il m'a fallu attendre le lycée pour connaître ma première relation longue durée.

*

Comme je vous le disais plus haut, j'ai toujours été un étudiant avec du potentiel reconnu, mais extrêmement fainéant. De quoi faire enrager mes parents. Les méthodes d'enseignement traditionnelles ne me donnaient pas d'objectif concret. Par ailleurs, j'ai souvent pensé qu'il était stupide de mémoriser bêtement des leçons pour les ressortir texto sur un papier le jour d'un contrôle ou d'un examen... Au risque de m'attirer les foudres de mes anciens professeurs, quel est le réel intérêt d'apprendre par cœur le taux de natalité d'un pays, ou son PIB, ou encore le nombre d'habitants qu'il comptabilise au mètre carré ? Une fois l'interrogation écrite passée, nous pouvons tout oublier pour apprendre d'autres choses que nous finirons par abandonner... De manière générale, j'en arrive à me demander : qu'est-ce qu'un diplôme ? En mon sens, cela ne signifie pas grand-chose, si ce n'est que vous avez été en mesure, à un instant T, d'assimiler certaines connaissances et de les ressortir sur une copie d'examen afin de valider un titre. Est-ce que vous les utiliserez dans votre vie future ? Est-ce que ça fait de vous une personne plus intelligente ? Pourquoi faut-il tout normaliser ? Pourquoi faut-il un titre pour être reconnu dans ses compétences ? Je m'éloigne, mais ces sujets constituent malheureusement une véritable source d'interrogation pour moi. Le monde dans lequel nous vivons est tristement normalisé, et aujourd'hui, comme jadis, en tant que personne atypique, je n'y trouve pas ma place. Je m'éloigne du collège, revenons à nos moutons !

*

C'est au collège que j'ai réalisé que l'humour pouvait constituer un allié de poids dans mes relations sociales. J'ai rapidement compris qu'il me fallait cultiver cette compétence pour mieux m'intégrer. Pendant la classe, j'arrivais facilement à identifier chez mes professeurs des tics de langage, des mots qui revenaient souvent, des mimiques... Parfois, je pouvais passer mes heures de cours à comptabiliser le nombre de fois qu'un enseignant employait tel ou tel mot. Pendant les récréations, mes camarades excités venaient me demander les statistiques du jour. À force d'observations, j'ai également réussi à imiter certains professeurs, pour le plus grand plaisir de mes compagnons de travail qui éclataient de rire lorsque je m'amusais à reproduire certaines scènes écoulées durant la classe. C'est toujours le cas dans mon milieu professionnel ou familial. J'aime imiter certains personnages emblématiques que j'affectionne particulièrement.

Aux yeux de la plupart de mes enseignants, j'étais presque invisible. Je pense que mon mutisme et mon manque de participation me permettaient de mieux les observer. Je me souviens de ma professeure d'anglais de quatrième, qui, lors d'une réunion parents-professeurs a livré à mon père l'opinion qu'elle avait de moi. Elle lui a expliqué à quel point, selon elle, j'étais un enfant nonchalant, effacé et relativement « mou ». Afin de redorer un peu mon image, il lui avait répondu que j'étudiais la musique au conservatoire, que j'excellais dans ce domaine en m'entraînant plus de trente heures par semaine. Elle s'est alors exclamée : « QUOI ?!! Mathieu ??? Avec sa nonchalance ???!!! ». Voilà l'image que les gens qui se basent sur les apparences peuvent se faire de moi. Inutile de vous dire qu'aujourd'hui, dans le monde du travail, rien n'a changé...

*

Comme j'ai déjà pu le souligner un peu plus en amont, ma deuxième année de quatrième s'annonça tout aussi mauvaise que la première, excepté le trimestre où je suis sorti avec Sandra et durant lequel j'ai obtenu une excellente moyenne. Ce triste bilan a conduit mes professeurs à m'orienter dans une classe de troisième spécialisée pour élèves en difficulté. Je me souviens encore de la sensation d'échec ressentie par mes parents, et je dois reconnaître que je les comprenais... Moi-même, j'avais du mal à admettre ce constat. Comment avais-je pu en arriver là ? Hormis la musique et l'art plastique, toutes les autres matières me paraissaient rédhibitoires et ne présentaient aucun intérêt à mes yeux.

Cette classe spécialisée proposait un nombre de places limité à douze, ce qui permettait aux professeurs de disposer de plus de temps à nous consacrer. Les autres enfants du collège nous appelaient « les élèves de la classe de troisième ghetto ». Cette étiquette ne présentait rien de sympathique et évoquait clairement l'image que les autres pouvaient se faire de nous. Je me suis ainsi retrouvé dans cette situation, entouré d'enfants en difficulté, issus de milieux défavorisés pour la plupart. Mes camarades m'ont surnommé « l'intello », à cause de mes lunettes et de ma tête de premier de la classe. Ils n'avaient d'ailleurs pas forcément tort, car cette année reste la meilleure de tout mon parcours au collège. Et pour cause, les méthodes étaient adaptées et ludiques. Pendant les cours, nous réalisions beaucoup plus d'exercices et les professeurs faisaient preuve de bien plus de patience. Les plus à l'aise devaient aider ceux qui présentaient le plus de difficultés. Ainsi, je fournissais quotidiennement mon aide à mes camarades. Ce rôle apportait du sens à mon année. Je n'étais plus un élève confondu et dissimulé dans un groupe de trente personnes, j'étais maintenant un élève parmi les autres avec un rôle à jouer. En classe, tout me paraissait plus paisible, et je comprenais sans encombre les cours de mes professeurs. J'étais d'ailleurs, et en toute modestie, souvent l'un des premiers à y parvenir. Cela me permettait par la suite d'aider mes camarades à progresser tout en renforçant mes propres connaissances. J'ai toujours su faire preuve d'une certaine pédagogie dans mes explications, et mes confrères aimaient travailler avec moi. Contrairement aux autres années, je ne ressentais aucune forme de compétition entre les élèves de ma classe. C'est un point important pour moi qui n'ai jamais réussi à le supporter. Il existait entre nous un lien inqualifiable. Notre complicité nous permettait d'avancer tous ensemble. Si l'un de nous rencontrait des difficultés, nous étions là pour l'aider. Cette année fut une expérience riche et bénéfique pour nous tous.

Cette classe spécifique nous offrait la possibilité d'effectuer un stage en entreprise. Prenant en considération mon intérêt pour l'électronique, ma mère a démarché un dépanneur télé/hifi du quartier afin de lui demander s'il pouvait me recevoir. Il a gentiment accepté. Cette expérience allait être pour moi une grande première. J'ai vraiment bénéficié d'un remarquable accueil, et ai été solidement épaulé dans cet établissement qui disposait à l'époque d'un salarié. Le métier m'a convaincu et conforté dans mon idée : je voulais apprendre l'électronique. C'est donc dans la continuité de mon stage que j'ai formulé mes vœux pour entrer au lycée afin de préparer un BEP électronique. Mais voilà... Mon année de troisième avait été tellement fructueuse, avec une excellente moyenne générale, que mes professeurs ont jugé inapproprié de m'envoyer « me gâcher » en BEP. Mon professeur principal a alors convoqué mes parents au collège dans l'intention de leur expliquer qu'il serait bien plus prestigieux de m'orienter vers une seconde générale avec une option technique. Ils semblaient si fiers de moi, qu'ils m'ont convaincu de modifier mon souhait. Comment aurais-je pu refuser ?

*

J'ai donc effectué mon entrée au lycée Édouard Branly de Châtellerault, mais hélas, ce qui devait arriver arriva... J'étais de nouveau noyé dans une classe de trente élèves, à apprendre niaisement des choses abstraites, avec des professeurs qui ne disposaient pas de suffisamment de temps pour répondre à toutes mes questions. Pendant les cours, et peu importe la matière, nous grattions du papier, encore et toujours... Le rythme effréné entremêlé au bruit ambiant insoutenable me provoquaient même parfois des étourdissements. En fin d'année, le bilan a été sans appel. La médiocrité de mes résultats et mon manque d'investissement m'obligeaient à engager une réorientation. Nouvel échec pour mes parents, qui auraient souhaité me voir poursuivre en première... Ce qui me rassurait, c'est que je n'étais pas le seul dans cette situation. Nous étions trois ou quatre à devoir envisager un changement de branche. L'un de mes camarades, Maxence, s'est dirigé vers un CAP de communication graphique. L'année suivante, il a joué le rôle d'intermédiaire dans ma première relation longue durée, puisqu'il était dans la classe de cette fille qui m'avait tapé dans l'œil.

C'est en septembre 2003 que j'ai finalement effectué ma rentrée en première année de BEP électronique, dans le même lycée, comme je l'avais initialement souhaité lors de la formulation de mes vœux en classe de troisième. Enfin ! De la pratique pendant les cours, enfin des choses concrètes. Nous pouvions manipuler des circuits imprimés, utiliser perceuses, pinces et fers à souder ! Voilà ce qu'il me manquait ! Tout était fluide et limpide pour moi. C'est à partir de cette même année que j'ai rencontré mon unique ami depuis tout ce temps, l'incontournable « raclure » que j'affectionne particulièrement. Il s'agit de Damien, mais vous devez sûrement vous souvenir de lui, étant donné que je vous en ai déjà parlé précédemment ! Quand je songe au lycée et à Damien, la première chose qui me vient à l'esprit c'est... la bataille navale ! En effet, j'ai lancé cette mode afin de nous occuper un peu pendant les cours. Il était mon partenaire officiel de jeu. Nous devions préalablement sacrifier une feuille A4 petits carreaux afin de dessiner deux carrés de 10 colonnes et 10 lignes. Nous devions ensuite nommer les colonnes de A à J, puis les lignes de 1 à 10. La grille supérieure nous servait à positionner nos bateaux dans la zone de combat. Quand tout était prêt, la guerre navale était déclarée. Avec ce jeu, nous commencions une partie pendant un cours pour la terminer dans un autre. Ainsi, il n'était pas rare d'entendre pendant la classe :

« A 9 ?

— Plouf.

— B 4 ?

— Touché !!! »

Nos camarades riaient de nous voir nous distraire de la sorte, et semblaient même ne pas en croire leurs yeux. Il n'aura fallu que quelques parties pour que l'épidémie finisse par s'emparer d'eux.

Je me passionnais toujours pour les imitations professorales. Je comptabilisais également les mots employés régulièrement par certains d'entre eux. Je me souviens de ce professeur d'électronique qui avait un tic de langage en utilisant de manière abusive le mot « Bon ». « Bon… Bon les gars, vous pouvez y aller… Bon, vous prenez toutes vos affaires et vous partez… Bon, le téléphone qui vibre, il est à qui ? Bon, Damien tu viens au tableau… ». En imitant ce professeur, je suis arrivé au fil du temps, à gagner la confiance de mes camarades en les faisant rire.

C'est de cette manière que j'ai fini par m'intégrer, avec parfois des comportements décalés pouvant être qualifiés de « bizarres » par certains. Mais les efforts que je devais fournir avaient un prix à payer. Plus je m'évertuais à me fondre parmi les autres, et plus j'accumulais de la fatigue. Le stress était quant à lui omniprésent avec, comme conséquence, des maux de ventre et un besoin imminent d'aller aux toilettes. À cette époque, c'était souvent après le déjeuner que les douleurs survenaient. Je connaissais les signaux et savais donc par avance que j'allais passer un sale quart d'heure. J'avais besoin de commodités qui puissent être au calme. Ma chance, c'est que les élèves n'étaient à l'époque pas autorisés à se promener dans les bâtiments pendant les pauses déjeuner. Je devais alors me faufiler, sur la pointe des pieds, dans les étages, en veillant à déjouer les rondes des surveillants. Je pouvais parfois passer une heure à attendre que mes intestins soient soulagés, endurant spasmes et sueurs froides. Je prenais régulièrement des comprimés antidiarrhéiques afin de stopper mon transit le temps d'une journée, de quoi m'offrir un peu de répit. J'ai également quelquefois présenté des passages à blanc durant lesquels je n'avais plus la capacité de mettre le masque du camarade imitateur ou comique... Dans ces moments, j'éprouvais le besoin presque vital de me renfermer sur moi-même, de m'isoler et de retrouver le calme, sans plus avoir la force de réaliser le moindre effort. Certains camarades essayaient de se faire expliquer ces changements qu'ils percevaient comme des sortes de sautes d'humeurs, mais je me murais dans le silence. Ils finissaient souvent par me dire : « Je n'arrive vraiment pas à te comprendre ». Cela pouvait durer plusieurs jours, voire même quelques semaines. Je n'arrivais pas à expliciter ce qui se passait en moi. Peut-être était-ce mon corps ou bien mon mental qui plaçait ces distances afin de me permettre de récupérer ? Je ne compte plus le nombre de fois où l'on a pu me dire : « Tu es vraiment bizarre ». Heureusement, certains savaient respecter mes silences, sans aucune forme de jugement. C'est le cas de Damien, qui m'a toujours accepté tel que je suis.

*

En début d'année, je revoyais toujours Maxence pendant les récréations. N'étant pas encore familiarisé avec mes nouveaux camarades, je préférais m'en tenir à mes habitudes afin, j'imagine, de me rassurer. C'est de cette manière que j'ai constaté qu'il était dans la classe d'une fille dont le charme ne me laissait pas indifférent. J'ai réussi à le convaincre de me présenter à elle. Heureusement pour moi, il a accepté. Je ne pouvais envisager d'aller la voir seul sans raison apparente. Je n'aurais jamais su quoi dire et je me serais trouvé bien bête.

Je me souviens encore de la première fois où j'ai adressé la parole à Charlène. Je visualise ce grand couloir qui menait au foyer, le bruit ambiant généré par les élèves qui déambulaient tout autour, ainsi que ses jolis yeux en forme d'amande dans lesquels je me suis noyé. Charlène m'a proposé de nous revoir lors des récréations suivantes, afin de faire plus ample connaissance. J'ai naturellement accepté et fus relativement satisfait de ce premier contact. C'est donc au fil des pauses que nous avons commencé à nous découvrir.

Nous passions de plus en plus de temps tous les deux. Le soir, je ne prenais plus le bus pour rentrer à la maison. Charlène habitant non loin du Lycée, je préférais la raccompagner chez elle à pied et ainsi gagner des minutes supplémentaires en sa présence. Il me restait ensuite deux kilomètres de marche à effectuer pour rentrer. Le matin, je partais en même temps que mon frère, qui lui, prenait le bus, mais moi, je faisais volontairement le chemin à pied. Je marchais le plus vite possible pour la rejoindre à son domicile dans l'intention de passer encore plus de temps à ses côtés. J'étais à cette époque un grand marcheur ! Je parcourais six kilomètres par jour, sauf le mercredi, car en plus du lycée, je devais me rendre au conservatoire par deux fois. La première, en début d'après-midi pour mon cours de guitare, puis une autre en soirée, pour mon cours de solfège. Pour mes leçons de guitare, j'effectuais systématiquement le trajet à pied. Je ne pouvais supporter le bus qui impose une certaine promiscuité avec les autres usagers. Pour aller au solfège le soir, il arrivait que mes parents me conduisent en voiture puis viennent me chercher, mais cela n'était pas systématique. Si je résume, rien que pour la journée du mercredi, je pouvais accomplir entre neuf et douze kilomètres à pied. Si nous rapportons tout cela à la semaine, je faisais entre trente-six et trente-neuf kilomètres de marche, avec mon sac à dos rempli de livres, sans parler du sport obligatoire au lycée... Bien évidemment, je n'ai pas informé mes parents de ces occultes escapades. Ils auraient été effarés de l'apprendre sachant qu'ils me payaient un abonnement pour que je puisse prendre le bus quotidiennement.

Vous aurez, en tout état de cause, compris ma détermination et la nécessité que j'éprouvais à vouloir passer du temps avec ma nouvelle camarade. Peu importe si j'avais mal aux pieds, peu importe la fatigue, peu importe si mes vêtements étaient détrempés de sueur à mon arrivée au lycée. De toute façon, j'avais pris l'habitude de systématiquement emporter avec moi un tee-shirt de rechange, ne supportant pas de rester dans une tenue mouillée.

Charlène était devenue le centre d'intérêt principal dans ma vie, mon obsession, ma drogue. Je pensais à elle du soir au matin, la nuit, pendant les cours... Au bout de plusieurs semaines, nous étions suffisamment proches et complices. Il se passait quelque chose entre nous, quelque chose d'inexplicable, une sorte d'alchimie qui nous donnait envie de nous rapprocher encore un peu plus.

C'est un vendredi, plus précisément, le vendredi 17 octobre 2003, à 13 h 30, que le miracle s'est accompli. La sonnerie du lycée a retenti pour la seconde fois, nous devions, comme tout un chacun, regagner nos classes respectives. Cependant, nous n'arrivions pas à nous séparer, et pour cause ! Nos mains venaient de se lier pour la première fois quelques minutes auparavant. Je pense que nous n'avions pas envie de rompre la magie de ce moment. Alors que les couloirs commençaient à se vider de leurs élèves en anéantissant lentement le tumulte ambiant, un surveillant, sorti de nulle part, nous somma de quitter les lieux. Sous cette menace, Charlène prit l'initiative de délicatement poser ses lèvres pulpeuses sur les miennes, avant de s'éclipser tout en me jetant un dernier regard orné d'un sourire. Quelle excellente prise de décision, et quelle douceur dans ce tendre baiser ! Elle était suave et entreprenante, ce qui me rendait énormément service, compte tenu de mes difficultés à prendre des décisions. Une fois de plus, mon corps entier s'est mis à trembler et j'ai senti naître en moi quelque chose de nouveau et profond. Je venais pour la première fois de comprendre ce que les gens voulaient dire en employant cette célèbre expression : « avoir des papillons dans le ventre ».

Du point de vue de son caractère, elle était mon opposé. Très sociable, elle disposait d'une horde d'amis, principalement des garçons. Elle aimait aussi les soirées, danser et faire la fête... Elle se montrait également très tactile avec eux, chose que je ne pouvais comprendre, moi qui supporte déjà difficilement de serrer des mains pour dire bonjour... Ce côté tactile et son attachement à ses copains allaient faire naître en moi un sentiment de frustration dévastateur, j'ai nommé (je pense) : « la jalousie ».

Le vendredi 31 octobre 2003, Charlène avait organisé chez elle une soirée d'Halloween. Initialement, je n'étais pas convié. Ma présence me semblait pourtant logique, nous formions maintenant un couple. Après lui en avoir parlé, elle a demandé et obtenu l'accord de sa mère afin de m'ajouter à la liste des invités. Lorsque nous étions au lycée, elle se montrait très proche de moi et m'accordait beaucoup d'attention. Nous restions exclusivement tous les deux, souvent l'un contre l'autre. J'aimais la serrer fort contre moi, nous prenions plaisir à nous « bécoter », comme deux jeunes qui découvrent l'amour.

Pendant cette soirée, j'ai eu l'impression d'avoir en face de moi une Charlène différente et bien plus distante. J'étais là, chez elle, au milieu de sa dizaine d'amis que je ne connaissais pas, et elle semblait m'ignorer. Je suis resté assis dans un coin, je ne discutais avec personne — entretenir une conversation n'a jamais été mon fort — et elle, elle ne venait pas vers moi et ne montrait aucun signe d'affection. J'étais une fois de plus devenu transparent. Alors je l'observais : elle riait avec ses convives du sexe masculin, ils se chamaillaient, se touchaient les épaules, se prenaient dans les bras et dansaient avec elle… Moi j'étais spectateur, je n'avais d'ailleurs même pas été présenté, les gens devaient vraisemblablement se demander qui je pouvais être, et ce que je faisais là. Ou bien étais-je véritablement devenu transparent ? Pincez-moi si vous m'entendez !

Mais où était passée ma petite amie ? Où était celle qui n'avait d'yeux que pour moi ? Plus la soirée avançait et plus je me renfermais sur moi-même. J'étais en colère, non pas envers elle ou ses amis, non, cette colère était directement dirigée contre moi. J'aurais aimé pouvoir aller vers elle et reprendre ma place, j'aurais tellement voulu lui tenir la main, la prendre dans mes bras, mais j'en étais incapable. J'étais là, assis et tétanisé, abasourdi par la musique bien trop forte et le spectacle qui se jouait sous mes yeux…

En rentrant le soir chez moi, je me suis effondré. J'éprouvais une immense haine contre ma propre personne, me reprochant mon incapacité à réagir, à lui exprimer ce que je pouvais ressentir sur l'instant. Je ne comprenais pas pourquoi elle avait choisi de rester au milieu de ses amis sans porter attention à moi. Et moi, pourquoi étais-je resté ainsi prostré des heures durant ? Un impuissant, voilà ce que j'étais. Les ruminations n'ont eu de cesse de me tourmenter toute la nuit, et ce ne fut hélas pas la dernière fois… J'étais contraint de rester avec mes questions jusqu'à ce que je puisse la revoir au lycée. Mais Charlène disposait d'un téléphone portable personnel. Pour ma part, je n'en avais encore jamais eu, mais avais réussi à convaincre mes parents de la nécessité pour moi d'en posséder un. Avec leur accord, je me suis offert avec mon argent de poche mon premier téléphone portable, un Nokia 3510i avec un forfait mobicarte que je pouvais alimenter en achetant des tickets dans des bureaux de tabac. Cette acquisition représentait pour moi un nouveau moyen de rester en contact permanent avec ma petite amie. Je pouvais lui envoyer des SMS, lui téléphoner pour tenter d’obtenir des réponses lorsque j’étais pris de ruminations et ainsi me sentir rassuré.

Très vite, la mère de Charlène a jugé que je n’étais pas un garçon pour sa fille. Elle me trouvait bien trop envahissant, possessif, et freinait délibérément notre relation en lui interdisant de me voir. Bien sûr, Charlène prétextait de faux rendez-vous en centre-ville avec des amis pour que nous puissions nous retrouver en cachette. Je me souviens particulièrement de cette horrible journée du 31 décembre 2003. J’ai reçu le matin au réveil un SMS de ma chère et tendre m’informant que tout était terminé : elle venait de mettre fin à notre relation. J’ai essayé alors de lui téléphoner, encore et encore, mais elle ne répondait pas. Je lui ai envoyé des dizaines de messages, mais elle semblait se terrer dans un effroyable mutisme… J’en restais véritablement paniqué et dans l’incompréhension la plus totale.

L’après-midi, je devais me rendre à une leçon de conduite de 14 h à 16 h. J’y suis allé, mais à peine venait-elle de débuter que j’ai demandé à mon moniteur s’il était possible d’interrompre la séance et de me déposer chez Charlène. Je ne tenais plus, je me sentais oppressé, j’avais du mal à respirer, j’étais plein de chagrin avec des dizaines de questions, le tout conduisant mon corps à trembler de tous ses membres. Je ne pouvais supporter cette situation plus longtemps. Il me fallait des réponses et j’étais déterminé à en obtenir. Ainsi, à 14 h 15, j’étais devant chez elle. Je n’ai pas osé sonner, car sa mère était présente. Alors j’ai choisi de lui adresser un SMS en lui expliquant que je me trouvais devant chez elle, et que je ne partirais pas tant qu’elle ne m’aurait pas expliqué la raison de cette rupture. Ce jour-là, les températures avoisinaient les moins quatre degrés. J’ai patienté, assis sur le trottoir devant chez elle. Je dois admettre que j’avais terriblement froid, mais ma détermination a pris le dessus. Il s'est écoulé une heure, puis deux, puis trois... La nuit tombait, j'ai continué à lui envoyer des messages, j'ai essayé de lui téléphoner, mais en vain... Vers 18 h, elle a fini par sortir me parler. J'étais en larmes, frigorifié, et ne comprenais pas cette rupture. Je n'ai malheureusement pas eu d'explications plus concrètes. Elle m'a simplement dit c'était sa mère qui l'avait forcée à me quitter, et que, d'après elle, j'étais « complètement cintré ». Mon comportement lui paraissait semblable à celui d'un grand malade souffrant d'un « pète au casque » incurable. Charlène semblait autant bouleversée que moi et pleine de chagrin devant cette séparation. Elle n'est restée que quelques minutes, rapidement contrainte par sa mère à rentrer. Je n'ai jamais parlé de cette journée à mes parents, et suis rentré à la maison l'air de rien, en dissimulant ma peine.

À vous, madame, vous qui aviez remarqué que j'étais différent. J'imagine que vous avez simplement souhaité protéger votre fille de mon comportement qui vous paraissait démesuré. Vous avez interprété cela comme une certaine forme de déficience et avez pris peur en n'hésitant pas à me juger. Rassurez-vous, vous n'êtes pas la seule. J'ai croisé bien d'autres spécimens nidoreux de votre genre sur mon chemin, et je sais aujourd'hui que la pire des déficiences reste le manque de tolérance.

Quelques semaines après notre rupture, nous avons fini par nous remettre ensemble. Malgré cela, je vivais toujours très mal cette relation. J'avais de plus en plus besoin de passer du temps avec elle. Si ce n'était pas possible, je devais lui téléphoner tout le temps ou lui envoyer d'innombrables messages par SMS. J'avais ce besoin permanent d'être rassuré, assiégé par la peur de la perdre de nouveau. Je ressentais énormément de choses en moi que je n'arrivais pas à comprendre. J'étais envahi par toutes ces émotions à l'intensité beaucoup trop importante. Quand je ne me trouvais pas à ses côtés, je sombrais dans un état dépressif. L'aboulie s'emparait de moi et je ne devenais alors plus qu'une carcasse vide. Je pouvais rester isolé dans ma chambre des journées entières, allongé sur mon lit à observer le plafond, sans avoir la volonté d'entreprendre quoi que ce soit d'autre. Seules mes ruminations continuaient de me hanter. Plus j'attendais et plus mes pensées devenaient obsessionnelles. Plus je pensais, et plus j'angoissais, plus j'angoissais et plus je ruminais…

Dans ces moments de dépression, je voyais régulièrement ma voisine et confidente Céline qui semblait elle aussi démunie et dans l'incapacité de pouvoir m'aider. Même elle, pourtant de si bon conseil, ne savait plus quoi me dire. Je n'arrivais pas à comprendre ce qui se passait en moi. Cet état nourrissait une colère croissante contribuant à accentuer mon mal-être. « Pourquoi suis-je comme ça ? Pourquoi suis-je esclave de mes émotions, de mes sentiments ? Pourquoi suis-je aussi malheureux ? ». Ma petite amie était devenue une drogue à laquelle j'étais accro. Je ne me sentais bien qu'en sa présence, mais dès que nous nous quittions, je sombrais dans une profonde détresse. La colère et mon mal-être était parfois si conséquents qu'il m'arrivait de me lacérer les bras jusqu'au sang, avec une paire de ciseaux ou l'aiguille d'un compas, dans l'unique but de me faire du mal, de me punir et d'extérioriser.

Mes parents n'ont jamais eu connaissance de cela, et sûrement seront-ils choqués de l'apprendre au travers de ces lignes. Cette relation avec Charlène constitue l'une des épreuves les plus difficiles de ma vie. Je souffrais quotidiennement de cette situation. Chaque minute passée loin d'elle me devenait insoutenable. J'aurais, je pense, eu besoin d'aide ou d'un suivi psychologique… Je ne peux leur jeter la pierre, j'ai toujours été quelqu'un d'apparence impassible. Que je sois bien ou mal, mon attitude physique reste la même. Les émotions transparaissent difficilement sur moi. Rassurez-vous, mes chers parents, j'ai compris avec le temps que ces mutilations ne m'étaient d'aucune aide, et que cela ne traitait en rien l'origine du mal.

Le soir, avant de m'endormir, je me réfugiais dans l'écriture. Je vidais ainsi mes pensées sur une feuille blanche remplissant des cahiers entiers. C'est au moment des grandes vacances d'été que j'ai connu une nouvelle épreuve. Charlène est partie en camping avec ses parents. J'étais anéanti et allais devoir vivre loin d'elle pendant plusieurs semaines consécutives. Je souffrais profondément, mais ai décidé d'investir ma peine dans des poèmes que j'ai par la suite mis en musique. C'était mon seul moyen d'expression. J'ai passé des journées entières et de longues nuits à les enregistrer sur mon ordinateur, à en faire les arrangements musicaux, le mixage audio... Je me suis tellement impliqué que mon corps a fini par mal réagir à la pression infligée. Une fois de plus, gros mal de ventre avec de mauvais moments à passer aux toilettes... J'étais toujours en train de modifier quelque chose, me focalisant sur des détails inaudibles pour les autres. Mon acharnement dans cette recherche de perfection dépassait le seuil de l'entendement. Voyant que je m'épuisais au détriment de ma santé, mes parents ont tenté en vain de me rassurer sur la qualité de mon travail. Ils avaient beau me dire que le résultat paraissait « super », c'était selon moi loin d'être le cas. Lorsque j'essayais de leur expliquer toutes les choses qu'il me restait à modifier, ils ne me comprenaient pas et prenaient ça avec bien plus de légèreté que moi.

Quand je regagnais mon lit, poussé par la fatigue, je ne dormais presque pas. Je réfléchissais aux améliorations que je pourrais encore apporter, mon sommeil était relativement perturbé et je n'arrivais pas à débrancher mon cerveau... Mon corps finit par me prendre en otage en m'ordonnant de tout arrêter. Ce forcené avait de bons arguments, ainsi, les nausées, vertiges, migraines et maux de ventre finirent par me ramener à la raison. Je n'étais plus en capacité de poursuivre, rattrapé par un état d'effondrement général. C'est ainsi que j'ai dû me résigner à accepter le rendu audio de mes chansons.

Sans aucune prétention artistique, je mets à votre disposition deux morceaux composés lors de ces phases dépressives. J'ai réalisé cela avec les moyens du bord, un microphone d'une bien piètre qualité, avec un mixage laissant clairement à désirer pour un résultat bien plus que perfectible. Vous pouvez accéder aux chansons soit en recopiant l'adresse URL dans un navigateur, soit directement avec une application « QR Code » que vous installerez sur votre smartphone, et qui permet de décoder les codes ci-dessous. Désolé pour ceux qui ne sont pas à l'aise avec l'informatique, c'est le moyen le plus simple que j'ai trouvé pour partager des médias avec vous !

Contre moi :

URL :
https://drive.google.com/file/d/1RHMa56ADsxOr023U7L2w_a4euIKqpWRF/view?usp=sharing

Noyé d'amour :

URL :
https://drive.google.com/file/d/1MItziMQQzzwXyeSuOn7LYw9b3riHO6PH/view?usp=sharing

Je viens tout juste de réécouter ces deux chansons. Je me rends aujourd'hui compte que la chanson « Noyé d'amour » illustre parfaitement ce que j'ai essayé de vous décrire dans les paragraphes qui précèdent. Elle met en évidence l'emprise que Charlène avait sur moi. J'étais finalement lucide de la situation, je souffrais, et pourtant, je demeurais dans l'incapacité de surpasser tout cela.

*

Sur la même période, je me suis aperçu que Charlène avait dans sa classe une camarade sourde qui s'appelait Charlotte. C'était une jolie fille aux cheveux dorés avec un visage très expressif et souriant. En me rendant à plusieurs reprises au CDI pour travailler, j'ai constaté qu'elle y était souvent présente, et systématiquement seule. La situation semblait la même pendant les récréations, elle restait isolée dans les couloirs. Un jour, en arrivant au CDI, je l'ai aperçue installée à une table. J'ai choisi alors de m'approprier la table d'à côté et ai commencé à sortir mes affaires. Cela faisait un moment que je ressentais l'envie d'aller vers elle. À cet instant, j'ignorais la raison qui me poussait à vouloir entrer en contact avec elle, mais ce jour-là, j'ai réussi à prendre mon courage à deux mains en changeant de table pour m'asseoir à ses côtés, muni d'un cahier et d'un stylo. J'imagine qu'elle a dû se dire « Qu'est-ce qui lui arrive à celui-là ? ». Alors qu'elle me regardait d'un air dubitatif, j'ai rédigé sur une feuille : « Bonjour, je suis Mathieu, le petit ami de Charlène qui est dans ta classe. ». Je ne pourrais vous détailler la suite de notre échange. Je peux simplement vous dire que ce moment allait donner naissance à une amitié profonde et sincère. Charlotte a commencé par m'apprendre l'alphabet en Langue des Signes Française (LSF). Le midi, ma petite amie rentrait manger chez elle. Je déjeunais alors systématiquement avec ma nouvelle camarade. Au début, nous utilisions toujours le papier et le stylo, mais j'ai rapidement progressé. Les week-ends, et pendant les vacances, il nous arrivait de discuter par webcam au moyen de l'outil de communication le plus populaire de l'époque, le célèbre MSN ! Ces échanges m'apportaient beaucoup et m'aidaient à oublier quelque peu ma peine et mon mal-être. La voir à l'écran me procurait une certaine forme d'apaisement difficilement qualifiable, elle agissait tel un remède miracle sur mon état général. Au bout de plusieurs mois, j'étais capable de communiquer et de tenir une conversation.

Charlotte se démarquait des autres en raison de son originalité. C'était une fille atypique, drôle et intuitive. Nous pouvions discuter de tout et n'importe quoi sans aucun tabou. Nous écopions de nombreux fous rires en tournant tout à la dérision. Elle riait souvent, et encore plus lorsque je commettais des erreurs de signe, ce qui pouvait changer radicalement le sens de ma phrase. Bien sûr, elle prenait toujours le temps de me corriger en m'expliquant la différence entre le signe maladroitement utilisé et celui que j'aurais dû employer.

J'avais toujours hâte de la retrouver pour le déjeuner, c'était un moment unique. Quand je me trouvais face à elle, plus rien autour n'avait d'importance. C'était comme si j'entrais dans un monde qui n'appartenait qu'à nous. Je me sentais moi-même, sans avoir besoin de porter un masque, j'étais bien et décontracté. Même le vacarme du self finissait par ne plus m'atteindre. Nous semblions partager la même « bulle » et j'aimais cette sensation. Actuellement, nous sommes toujours en relation, bien que la vie ait placé certaines distances, nous pensons de temps en temps l'un à l'autre et échangeons parfois des messages vidéos. C'est un éternel plaisir de la revoir et de constater qu'elle est épanouie dans sa vie.

Aujourd'hui, je crois savoir pourquoi j'ai éprouvé l'envie d'aller vers elle. Bien que je ne sois pas psychologue, j'imagine que j'ai compris ses difficultés principalement pour établir une communication. Attention, contrairement à moi, Charlotte se montre très sociable, mais notre point commun, c'est que si nous n'effectuons pas l'effort d'aller vers les autres, alors ils ne viendront pas vers nous. Je me souviens qu'elle me disait toujours en souriant : « Beaucoup disent que les sourds sont handicapés, mais je ne suis pas handicapée, moi, je suis normale, j'ai grandi comme ça, et de mon point de vue, ce sont les autres personnes qui sont différentes ! ». Aujourd'hui, je comprends, bien plus qu'à l'époque, ce qu'elle voulait dire. Avec mon expérience personnelle, aussi infime soit-elle, je peux maintenant dire que c'est bien le regard d'autrui qui nous place en situation de handicap. La plupart n'ont pas la capacité de faire l'effort d'entrer en communication avec nous. Les personnes différentes font peur. Qu'il s'agisse d'autisme, de surdité, ou d'autre chose, les gens ont peur de cela. Ils ont également tendance à nous diminuer en pensant que nous ne sommes pas en mesure d'effectuer les mêmes choses qu'eux. Nous sommes des êtres humains avant tout, et sommes tout aussi capables que n'importe lequel de nos semblables. D'ailleurs, qu'est-ce que la « normalité ? ».

*

Et si nous abordions maintenant un sujet sensible qui titille vraisemblablement la plupart des adolescents ? Si nous osions parler de sexualité ! Oh ne vous attendez pas à obtenir des détails croustillants, je vais rester très sommaire et minimaliste. Comme tout être humain, j'ai toujours éprouvé des besoins de ce côté-là. Je pense que j'ai découvert mon corps au même titre que la plupart des autres garçons de mon âge, devenant soudainement surconsommateur de Kleenex. Je ne pourrais entamer ce paragraphe sans prendre le temps de remercier ma mère, qui, voyant que mon frère et moi avions tous deux une petite amie, était rentrée à la maison avec une boite de préservatifs à la main en nous expliquant toute décomplexée : « Vous voyez, je mets la boîte ici, dans ce meuble. Il y a une notice à l'intérieur pour apprendre à les mettre, et surtout, quand il n'y en aura plus, vous me le direz et je vous en rachèterai. Vous pouvez vous entraîner à les mettre, ou les utiliser avec vos copines, vous faites comme vous voulez ! ». Je ne vous cache pas que cet épisode fut relativement gênant à vivre. Je comprends aujourd'hui son intention plutôt bienveillante, mais quand on est adolescent, ces moments restent assez singuliers et très embarrassants.

Charlène fut la première femme avec qui j'ai découvert le plaisir de la chair. Je dirais que nous avons su prendre notre temps. C'était pour nous deux une nouvelle expérience, et nous avions donc choisi d'avancer à notre rythme, ce qui me correspondait très bien. Nous avons appris au fil des mois à connaître le corps de l'autre. La démarche était vraiment naturelle et sincère. Bien sûr, à chaque étape, je n'arrivais jamais à maîtriser mon corps qui tremblait intégralement sous l'intensité des évènements. C'est seulement au bout du sixième mois de relation que nous avons franchi la phase ultime, notre premier rapport sexuel. Nous n'avons pas précipité les choses, en conséquence, tout s'est relativement bien passé.

Pendant toute cette relation, j'ai beaucoup enduré, aussi bien sur le plan moral que physique. J'ai énormément marché, au détriment même de ma santé. Je n'étais, et ne suis toujours pas, un sportif. À cette époque, je pesais 61 Kg pour 1m83. Un matin, alors que je m'élançais à vive allure vers le domicile de ma dulcinée, j'ai ressenti une douleur aiguë dans la poitrine. Lorsque mon pied frappait le sol, des tremblements envahissaient ma cage thoracique, me provoquant une douleur saisissante du côté droit, entre ma clavicule et mon sternum. J'étais également beaucoup plus essoufflé que d'ordinaire. Mais après tout, ce n'était pas le plus important. L'essentiel pour moi consistait à réussir à passer encore et toujours plus de temps avec Charlène. Ce soir-là, comme à mon habitude, je l'ai raccompagnée à son domicile avant de rentrer à pied, mais je ne pouvais plus marcher aussi vigoureusement. La douleur dans ma poitrine m'handicapait terriblement. J'ai néanmoins réussi à rentrer chez mes parents, en réduisant mon allure et en amortissant mes foulées. Arrivé à la maison, au moment même où je me suis courbé en avant dans l'intention de retirer mes chaussures, j'ai ressenti un claquement à l'intérieur de ma poitrine. Je me suis redressé, puis penché encore une fois, confirmant ainsi la présence de ce mystérieux claquement localisé du côté droit, zone qui me faisait mal depuis le matin même.

Poussé par mon inquiétude, j'ai choisi d'en parler à ma mère qui a immédiatement pris rendez-vous chez le médecin pour le lendemain soir. Mon frère, ayant assisté à la discussion, ne se priva pas d'informer mes parents du fait que je ne prenais plus le bus depuis au moins six mois. Cette nouvelle fut, comme je l'avais prédit, très mal accueillie et me conduisit à devoir sérieusement me justifier. Dès le lendemain au réveil, j'ai constaté que ma souffrance ne s'était toujours pas évaporée. Malgré les remontrances de la veille, j'ai décidé tout de même de me rendre au lycée à pied, même si mon mal irradiait à présent vers mon épaule. Le trajet devenait pénible voire laborieux, mais j'ai continué d'avancer en supportant la douleur, éperdument accroché à l'idée de rejoindre Charlène.

Le soir même, après un retour supplémentaire à pied, nous sommes allés à notre rendez-vous chez le médecin de famille. Il se montra très attentif aux symptômes que je lui décrivais. Je n'ai pas non plus omis de lui parler du claquement que je ressentais. Il écouta à l'aide de son stéthoscope pendant que j'inclinais mon buste vers le bas, mais même si je percevais ce petit « cloc » depuis plusieurs jours, lui n'entendit aucun bruit. Il ne prononça aucun diagnostic, mais préconisa de me soumettre à une radiographie du thorax. Bien que ma mère ne travaillât plus au cabinet de radiologie, ses anciennes collègues demeuraient, quant à elles, toujours fidèles au poste. Grâce à elles, nous avons été pris en charge sans même avoir le temps de nous asseoir en salle d'attente.

Après avoir effectué la radio, nous avons dû patienter un moment avant que le radiologue, et ancien patron de ma mère, puisse nous recevoir. Au bout de cinq minutes, il est entré en salle d'attente pour nous saluer personnellement tout en nous déclarant : « Je viens d'apercevoir les clichés, apparemment il n'y a rien, on se voit dans quelques minutes. ». Pendant que nous attendions, j'ai commencé à me demander d'où pouvait bien provenir cette douleur et ce claquement que j'étais seul à percevoir, « Suis-je fou ? ». Alors que j'étais en pleine réflexion, le radiologue a fait de nouveau irruption en s'adressant à mon père d'un air plutôt paniqué : « Oh la la, M. Beaulieu, je suis désolé, je viens de vous dire qu'il n'y avait rien, mais en fait, il a un pneumothorax. Je m'excuse, veuillez me suivre dans mon bureau ». Tout de même ! Je savais bien que je n'étais pas fou, j'avais réellement quelque chose ! À cet instant, j'ignorais ce que signifiait le mot barbare qu'il avait prononcé, mais je me sentais rassuré, l'origine de mon mal était identifiée.

Une fois installés, le radiologue nous a présenté les clichés, tout en précisant de quoi il était question. Il m'expliqua que d'ordinaire, le poumon était collé à l'intérieur d'un sac appelé « la plèvre ». Dans mon cas, une poche d'air s'était accidentellement formée entre les deux, provoquant un décollement du poumon. C'était donc ça, cette douleur ? Le diagnostic officiel venait de tomber sous le nom de pneumothorax spontané. Il poursuivit en m'indiquant que je devais passer une IRM, mais qu'en attendant, j'avais obligation de cesser toute activité physique. De cette manière, la poche d'air devrait pouvoir se résorber naturellement. Mon monde s'est effondré. Terminées mes séances de marche quotidienne pour rejoindre ma belle, mon cœur était brisé. Je lui ai malgré tout demandé s'il m'était envisageable d'utiliser mon vélo, toujours accroché à cette nécessité, cet invraisemblable besoin devenu viscéral de rester aux côtés de Charlène le plus longtemps possible... Il m'expliqua alors, de manière très éloquente, que si je n'arrêtais pas immédiatement toute sorte d'activité physique, la poche d'air risquait de persister, voire même s'élargir. Pour y remédier, il aurait fallu m'enfoncer une grande aiguille entre les côtes jusqu'au poumon, dans l'intention d'en aspirer le contenu. Je n'avais besoin de guère plus d'arguments pour me laisser convaincre. Nous avons par la suite revu notre médecin généraliste qui n'a fait que confirmer mes craintes. Je me retrouvais dans une impasse, tenu en otage par mon propre corps. C'est résigné que j'ai dû accepter cette fatalité. J'allais devoir prendre le bus, entassé comme du bétail au milieu de tous ces autres adolescents, obligé de rester debout par manque de place et me tenir à ces barres métalliques, froides, grasses et maculées de microbes, mais surtout, surtout... j'allais bénéficier de moins de temps auprès de Charlène et ça me rendait totalement malade. Après cette mésaventure et une fois rétabli, j'ai accompli mes trajets à vélo, ce qui s'avérait moins fatigant et bien plus rapide.

Notre relation a duré jusqu'en 2005. Alors que j'effectuais ma rentrée dans le même lycée, en BAC Professionnel des Systèmes Électroniques et Numériques (SEN), Charlène a quitté la ville afin de poursuivre ses études à Bordeaux. La distance a eu raison de nous. Je ne pouvais supporter cet éloignement, et ne plus la voir quotidiennement devenait insoutenable. C'est pourquoi nous avons choisi de nous séparer d'un commun accord. Cette rupture, bien que difficile à admettre, fut finalement un immense soulagement, annonciateur d'un retour à l'apaisement plus que nécessaire.

J'ai eu par la suite deux autres relations. Dans les deux cas, j'ai effectué leur rencontre via internet, au travers d'un service de tchatche en ligne. Je prenais le temps de discuter par messages interposés, pendant plusieurs semaines, avant d'envisager le premier appel téléphonique. Si le contact me paraissait fluide, je pouvais alors me projeter vers un rendez-vous. Je pense en toute modestie que j'ai réussi à séduire grâce à la sincérité et à la profondeur de mes écrits. Ces relations n'ont pas duré plus de quelques mois, mais elles m'ont cependant permis d'acquérir un peu plus d'expérience et de confiance en moi.

*

Un point rapide peut-être concernant mes années lycée ? Pendant les cours, je ne me montrais pas toujours très attentif. Comme je le disais plus haut, il m'arrivait de jouer à la bataille navale durant la classe, de réaliser des origamis, d'écrire des poèmes en songeant à Charlène ou tout simplement de flâner au fil de mes pensées. Je pouvais également faire le pitre dans l'unique but de faire rire mes camarades. « Le ridicule ne tue pas », et je suis parfois quelqu'un de « déphasé ». J'assume pleinement mon côté atypique, mon humour souvent trash, ainsi que mon autodérision. C'est grâce à ces qualités de plaisantin que j'ai toujours réussi à mieux m'intégrer.

Malgré toutes mes distractions, il figurait une matière pour laquelle je m'efforçais de rester attentif, j'ai nommé : l'histoire géographie. Non pas que cette dernière me passionnait, non, je détestais ça même... Mais le soir, je ne supportais pas d'apprendre mes leçons à la maison. J'avais d'autres passe-temps bien plus intéressants à réaliser. J'écoutais donc pendant les cours, et cela me suffisait pour obtenir la moyenne dans cette discipline. Dans l'enceinte du lycée, j'essayais de rentabiliser mon temps. Pendant les heures de permanence, je me rendais au CDI afin d'effectuer les traditionnels exercices imposés par certains professeurs. Cela me permettait d'anticiper et ainsi de me libérer pour me consacrer pleinement à mes loisirs le soir venu. Rares sont les fois où j’ai dû réviser à la maison.

Malgré cette rigueur, il m’est arrivé une fois ou deux de commettre une entorse à ce fonctionnement en accompagnant mes autres camarades qui préféraient aller acheter des packs de bière pour les consommer sans aucune modération, dans le parc jouxtant le lycée. Je n’ai jamais apprécié le goût de l’alcool, quel qu’il soit. De temps à autre, certains d’entre eux tentaient de me convertir en insistant pour que je boive comme eux. Mais non ! Même sous la menace, je n’ai jamais bu. Je suis de ceux qui ne connaissent donc pas les « joies » d’une grosse cuite au lendemain de fête difficile. Remarquez, quand je vois la tête des gens après une soirée bien arrosée, je n’ai clairement pas envie d’expérimenter la chose ! Aujourd’hui, lorsque je me retrouve invité à un repas, attablé avec des personnes qui me rencontrent pour la première fois, je passe bien souvent pour un extraterrestre : « Quoi ?! Ah bon ?! Tu ne bois pas ?! Mais genre tu ne bois jamais d’alcool ? C’est fou ça ! »

Concernant mes deux examens, BEP et BAC professionnel, j’ai eu une prise de conscience seulement deux semaines avant le début des épreuves. J’ai par deux fois amorcé un travail intensif de révisions durant lequel je passais toutes mes récréations au CDI à faire et refaire des exercices afin de m’entraîner. Rapidement, des camarades de classe m’ont rejoint. Je pense que c’est justement grâce à eux que j’ai réussi à obtenir d’excellents résultats lors des épreuves. En effet, pendant ces phases, nous réservions quotidiennement l’une des nombreuses salles du CDI mises à disposition des élèves. Nous disposions de tout ce qu’il fallait pour travailler en groupe, une grande table, un tableau blanc fixé au mur, des feutres Velleda... Ils me posaient souvent des questions, surtout concernant les mathématiques et l’électronique. J’essayais de les aider, car généralement je connaissais la réponse. C'est d'ailleurs peut-être pour cela qu'ils se tournaient souvent vers moi. Je savais faire preuve d'une certaine pédagogie, et utilisais fréquemment le tableau blanc, comme l'aurait fait un professeur. Je pouvais également leur suggérer certains exercices adaptés à leurs difficultés. Si je ne connaissais pas la réponse à leurs questions, je n'hésitais pas à solliciter mes enseignants pour qu'ils puissent m'éclaircir les idées, dans l'intention de transmettre à mon tour cette lueur sacrée aux intéressés. Mes professeurs, surtout ceux d'électronique, m'appréciaient beaucoup, car je me montrais impliqué dans cette discipline qui me passionnait tout autant qu'eux. C'est à force d'expliquer à mes collègues que je me suis perfectionné.

Aborder les examens sans parler des incontournables oraux serait une erreur de ma part. Comment ai-je vécu, voire même survécu à ces épreuves ? J'imagine que vous ne serez sûrement pas surpris en apprenant que j'étais extrêmement stressé et angoissé ? Alors comment ai-je réussi à dominer mes peurs ? Il n'y a pas de secret, je devais me préparer de manière intensive pour finalement me montrer excellent dans cette discipline. À mon époque, l'épreuve orale s'articulait autour de notre rapport de stage. Cela me fait penser que j'ai omis de vous dire que j'ai effectué tous mes stages chez le même dépanneur télé, celui qui m'avait accueilli lorsque j'étais en classe de troisième. Je me sentais relativement bien dans cette entreprise, donc pourquoi en changer ? De plus, mon travail de nature productive et qualitative plaisait bien au patron, ce qui l'encourageait à me reprendre bien volontiers. Tout cela pour en arriver à dire que nous devions préparer un rapport de stage qui décrivait nos activités, et que l'oral s'articulait autour de ce support.

Dès la rédaction de mon dossier, je simulais déjà (mentalement) l'oral, en définissant ce que j'allais dire. Ma voix intérieure parlait comme si j'étais devant le jury. Cette simple projection me faisait ressentir le stress du jour de l'épreuve, mais me permettait surtout de sécuriser mon discours en ne laissant pas de place au hasard. Nous devions également respecter un temps imposé de vingt minutes. Alors, dans ma chambre, je m'entraînais en me chronométrant, encore et toujours. Le soir, pendant que je cherchais le sommeil, je simulais de nouveau mon oral, en m'imaginant face au jury. Quand je me sentais suffisamment prêt, je m'exerçais devant mes parents ou ma voisine Céline... Il n'était pas rare qu'on me recommande de modifier mon intonation de voix souvent monocorde, ou mon attitude afin de rendre la prestation plus vivante. Comme je suis doué en imitation, je demandais à entendre l'intonation à employer, je n'avais alors plus qu'à la reproduire. J'ai toujours tenu compte de tous les conseils qui m'étaient donnés. Au lycée, pendant nos sessions de révisions en salle privatisée, nous simulions ces épreuves avec quelques camarades. Certains incarnaient le rôle de juré avec un sérieux irréprochable en prenant des notes ou en posant des questions assez pointues. C'était un jeu que je trouvais plus qu'essentiel et ludique durant lequel nous avons piqué de nombreux fous rires.

Le jour de l'examen, lorsque je suis arrivé devant le jury, je tremblais de tout mon corps, mais ça, ils ne pouvaient s'en rendre compte. J'avais mal au ventre, me sentais angoissé, mais je me raccrochais à mes heures d'entraînement qui ne laissaient finalement pas de place à la moindre hésitation. Je savais sur le bout des doigts tout ce que je devais dire et dans quel ordre. Je récitais plus que je ne parlais, en essayant toutefois d'employer la bonne intonation verbale. Le jury m'a perçu comme une personne compétente et sûre d'elle. J'ai toujours obtenu d'excellents résultats lors de ces épreuves, mais si, par contre, je n'avais pas effectué toutes ces étapes préliminaires, je pense que je serais resté muet. Je savais que ces oraux représentaient une menace pour moi, c'est pourquoi je me devais de me préparer de manière intensive.

En conclusion, je pense pouvoir dire, qu'aux yeux de mes camarades, je représentais une sorte de support sur lequel ils pouvaient s'appuyer sans compter. J'ai toujours eu à cœur d'aider les autres, sans rien attendre en retour. C'est ma vocation et c'est ainsi que j'ai l'impression d'apporter du sens à ma vie. Ma principale fierté réside dans ma capacité à avoir su les épauler et les faire grandir. Après toutes ces phases de révisions, j'ai réussi à obtenir mon BEP et mon BAC professionnel haut la main. Certains camarades m'ont remercié par la suite, c'est le cas de Damien qui me témoigne encore aujourd'hui toute sa gratitude face à l'assistance que j'ai pu lui procurer à l'époque. Je dirais que je n'ai fait que l'aider à tirer le meilleur de lui-même. Je ne suis pas un mage, juste un simple facilitateur, une sorte de goutte d'huile qui fluidifie les engrenages !

*

Impossible pour moi d'évoquer cette période sans vous parler de Gérard, le plus emblématique de mes professeurs d'électronique. C'était un homme grand et chauve qui brillait aussi bien par le cœur que par l'esprit. De tout mon parcours scolaire, c'est à lui que revient la palme du plus passionné. Sous son enseignement, la complexité des calculs scientifiques coulait de source. Il savait faire preuve d'une immense adaptabilité pour nous aider à mieux comprendre. Son rire restait unique, au même titre que ses jeux de mots et ses blagues, dont lui seul maîtrisait l'art. Gérard m'a toujours touché, et j'adorais l'imiter, sans pour autant le moquer, auprès de mes camarades. Il nous donnait l'envie d'apprendre. C'est avec beaucoup de fascination que j'aimais l'observer pendant la classe. Son visage était tellement ancré dans ma mémoire, que j’ai réussi à reproduire son portrait sans aucune photographie. Moi qui suis pourtant si mauvais en dessin, je crois que c’est la seule fois de ma vie où je suis parvenu à tracer quelque chose d’aussi ressemblant. Ce croquis a fait rire bon nombre de mes copains. Nous avons même décidé de nous en faire des masques en vue de lui préparer une blague, juste avant les vacances de Noël. Pour organiser le coup, nous avons sollicité l’aide d’Edwige, notre professeure de français, toujours partante pour ce genre d’aventures. Elle n’a pas manqué d’apporter sa touche personnelle dans notre scénario, grâce à ses idées folles. Edwige ne tarissait pas d’imagination, et savait être proche de ses élèves. Avec elle, nous avions le sentiment d’être au même niveau. Elle ne nous prenait pas de haut, et faisait preuve d’une écoute attentionnée et sincère. Si tous les professeurs pouvaient être ainsi, les étudiants seraient, je pense, bien plus heureux d’aller en classe.

Dans ces conditions, alors que nous étions installés en cours d’électronique à écouter Gérard nous souffler son savoir, Edwige, comme convenu, est venue l’interrompre en prétextant un motif personnel. Pendant que nos deux professeurs quittaient la salle pour discuter, nous avons enfilé nos masques et avons attendu en silence. J’entends encore les respirations saccadées de mes camarades, qui tentaient de refouler leurs fous rires. Gérard est entré, et nous a observés sans rien dire. Il a mis de longues secondes avant de réaliser que nous arborions son visage. Edwige a fait de nouveau irruption, la mine enjouée et les bras chargés de gâteaux et de boissons. Nous avons communié ensemble, sans aucune forme de lien hiérarchique. Un camarade déguisé en père Noël est venu lui remettre plusieurs cadeaux. Parmi eux, un CD audio sur lequel se trouvaient plusieurs parodies de chansons. L’une d’elles, composée par Edwige, était chantée par tous les élèves. Nous avons également chanté ce titre devant lui. Les autres pistes n'étaient que le fruit de mon imagination. Je m'étais amusé à mettre en scène notre professeur dans différentes situations. Je vous propose d'écouter l'un de ces « sketchs » dans lequel j'incarne son rôle. Pendant cet épisode, cet enseignant devient un dépanneur inébranlable prêt à tout pour arriver à ses fins. Je n'ai pas oublié d'imiter son rire, en plaçant également quelques jeux de mots qu'il aurait lui-même été en mesure de faire. Le nom du personnage présente des consonances en lien avec le réel nom de famille de Gérard.

Sur le même principe que précédemment, je partage avec vous ce moment qui nous a tous fait rire. Pardonnez-moi la qualité du mixage sonore, mais mon matériel de l'époque ne me permettait pas de faire mieux.

Les aventures de Ton Bond :

URL :
https://drive.google.com/file/d/1cO9zNIVIA_WU7E77v5kTA05T0a3yZ
YUz/view?usp=sharing

Gérard a fait écouter cette mise en scène à ses proches qui n'ont pas manqué de rire en reconnaissant distinctement les traits qui le caractérisent.

Je vous propose également deux parodies de chansons. La première, sur le titre « Le chanteur » de Daniel Balavoine, dont les paroles ont été imaginées par Edwige, met en scène Gérard sous la forme d'un professeur un peu sadique qui prend plaisir à faire souffrir ses élèves et qui rêve de voir les surveillantes se jeter sur lui. La seconde, sur le titre « Cette année-là » de Claude François, est de ma composition. Pour replacer les choses dans le contexte, la salle de classe disposait d’un téléphone. Les cours étaient régulièrement interrompus par des appels, et bien souvent, Gérard levait les yeux au ciel et manifestait son « agacement » comme il le disait. J’ai donc choisi de le mettre en scène sous une forme un peu « déjantée », dans laquelle il finit par définitivement régler ce problème de téléphone.

Gérard le chanteur :

URL :
https://drive.google.com/file/d/1GRJjTg8HzdYfKHdO3BJLfRsPGXAZ6DQq/view?usp=sharing

Cette fois-là :

URL :
https://drive.google.com/file/d/1_z83mNuvP9Rm2AXEYb9XuaHErJ3oQB-O/view?usp=sharing

Je viens il y a quelques jours de le contacter par téléphone afin de lui demander son autorisation pour citer son prénom dans mon livre. C'est pendant cette conversation que j'ai découvert que lui et moi avions la même passion dévouée à Georges Brassens. Était-ce ce lien inconscient qui faisait que lui comme moi avons toujours éprouvé une forme de sympathie et de respect mutuel ? En tous les cas, je trouve cela amusant, et en arrive à me dire que ça n'est finalement peut-être pas un hasard si j'ai croisé le chemin de cet homme.

*

Je ne peux aborder le lycée en oubliant de vous parler du club radio. Alors que j'étais élève en Bac professionnel, le lycée a acquis un émetteur pour nous permettre de nous investir dans un club et diffuser nos travaux dans toute la ville. J'ai appréhendé cette nouveauté avec beaucoup de fascination et n'ai pu résister à l'envie d'y participer. Peut-être étais-je atteint de la même fougue radiophonique transmise par grand-père Paul ? Au lancement du club, j'étais le seul membre. Le professeur responsable de l'activité m'a appris à mener des interviews en me donnant des conseils et astuces. Nous avons passé plusieurs séances à simuler sa propre entrevue. Je devais au préalable dresser une liste de questions, avant de tenter d'animer l'entretien. C'était un exercice très difficile à réaliser, entretenir une conversation n'a jamais été intuitif pour moi. Mais une interview, ça se prépare, alors je me suis entraîné aussi souvent que possible, avec ma voix intérieure, me répétant mentalement les questions ainsi que l'intonation à employer. Afin de m'aider, je me suis inspiré des journalistes de la télévision en les observant attentivement. J'ai vite progressé, et c'est de cette manière que j'ai eu l'occasion de recevoir plusieurs professeurs sur différents sujets comme le dérèglement climatique, le sport... Ce fut une expérience riche et intéressante. Par la suite, je suis arrivé à convaincre plusieurs de mes camarades pour qu'ils se joignent à moi. Nous avons passé des moments inoubliables, à lutter contre nos fous rires, à nous faire des blagues certes parfois puériles, mais tellement drôles. Je me souviens du jour où Julien a décroché le microphone de son support pour s'asseoir dessus avant d'envoyer un mémorable coup de trompette de l'arrière-train. Moment épique, même si, pour le coup, le niveau n'était pas très élevé ! Pendant nos sessions radiophoniques, mes collègues avaient tendance à se disperser en s'éloignant de l'ordre du jour. Bien que cela me fasse beaucoup rire, j'étais souvent celui qui savait les ramener à la raison en les recentrant sur le sujet. À cette époque, nous ne diffusions pas les émissions en direct. Tout était enregistré sur ordinateur. Je m'occupais donc de la pureté des bandes-son, en supprimant tout ce qui était en trop, incluant bruits de trompette et dérapages divers. Je conserve un excellent souvenir de cette expérience humaine et incontestablement riche en moments drôles, au point parfois d'en avoir mal aux joues.

*

C'est également sur cette même période que notre famille a appris une nouvelle bien moins gaie, le décès de Marie-Louise, ma grand-mère paternelle, âgée de quatre-vingt-neuf ans. Elle a rejoint mon grand-père aux côtés du tout-puissant le 24 mai 2004, après plusieurs semaines d'hospitalisation. Je me souviens de ce jour. Nous prenions avec mon père un bol d'air frais à l'extérieur de la maison. Le téléphone a sonné et il a répondu. Il écoutait sans mot dire, je l'observais attentivement et lorsqu'il a dit : « Ah bon ? », j'ai tout de suite saisi à son intonation de quoi il était question. Je me rappelle encore de la sensation que j'ai ressentie. J'ai été pris d'un vertige avec l'impression de m'élever au-dessus du sol, comme si quelque chose m'avait traversé des pieds à la tête pour me tirer vers le haut. C'est la première fois que j'apprenais le décès d'un proche avec la capacité de comprendre ce que cela signifiait. J'éprouvais de la peine, mais n'ai pas pleuré. Je la savais très fatiguée et à bout de force. La dernière fois que je suis allé lui rendre visite en maison médicale, en compagnie de mon frère, elle ne nous a pas reconnus, sa mémoire s'échappait... Je préfère me souvenir de nos moments passés ensemble. Tous les dimanches, elle venait déjeuner avec nous, et malgré ses maigres ressources financières, elle ne se présentait jamais les mains vides, amenant souvent avec elle un gâteau acheté chez le pâtissier. Après le repas, je lui jouais de la guitare en lui chantant des chansons, principalement du Georges Brassens. Les premiers temps, elle a trouvé ce personnage vulgaire, mais au fil du temps, et en prêtant meilleure attention aux paroles, elle a fini par dire « Il a raison... ». Effectivement, les textes de Georges laissent apparaître beaucoup de vérités et restent extrêmement touchants. Je pense que ma grand-mère était heureuse de m'écouter, et j'aimais ces instants bien à nous. Je n'avais pas nécessairement besoin de discuter avec elle, le simple fait de passer des moments à ses côtés était suffisant.

*

Durant cette période au lycée, je suivais toujours mes cours au conservatoire, mais en plus de cela, je chantais avec ma cousine Amandine, qui, aujourd'hui, est devenue une véritable artiste (chanteuse, danseuse, comédienne...). Nous donnions quelques concerts dans notre ville ou dans la région, afin d'animer des fêtes de quartier ou au profit d'œuvres caritatives comme des collectes de fonds pour les enfants hospitalisés, ou bien les « Restos du cœur ». Les journaux locaux ne tarissaient pas d'éloges à notre égard. Nous avons même eu la chance de faire la première page du quotidien « La Nouvelle République ». Je me souviens de l'un de mes professeurs de BEP qui, une fois installé en classe, m'a regardé en souriant et en hochant la tête, puis, au bout de plusieurs secondes de silence, a fini par brandir le journal devant toute la classe. C'était, j'imagine, sa façon à lui de me féliciter ? En tous les cas, cela aura été une surprise pour la plupart de mes camarades et enseignants !

Je vous propose ci-dessous quelques coupures presse de l'époque. Vous pouvez y accéder à l'aide des QRCodes, en ayant installé une application QR Reader sur votre smartphone, ou en recopiant l'adresse URL dans votre navigateur internet.

Première page La Nouvelle République :

URL :
https://drive.google.com/drive/folders/1GBgi9T4r9OWwEr7u5vJzbgio_fzel38v?usp=sharing

Enfants hospitalisés :

URL :
https://drive.google.com/drive/folders/1zS5aSrOLbcNa747SE03gbVXIWLjqyJ1i?usp=sharing

Fête de quartier :

URL :
https://drive.google.com/drive/folders/13nW4YgW2TglMPdWn9JLiDIuKs9jd9zK6?usp=sharing

Restos du cœur :

URL :
https://drive.google.com/drive/folders/1p293lIQ2MeIip1O4JCgYn6tlSP-pbxfX?usp=sharing

Nous avons même eu la chance d'assurer la première partie d'un humoriste et acteur répondant au nom d'Éric Blanc. Lors de ce concert, la salle était bondée, trois cents personnes se trouvaient face à nous.

Première partie Éric Blanc :

URL :
https://drive.google.com/drive/folders/1jPmnMHofFdgi9nb1J_mC6aDUgXU7lrmo?usp=sharing

J'imagine que vous devez en partie vous demander comment il peut être possible pour un autiste Asperger de se montrer capable d'effectuer cela. Je ne détiens aucune réponse logique, mais je ne constitue pas un cas isolé. De nombreux autres semblables sont sous le feu des projecteurs, des acteurs, philosophes, politiciens... Finalement, notre différence parfois handicapante n'a pas de limite. Je pense que nous puisons notre force dans notre détermination. En effet, lorsqu'un Asperger décide de se lancer dans quelque chose, rien ne peut l'arrêter. Même si je suis monté sur scène, j'ai toujours été un individu réservé et introverti. Mais j'ai choisi de le faire, avec une mission bien définie : « jouer de la guitare et chanter ». De plus, mes parents, ma famille et Charlène, tous étaient derrière moi et me soutenaient. Sur les planches, je figurais aux côtés de ma cousine, une personne douce et de confiance. Je n'étais donc pas seul et plutôt bien épaulé. Comme pour mes oraux, chaque représentation me demandait une grande préparation mentale. C'est également grâce au conservatoire que j'ai réussi à dominer ces peurs. Comme déjà évoqué un peu plus haut, une école nationale de musique impose des auditions obligatoires sous l'œil attentif d'un jury et en présence d'un public. Lors des cours de solfège, nous devions régulièrement chanter individuellement face à tous les autres élèves... Je me souviens aussi de la première fois où j'ai dû chanter devant mon professeur de guitare... J'ai rencontré ce jour-là un blocage et suis resté figé au moins cinq minutes avant de pouvoir commencer. Mon enseignant m'a même laissé seul plusieurs minutes pour que je puisse reprendre mes esprits... Lors des repas de famille, mes parents me demandaient de jouer de la guitare et de chanter, alors je m'exécutais afin de ne pas les décevoir. C'est donc progressivement que je suis arrivé à la scène.

Le jour d'une représentation, j'aimais arriver plusieurs heures à l'avance. Cela me permettait de m'imprégner des lieux, des odeurs, et ainsi de pouvoir me projeter. Je faisais également la connaissance des équipes techniques. J'apprécie le côté atypique et décontracté des gens qui travaillent dans le milieu du spectacle. Avec eux, j'ai toujours eu un bon feeling et les échanges se montraient fluides. Durant cette phase préparatoire, je ressentais le besoin de monter sur scène devant une salle vide. Je marchais en respirant profondément, tout en imaginant le public. Mes tremblements me faisaient prendre conscience de mon état de stress et d'angoisse.

J'installais mon matériel et procédais aux balances son en compagnie de ma cousine dans l'intention de régler les niveaux. Ensuite, j'éprouvais la nécessité de me rendre aux toilettes, toujours contraint par cet abominable mal de ventre et ce phénomène d'évacuation. C'est d'ailleurs pour cette raison que je tenais à me présenter suffisamment longtemps à l'avance, afin de ne pas y être bloqué au moment de la représentation. Après quoi, la foule entrait petit à petit. En coulisse, nous attendions l’annonce de nos prénoms, ultime étape avant notre montée sur scène. Mon cœur cognait de plus en plus fort. J’aime autant vous dire d’emblée que je n’étais pas un bon chauffeur de salle ! Il ne fallait pas compter sur moi pour exciter le public à grand coup de « Tout le monde tape dans les mains, tout le monde, tout le monde, ouais ouais ! ». Non, je n’étais pas capable de cela, je restais affreusement concentré et stressé. C’est la première chanson qui s’avérait souvent la plus difficile. Mes mains, mes jambes, mes côtes, tout vibrait et tremblait en moi. Mes premiers accords sonnaient sous mes doigts fébriles, mais rapidement, la concentration prenait le dessus. La fin du premier titre donnait naissance à des centaines d’applaudissements. C’était un moment extrêmement intense. Le bruit de la salle résonnait de manière si puissante que mon corps entier se faisait balayer de la tête aux pieds par une ineffable énergie. Mes poils se dressaient sur mes bras, mes jambes, mon dos et je tremblais encore plus. Mais dès la deuxième chanson, je reprenais le dessus et me sentais déjà mieux. Je n’ai cependant jamais eu de « lâcher prise » sur scène. J’étais trop concentré, mais j’aimais ce moment de partage. Nos familles étaient toutes derrière nous pour nous soutenir dans notre démarche artistique, c’était valorisant de les voir si fières de nous.

*

En 2006, Amandine est partie effectuer ses études de danse à Paris. C’est donc seul que j’ai décidé de poursuivre les représentations. Je ressentais le besoin de partager les chansons de Georges Brassens avec des personnes qui l’auraient entendu de leur vivant. Je me suis naturellement tourné vers les maisons de retraite et maisons médicalisées. C’était pour moi une expérience inédite et humaine avant tout. J'ai alors réalisé à quel point la vie des résidents pouvait s'avérer monotone. Ma venue lors des représentations était très bien accueillie et les gens étaient heureux de me voir chanter. La direction des établissements m'offrait toujours une petite contrepartie financière ce qui me permettait de me faire plaisir dans mes à-côtés. Le journal « La Nouvelle République » a rédigé à l'époque un article sur mes prestations. J'ai également eu la chance d'être brièvement interviewé en direct par la radio France Bleu Poitou. Je vous partage cela ci-dessous, toujours au travers des QRCodes. Vous verrez que je ne suis pas un grand bavard, et que je me suis senti entièrement intimidé par ce présentateur qui me questionnait.

Article La Nouvelle République :

URL :
https://drive.google.com/drive/folders/1C_SBTr6GfktJS5MptF9jkWfaouyO1_PK?usp=sharing

Interview France bleu :

URL :
https://drive.google.com/file/d/1ZRow3zY8_oe9TdkrRq82MTPp1uZf3xWX/view?usp=sharing

4

Entrée dans la vie active

C'est sur cette note artistique que je choisis de faire le biseau avec ma vie d'adulte. J'ai obtenu mon BAC Professionnel et aurais souhaité poursuivre en BTS Informatique de Gestion à Poitiers, mais mes parents ont jugé que cela pourrait être trop compliqué à gérer, aussi bien sur le plan financier que logistique. Je me suis donc orienté vers la recherche d'un travail en m'inscrivant sur les listes de Pôle Emploi.

Mon professeur de guitare s'est montré relativement inquiet en apprenant cette entrée dans la vie active. Il a même convoqué mes parents au conservatoire afin de leur en faire part. Il leur a expliqué qu'il serait préférable que je puisse travailler à temps partiel, afin de disposer de suffisamment d'énergie et de disponibilité pour entretenir mon niveau. Il a explicitement déclaré qu'un emploi à temps complet signerait la fin de la musique pour moi. Il faut dire qu'à cette époque, j'étais au maximum de ce que nous pouvions atteindre dans le parcours de l'école. J'avais donc besoin de ressources pour pouvoir affiner ma technique et continuer de progresser. Cet enseignant m'aurait bien vu poursuivre une carrière artistique en tant que professionnel. Mais une dizaine de jours après l'obtention de mon BAC, j'ai trouvé un emploi de dépanneur électroménager, toujours à Châtellerault, en souscrivant un contrat de 39 heures par semaine. Ce poste, éprouvant sur le plan physique, donna raison à mon mentor, force m'est de constater qu'il disait vrai. Je n'avais plus suffisamment d'énergie pour me saisir de mon instrument après mes journées de travail. Mes parents, eux, étaient fiers de mon départ professionnel : jeune diplômé et déjà recruté, à leurs yeux, tout semblait me sourire.

Au fil des semaines, la fatigue ne laissa plus de place à la musique, et c'est quasiment depuis mon entrée dans la vie active en 2007 que j'ai rangé ma guitare dans son étui, trop épuisé pour étudier et pour poursuivre mes études musicales. Aujourd'hui, il m'arrive de temps à autre de reprendre mon instrument pour chanter en grattant quelques accords. Je peux encore jouer certains morceaux de classique, mais je ne dispose plus de la même dextérité, et j'ai perdu mes réflexes. Comme le dit si bien mon beau-père Pascal, ancien champion de vélo de course, avec beaucoup de mélancolie : « On ne peut pas être et avoir été ». Néanmoins, je préfère conclure sur cette note : « Le plus important, est d'être fier de l'avoir fait un jour. ».

*

Ce premier emploi consistait à me déplacer toute la journée au domicile des clients, afin de réparer leurs appareils électroménagers (four, lave-vaisselle, sèche-linge, machine à laver...). J'ai très rapidement éprouvé un certain mal-être à devoir exercer chez les gens. Il était pour moi difficile de me concentrer sur mon analyse, tout en étant contraint et forcé de parler de la pluie et du beau temps... Je me sentais oppressé et terriblement mal à l'aise. Alors, j'ai développé une organisation bien à moi. Dans mon atelier, je possédais de vieux appareils abandonnés et laissés pour pièces. J'ai décidé d'en remettre en service plusieurs afin de les convertir en machines de prêt. Avant de partir en intervention, je chargeais mon camion en fonction des équipements que j'allais devoir dépanner. Une fois sur place, j'effectuais un bref diagnostic. Si j'estimais que la réparation pouvait s'exécuter rapidement, je m'exerçais sans attendre. Si par contre, l'opération nécessitait plus d'une quinzaine de minutes, j'expliquais aux clients que j'allais devoir emporter leur bien dans l'intention de m'en occuper à l'atelier. C'est dans ce cas de figure que je laissais à leur disposition l'un des appareils remis en état. Cette organisation m'obligeait certes à effectuer bien plus de manutention qu'il n'en aurait fallu, mais j'avais besoin d'être au calme et dans un environnement maîtrisé afin de pouvoir œuvrer convenablement.

Malgré ce mode de fonctionnement, qui m'apportait un confort de travail vital, je ne pouvais lutter contre la fatigue. Le midi, pendant ma pause de deux heures, je rentrais déjeuner chez mes parents : après tout je vivais toujours chez eux ! Après le repas, je devais m'allonger dans ma chambre pour faire la sieste une trentaine de minutes, le temps de « recharger » un peu mes batteries. Ce moment de décompression était plus que nécessaire. Je pouvais relâcher la pression, souffler, me sentir moi-même. Après quoi, je devais repartir au travail. Malgré ce repos, la fatigue revenait souvent dans l'après-midi. Il n'était pas rare que je sois dans l'obligation de devoir m'arrêter sur le bord de la route afin de m'assoupir dans mon camion. Mon employeur, s'il l'avait su, n'aurait vraisemblablement jamais accepté cela, mais mes yeux se fermaient à mon insu pendant que je conduisais, je pense donc qu'il était préférable de prendre dix ou quinze minutes le temps d'une micro-sieste.

Conduire reste encore aujourd'hui quelque chose d'éprouvant. À titre personnel, il m'est déjà arrivé sur de courts trajets (moins de vingt kilomètres) de devoir interrompre mon chemin pour dormir quelques minutes car je ne tenais plus.

Au fil des mois, la fatigue gagnait du terrain et la désorganisation omniprésente de cette entreprise y contribuait beaucoup. La secrétaire accumulait une quantité astronomique de rendez-vous que j'avais du mal à honorer. Je devais donc amputer mes pauses déjeuner et mes soirées afin de répondre à la demande. Toutes les heures supplémentaires que j'effectuais n'étaient jamais rémunérées.

Plus le temps passait, et plus je devenais irritable, éreinté et contrarié. Un matin, j'ai décidé de ne plus me laisser faire. Je me souviens encore de ce jour où j'ai refusé d'honorer un rendez-vous. Le midi, au moment de la pause déjeuner, j'ai terminé mon dépannage à 13 h au lieu de 12 h. À titre occasionnel, j'aurais fait l'impasse sur ce dépassement d'horaire. Malheureusement, la situation se répétait quotidiennement. J'ai donc décidé le soir même de finir une heure plus tôt afin de récupérer mon heure. Hélas, les aléas de ce métier m'ont conduit à revenir d'intervention à 18 h 45 alors que je comptais partir à 18 h. Arrivé au magasin, j'ai déposé les clés du véhicule de société dans l'intention de rentrer chez moi, mais la secrétaire s'est écriée : « Hop, hop, hop ! T'as pas fini là, t'as un four à aller livrer et installer à Naintré... ». Il ne restait que quinze minutes avant l'heure officielle de fin de journée, comment était-il possible d'imaginer que je puisse aller livrer et installer un four en si peu de temps ? Quinze minutes, c'était tout juste ce qu'il me fallait pour que je puisse charger mon camion et me rendre au domicile du client. J'ai immédiatement senti la colère monter en moi et n'ai pu me contrôler, tel un volcan en éruption :

« NON, JE N'IRAI PAS. CE MIDI, J'AI PERDU UNE HEURE DE MON TEMPS LIBRE. CE SOIR, JE VOULAIS PARTIR À 18 h, IL EST DÉJÀ 18 h 45, DONC C'EST HORS DE QUESTION. JE RENTRE CHEZ MOI.
— Mathieu, JE T'ORDONNE D'ALLER LIVRER CE FOUR !!! s'est-elle écriée en devenant rouge pivoine.
— JE M'EN FOUS, je n'irai pas », lui ai-je répondu en sortant du magasin, tout en n'oubliant pas de claquer la porte.

IL NE FAUT JAMAIS CONTRARIER LES PLANS D'UN ASPIE !

Le lendemain matin, la patronne, encore en robe de chambre, m'attendait de pied ferme :
« Que s'est-il passé hier soir ? Pourquoi as-tu refusé d'aller livrer un client ?
— J'en ai plus que marre de faire des heures supplémentaires qui ne sont jamais payées. Je m'épuise et j'en ai marre qu'on prenne les rendez-vous n'importe comment. Mon salaire est misérable comparé à mon investissement.
— Bah oui, mais bon… C'est des super clients en plus… Ils ont été super déçus de ne pas avoir leur four… On risque de les perdre à cause de ça…
— Ça n'est pas mon problème », lui ai-je répondu en tournant les talons en direction de mon atelier.

Croyez-le ou non, mais quelques jours plus tard, la patronne est venue me voir à l'atelier pour m'annoncer une augmentation de salaire de 150 € NET. J'ai été relativement surpris et ne m'attendais pas à ça ! Comme quoi, ça sert à quelque chose de se faire entendre ! Cependant, j'ai vite compris que cette augmentation ne changeait finalement en rien le fonctionnement interne de l'entreprise. Je me sentais de plus en plus fatigué et irrité par la désorganisation permanente. C'est finalement par un pur hasard que j'ai été amené à postuler dans une autre entreprise.

*

Tout a commencé par la nécessité d'acheter des consommables. J'ai demandé à mon père s'il pouvait, au retour de son travail, se rendre dans une boutique afin de m'acheter ce dont j'avais besoin. C'était une boutique que nous connaissions bien, nous y étions clients depuis des années. En entrant, il s'est rendu compte que le vendeur habituel n'était pas là. C'est en discutant avec la personne présente qu'il a appris que l'ancien salarié avait quitté l'entreprise, et que par voie de conséquence, le responsable cherchait un nouvel employé. Le soir, en rentrant à la maison, mon père m'a raconté cela en me conseillant vivement de contacter le patron dans l'intention de postuler. Compte tenu de mon travail qui devenait de plus en plus pesant, il y avait là une opportunité de changement à ne pas laisser passer, pouvant même me permettre de me rapprocher de l'un de mes centres d'intérêt. Le lendemain, j'ai pris mon courage à deux mains pour réussir à téléphoner au responsable du magasin et lui dire que j'étais intéressé et motivé par le poste. Il m'a très rapidement reçu en entretien. Nous avons longuement discuté, et, à la fin de l'entrevue, il m'a annoncé être très séduit par mon profil et m'a proposé un Contrat à Durée Déterminée de six mois suivi d'un Contrat à Durée Indéterminée. Il souhaitait m'embaucher au plus tôt, c'est donc sans aucune hésitation que j'ai communiqué ma démission à mon employeur. Cette nouvelle a été très mal perçue et les relations des dernières semaines précédant mon départ ont été des plus glaciales.

Un mois plus tard, je suis entré pour la première fois dans ce magasin en tant que salarié. Mon travail consistait à gérer les stocks, accueillir les clients, conseiller, vendre, passer les commandes, veiller à la propreté des lieux : balais, serpillière, poussières, réparer le matériel… J'étais un véritable homme à tout faire. J'ai rapidement pu constater que je ne me sentais toujours pas à l'aise avec la clientèle. Dès que j'entendais les gravillons du parking frémir sous les pneus d'une voiture, je ressentais instantanément une immense appréhension. J'appréciais les acheteurs qui savaient ce dont ils avaient besoin. J'aimais les transactions brèves et efficaces comme par exemple : « Bonjour, je voudrais cet article de cette marque-là, pour cet appareil, merci, au revoir ». Mais hélas, les clients de cette mouture se faisaient très rares… Alors je prenais sur moi, et essayais de conseiller en n'arrivant pas à identifier si l'individu souhaitait simplement tester mes acquis dans l'unique intention de se divertir, ou s'il était réellement dans l'attente d'une information… Car oui, j'ai pu constater que certaines personnes appréciaient poser des questions tout en connaissant déjà la réponse. En cas d'explications inadaptées, ils s'empressaient d'étaler leur science d'un ton jubilatoire. Il y avait aussi ceux qui n'avaient visiblement rien d'autre à faire que de venir tous les deux jours essayer les produits en exposition sans jamais rien acheter… Dans tous les cas, j'espérais que les clients restent le moins longtemps possible afin que je puisse retrouver ma tranquillité. C'est le comble pour un vendeur, non ? Allez, souhaitez-vous une anecdote qui démontre clairement que le commerce n'est pas fait pour moi ?

Je travaille aujourd'hui dans une entreprise d'un autre domaine d'activité, vous aurez l'occasion de l'apprendre dans les prochaines pages. Un jour, un collègue m'a demandé : « Que faisais-tu avant d'être embauché ici ? ». Je lui ai expliqué que j'étais vendeur dans un magasin, tout en nommant l'enseigne. Il s'est alors exclamé : « Ahhhh !!! Mais il me semblait bien t'avoir déjà vu quelque part ! Un jour, j'ai eu besoin d'un produit pour ma mère, je me suis rendu dans ce magasin, et c'était toi ! » m'a-t-il lancé, sourire aux lèvres, tout en poursuivant : « Et bah dis donc, j'avais vraiment l'impression de te faire ch*er… Bonjour l'accueil ». Peut-être est-il arrivé à un moment où j'étais plongé dans mon travail ? Ou peut-être avais-je reçu beaucoup de clients avant lui me causant une fatigue extrême ? Quoi qu'il en soit, le commerce n'est pas fait pour moi ! Mon patron me disait toujours que je n'étais pas assez souriant, pas assez avenant et que je n'entretenais pas suffisamment la conversation… Il m'obligeait même à flatter les clients afin de les mettre en valeur. Je n'ai jamais compris l'intérêt de ce genre de flagorneries superficielles, mais c'était, m'a-t-il expliqué, dans l'unique but de placer l'acheteur en position de supériorité dans l'intention de l'inciter à mieux dépenser son argent… Ne me demandez pas la logique dans tout ça, je n'ai jamais rien saisi à cette histoire. Je me suis continuellement forcé à être ce qu'il voulait que je sois. Tous ces efforts me coûtaient énormément d'énergie et demeuraient aux antipodes de mon mode de fonctionnement. Entre midi et deux, et vivant toujours chez mes parents, je devais systématiquement m'allonger afin de recharger mes batteries. Au fil des semaines, j'ai finalement découvert le véritable visage de mon responsable. Par le passé, lorsque je venais le voir en tant que client, il se montrait rigoureusement souriant, sympathique et plutôt bienveillant. Mais derrière ce masque idyllique se cachait en fait une personnalité beaucoup moins chaleureuse.

Il devait régulièrement effectuer des déplacements professionnels à travers la France entière. Cette année-là, à la suite d'une infraction au Code de la route, il a écopé d'un retrait de permis de conduire d'une durée de six mois. Il lui fallait donc un chauffeur pouvant le mener dans les villes où il devait se rendre. Gentiment, l'une de ses amies, qui venait souvent au magasin, a proposé les services de son père, retraité et disponible. Ces déplacements répétés m'offraient un immense soulagement que je savais apprécier. Je me sentais bien, et arrivais au travail avec beaucoup moins de stress et sans avoir ce sentiment d'oppression permanent.

C'est au bout de six mois d'activité que j'ai commencé à m'interroger sur ma situation. Après avoir discuté avec mes parents, nous avons fini par réaliser que je n'avais en réalité jamais signé aucun contrat de travail ou autre document, ni CDD, ni CDI. J'étais rémunéré par chèques, sans pour autant disposer de la moindre fiche de paie... Mon père m'a alerté sur l'importance de bénéficier de ces documents obligatoires, et m'a incité à les demander à mon employeur. J'ai donc essayé de lui réclamer à plusieurs reprises, mais je restais figé sans pouvoir le faire. Cet homme me faisait peur et j'étais pétrifié. C'est à force de persévérance, et après plusieurs semaines de blocages à cumuler les tentatives infructueuses, que j'ai réussi à surmonter mes angoisses afin de lui soumettre ma requête. Il m'a alors dit qu'il allait s'en occuper, mais a fini par oublier.

Entre-temps, j'ai constaté que le père de son amie, employé en tant que chauffeur particulier, se présentait plusieurs fois par semaine au magasin pour réclamer son argent en dédommagement des frais d'essence et d'autoroute. À chaque entrevue, la situation semblait s'envenimer. Un jour, la discussion a mal tourné, et j'ai pu les entendre hurler dans le bureau de mon responsable. L'homme attendait désespérément d'être remboursé, mais plusieurs mois après les premiers déplacements, il n'avait toujours pas été dédommagé. En ce qui me concerne, et après lui avoir rappelé des dizaines de fois, il a fini par m'imprimer mes fiches de paie.

C'est courant avril que ma situation a connu un bouleversement majeur. Tout a commencé avec la réception par courrier de ma déclaration de revenus pré-remplie. Ce document laissait apparaître les sommes versées par mes différents employeurs. J'ai rapidement constaté que si l'établissement de mon ancien patron figurait clairement sur le feuillet, il n'en était rien concernant ma nouvelle activité. Cette découverte m'a semblé bien curieuse, d'autant plus que cela faisait maintenant sept mois que je travaillais dans cette entreprise. Mon instinct m'a soufflé que quelque chose n'était pas normal, un pressentiment inqualifiable, peut-être même une sorte d'intuition divinatrice. J'ai donc décidé de me rendre au centre des impôts, muni de ma déclaration, afin d'obtenir des réponses. Sur place, un conseiller m'a expliqué que ce n'était pas nécessairement inquiétant, mais il n'avait pas l'air véritablement convaincu... Sa réaction m'a laissé perplexe, mais je suis resté avec mes doutes et questions.

Sur cette même période, et par le fruit du hasard, j'ai croisé un ancien camarade de lycée, Loïc. Il m'a expliqué ne plus supporter le cumul de ses différentes missions en emploi précaire, hésitant à reprendre ses études pour tenter d'obtenir un BTS Assistant Technique de l'Ingénieur. Il s'était renseigné et savait qu'un centre de formation de Châtellerault permettait de préparer ce diplôme en alternance, ce qui offrait la possibilité de toucher un minimum de salaire. Il m'a fourni beaucoup d'éléments pour finir par me demander : « Ça te dirait de reprendre tes études avec moi ? ». Ma première réponse a été un non catégorique. Je ne me sentais pas capable de retourner sur les bancs de l'école et faire renaître mes frustrations du passé. Nous en sommes restés là, mais Loïc revenait toutes les semaines me rendre visite au magasin dans l'intention de prendre de mes nouvelles et surtout, me demander par la même occasion si je n'avais pas changé d'avis.

Au travail, ma situation devenait de plus en plus difficile à supporter. Le patron se montrait toujours plus oppressant et me rabaissait ouvertement devant les clients. Il lui arrivait même parfois de me crier dessus, comme si je n'étais qu'un vulgaire défouloir. J'ai régulièrement eu besoin de m'isoler aux toilettes pour m'effondrer sous le poids de cette charge émotionnelle. Au mois de mai, il n'avait encore pas payé le retraité. La situation devenait critique au point de rendre la communication entre eux impossible. Leurs échanges finissaient systématiquement en hurlements. Je ne connaissais pas toute l'histoire, mais ce qui était certain, c'est que le pauvre homme semblait avoir du mal à se faire rembourser ses frais. Je doutais de plus en plus de la loyauté de mon employeur. L'absence d'un contrat signé, les fiches de paie, ma déclaration pré-remplie, et ce retraité impayé, c'en était trop. Mon instinct m'a conduit à me rendre à l'URSSAF de Poitiers. J'y suis allé sans véritablement comprendre pourquoi. J'ai effectué le trajet en compagnie d'Anaïs, une amie rencontrée quelques jours auparavant. Au moment de franchir les portes de cet établissement, je me souviens m'être demandé ce que je venais y faire... Allait-on me prendre pour un fou ? J'ai eu soudainement l'envie de repartir, mais quelque chose de viscéral m'a forcé à y pénétrer. Arrivé sur place, j'ai brièvement expliqué la situation à l'hôtesse d'accueil qui m'a répondu :

« D'accord, très bien, donnez-moi votre numéro de sécurité sociale, je vais vérifier.
— Ok, le voici.
— Très bien, m'a-t-elle répondu en interrogeant son ordinateur avant de poursuivre, pour moi, il n'y a pas d'anomalie, je vous retrouve dans l'informatique, vous travaillez actuellement chez RING'TOG.
— Pardon ??? Mais non !? Je ne travaille plus chez eux depuis bientôt huit mois !!!?

— Ah bon ? Alors, attendez, car je ne dispose que d'un accès limité. Je vais transmettre la demande à un collègue spécialisé. En attendant, installez-vous là-bas », m'a-t-elle dit en pointant du doigt quatre ou cinq chaises vides.

J'ai patienté en m'interrogeant pleinement sur la situation et ai senti l'angoisse s'emparer de moi. Mon cœur cognait extrêmement rapidement, je ressentais des vertiges et mon corps tremblait. Par chance, Anaïs, assise à mes côtés, a su trouver les mots pour me rassurer. J'avais du mal à réaliser, mais j'étais maintenant convaincu qu'il résidait quelque chose d'anormal dans toute cette situation. Au bout de quinze minutes environ, un homme est arrivé avec quelques documents sous le bras et m'a invité à entrer dans une salle privative, afin d'échanger avec moi :

« Monsieur Beaulieu, je viens d'étudier votre dossier, et, à ce jour, il n'existe aucune déclaration URSSAF à votre nom dans cette entreprise.
— Quoi ?! lui ai-je répondu sentant que mon cœur était proche de sortir de ma poitrine.
— Est-ce que vous êtes payé ? m'a-t-il demandé.
— Oui, je suis rémunéré par chèques.
— Est-ce que vous avez des bulletins de salaire ?
— Alors justement, je suis resté six mois sans en avoir, et mon père m'a incité à les réclamer au patron, car il m'a dit que c'était important... Mais il a mis du temps à me les faire, j'ai dû le relancer plusieurs fois.
— Votre père avait raison ! Voilà ce que vous allez faire : vous allez m'envoyer au plus vite et par e-mail vos relevés de comptes, pour prouver que tous les mois la même somme d'argent vous est versée, ainsi que des copies de vos bulletins de salaire. Ensuite, nous enverrons des agents faire un contrôle et nous demanderons à votre employeur le justificatif URSSAF vous concernant, document qu'il ne possède pas puisque vous n'êtes pas déclaré.

— Oui, mais attendez... Je ne comprends pas, car je suis payé par chèque, pas en espèces. Et j'ai des bulletins de salaire, donc comment est-ce possible que je ne sois pas déclaré ?
— Vous savez, un bulletin de salaire n'est qu'une simple feuille de papier... Et les chèques sont peut-être établis avec un chéquier n'appartenant pas à l'entreprise ? ».

Je n'avais jamais prêté attention à ce détail. J'en suis ressorti complètement abasourdi. Oh, bien sûr ! J'avais des doutes, c'est d'ailleurs pour cette raison que j'avais fini par effectuer ces démarches. Mais je n'aurais jamais imaginé que la situation puisse se montrer aussi grave. Je travaillais depuis huit mois dans cette entreprise et mon activité était méconnue des services de l'URSSAF ! L'émotion s'est emparée de moi, j'ai tremblé de la tête aux pieds, ma voix s'est serrée. Mon amie Anaïs m'a une nouvelle fois soufflé les mots justes pour m'aider à retrouver l'apaisement. Je ne comprenais pas, et n'arrive toujours pas à comprendre, comment une personne peut se révéler si malhonnête ! Le soir même, j'ai envoyé les documents nécessaires. Comme convenu, quelques jours plus tard, alors que je me trouvais derrière le comptoir du magasin, j'ai vu deux hommes entrer :

« Bonjour ! Nous sommes des agents URSSAF de Poitiers. Nous passions dans le coin par hasard et avons décidé d'effectuer un contrôle de routine. Est-ce que vous travaillez ici ?
— Oui... Je suis employé...
— Est-ce que votre responsable est présent ?
— Oui, il est dans son bureau juste derrière...
— Très bien, nous allons le rencontrer ».

J'étais complètement tétanisé. Mon cœur cognait si fort que j'avais l'impression qu'il allait sortir de ma poitrine. Mes yeux s'emplissaient de larmes sans que je puisse le contrôler, au même titre que mes vertiges et mes tremblements. Ils sont entrés dans le bureau du patron en n'oubliant pas de refermer la porte derrière eux. Bien qu'elle soit close, je suis arrivé quand même à entendre distinctement la conversation :

« Bonjour, nous sommes deux agents URSSAF de Poitiers, nous passons effectuer une vérification de routine. Nous constatons que vous disposez d'un salarié, pouvez-vous nous fournir l'attestation URSSAF ?
— Ah oui... Euh... Ok... Bonjour, installez-vous, je vous en prie. L'attestation ? Euh... Pas de problème, alors, alors... Elle doit se trouver ici théoriquement... ».

Je pouvais l'entendre fouiller dans ses dossiers à la recherche d'un document qui n'existait pas. Le pauvre, qu'il devait se sentir mal à l'aise ! Et ces deux agents, véritables comédiens, qui faisaient mine de ne pas avoir connaissance de la situation... Au bout de plusieurs minutes, il a fini par dire :

« Ah mince, j'ai dû l'égarer, il faudrait que je la retrouve... ou alors... Ahhhhhh ! mais oui ! Je me souviens, j'ai voulu la faire en ligne, mais le site a planté au moment de l'imprimer... ».

Les deux agents ont clôturé le sujet en toute sérénité en déclarant quelque chose comme : « Ok pas de problème, de toute façon, nous passions juste comme ça, nous repasserons d'ici une quinzaine de jours ».

Juste après leur départ, mon patron a fait irruption d'une manière agitée pour me dire :

« C'est curieux leur visite ici non ?
— Je ne sais pas... lui ai-je répondu en essayant de prendre l'air le plus innocent qui soit.
— C'est curieux, car en général, ils ne se déplacent pas pour rien ces gens-là... ».

Il est ensuite retourné dans son bureau. Peut-être se doutait-il de quelque chose ? Ce moment s'est avéré extrêmement intense et éprouvant. Je me sentais terriblement mal à l'aise d'avoir dû lui mentir. C'est à cet instant que j'ai pris conscience que je ne pouvais plus rester dans cette entreprise, je n'avais plus confiance et devais partir. J'ai immédiatement posé ma démission, il ne me restait plus qu'à patienter un mois avant ma libération. Quelques jours après la visite de L'URSSAF, une dame a poussé la porte de la boutique. Elle n'avait rien d'une cliente lambda et s'est présentée en tant qu'inspectrice du travail. Mon responsable n'était pas présent, elle en a profité pour effectuer le tour complet de l'établissement en prenant de nombreuses notes. Elle m'a également questionné concernant ma situation. Je lui ai tout expliqué, mon CDD que je n'avais jamais signé, les fiches de paie que je n'avais pas et que j'avais obtenues après les avoir réclamées des dizaines de fois, et enfin, l'absence de déclaration à L'URSSAF. Mon patron est revenu quelques heures après le départ de cette inspectrice. Je me suis senti dans l'obligation de l'informer de cette visite impromptue :

« Je dois te dire qu'une dame est venue... une inspectrice du travail..., lui ai-je avoué, la voix fébrile.
— Quoi ??? Mais qu'est-ce que tu lui as dit ? Qu'est-ce qu'elle voulait ? a-t-il dit en haussant le ton.
— Et bien, elle m'a demandé depuis combien de temps j'étais employé ici...
— Quoi ? Et tu lui as répondu quoi ?
— Je lui ai dit la vérité, que j'étais en CDD depuis plus de six mois et que je n'avais jamais signé aucun contrat...
— Quoi ??? Oh Put#n, t'as pas dis ça ? Mais tu te rends compte dans quelle m#rde tu vas me mettre ? Il s'est passé quoi d'autre ? », m'a-t-il demandé alors qu'il ne tenait plus

en place, effectuant des dizaines d'allers-retours dans le magasin.
« Et bien, elle a fait le tour complet de l'entreprise, elle a noté des trucs qui n'allaient pas...
— Quoi ? Et toi, tu l'as laissé faire ? Tu l'as laissée aller partout ? De quel droit ??? ».

Il est devenu hystérique et hurlait en faisant de grands gestes avec ses bras. Il a fini par s'enfermer dans son bureau en n'oubliant pas de claquer la porte. Je ne savais plus quoi faire et étais effondré, terriblement mal, et choqué. Quelques instants plus tard, il est revenu à la charge, toujours aussi excité :

« L'URSSAF, maintenant l'inspection du travail... C'est quand même bizarre tout ça, non ? m'a-t-il lancé en me fixant droit dans les yeux...
— Non... Euh... je ne sais pas... ».

Je suis un bien mauvais menteur, et je pense qu'il n'a pas eu beaucoup de difficultés à lire sur mon visage que j'étais coupable. Néanmoins, il m'a vraisemblablement accordé le bénéfice du doute, du moins c'est l'impression que j'ai eue.

Quelques jours plus tard, en rentrant déjeuner, j'ai découvert une lettre qui m'était adressée. C'était le compte rendu de l'inspectrice qui résumait toute la situation de manière exhaustive. Elle y décrivait toutes mes démarches effectuées, par exemple : « M. Beaulieu Mathieu s'est rendu à L'URSSAF de Poitiers et s'est fait confirmer qu'il n'était pas déclaré... ». Elle n'avait négligé aucune subtilité et avait également évoqué des non-conformités relevées dans l'établissement. Je suis retourné au magasin l'air de rien, mais ce que j'ignorais, c'est que l'inspection du travail avait eu « l'immense intelligence » d'envoyer le même courrier à mon employeur... Je vous passe les détails, inutile de vous décrire l'état dans lequel il s'est mis. Les dernières semaines ont été très délicates et périlleuses, je pense que je peux dire qu'il m'en a fait baver... Quelques mois après mon départ, j'ai reçu une autre missive de cet organisme stipulant que ma situation venait d'être régularisée. Mon ancien employeur avait été dans l'obligation de régler ce qu'il devait à l'URSSAF sous peine de poursuites. J'ai néanmoins demandé un relevé de carrière à la Caisse de retraite (Carsat) afin de m'en assurer. Cette expérience m'a beaucoup fait réfléchir. Je ne savais plus vraiment comment envisager l'avenir, c'est pourquoi j'ai finalement décidé de contacter Loïc pour lui dire que j'acceptais de me lancer avec lui dans la reprise des études afin de préparer ce BTS. Cela allait être le début d'une nouvelle aventure. L'établissement a accepté nos candidatures, il nous fallait maintenant trouver une entreprise d'accueil afin d'effectuer notre alternance.

*

J'ai envoyé des dizaines de candidatures spontanées dans différentes entreprises. Je me suis efforcé de passer des appels téléphoniques, mais n'arrivais pas à obtenir d'entretien. Peut-être était-ce lié à mon manque d'assurance ? J'ai finalement été contacté par l'établissement dans lequel mon père travaillait, importante société châtelleraudaise du milieu de l'aéronautique. Oh ! Je vous vois déjà venir avec vos grands airs : « Encore un pistonné ! » me direz-vous ! Et bien, non ! Bien au contraire, même. Mon père était certes un excellent professionnel, mais également bien connu pour son franc-parler et son tempérament aux limites de l'anarchisme. Il ne se montrait pas tendre avec les représentants de l'autorité, managers, directeurs, n'hésitant pas à manifester son opposition en exprimant certaines vérités parfois embarrassantes... Après un entretien, l'entreprise m'a embauché en tant qu'apprenti ; je n'avais plus qu'à attendre la rentrée de septembre 2009. Je les remercie aujourd'hui de leur capacité à m'avoir retenu pour mon profil à part entière, m'exemptant ainsi de toute forme d'amalgame entre les actions paternelles et les miennes.

5

Rencontre avec ma femme

Avant de poursuivre mon récit avec la reprise de mes études, il me semble primordial d'introduire ma femme. Oups ! écrit de cette manière, cela pourrait porter à confusion !

Mais qui est cette mystérieuse créature capable de me supporter quotidiennement ? Comment ai-je bien pu faire sa rencontre ?

Tout a commencé par un rendez-vous chez le coiffeur. Voilà qui pourrait paraître anodin au commun des mortels, mais, dans mon cas, cela faisait presque un an que mes parents n'arrêtaient pas de me parler de leur coiffeuse qui semblait pouvoir me correspondre. Même s'ils me vantaient les qualités de cette jeune femme, ils n'avaient encore jamais réussi à me convaincre de me rendre dans ce salon. Je disposais déjà d'un coiffeur et avais mis du temps avant de parvenir à me sentir à l'aise avec lui, donc pourquoi en changer ? Malgré mes nombreux refus, ils n'avaient de cesse de me bassiner régulièrement avec des propos toujours plus élogieux à son égard. Alors, dans l'unique but d'avoir la paix, j'ai finalement accepté de prendre rendez-vous afin de me faire couper les cheveux par cette mirobolante coiffeuse.

C'est donc le samedi 9 mai 2009, à 9 h 30, que j'ai décidé de commettre une infidélité à mon coiffeur habituel. Dès mon entrée dans le salon, j'ai pu l'identifier sur la base du descriptif établi par mes parents. J'ai constaté qu'elle était occupée à couper les cheveux d'une autre cliente. C'est sa collègue qui a pris le soin de m'accueillir en m'installant au bac à shampooing. Elle m'a laissé patienter quelques minutes. J'ai alors observé et entendu la coiffeuse de mes parents. À première vue, j'ai eu l'impression que sur le plan physique, elle ne me correspondait pas. Je sais bien que les apparences ne font pas tout, mais j'estime quand même qu'il faut à minima éprouver une certaine forme d'attirance. J'ai décidé d'immédiatement envoyer un SMS à ma mère afin de l'en informer :

« Elle ne me plaît pas du tout. Vous m'avez dit n'importe quoi.
— Mais si, regarde-la bien », m'a-t-elle répondu.

J'ai essayé de regarder son visage, mais elle me tournait continuellement le dos. Cependant, je pouvais entendre la conversation qu'elle avait avec sa cliente. Elle était en train de lui expliquer, de manière totalement décomplexée, qu'elle venait de planter plusieurs graines dans son jardin, en ignorant à quelles fleurs elles correspondaient, tout en concluant : « Oh et bien, je verrais bien lorsque ça sera en fleur, ça sera la surprise ! ». Sur l'instant, j'ai trouvé ça plutôt loufoque, et ai commencé sérieusement à me demander ce que je faisais ici. Après m'être fait shampooiner par sa collègue, me voilà enfin pris en main par cette coiffeuse. J'étais crispé et ne savais trop quoi dire. C'est donc elle qui a amorcé la conversation, en discutant de certains de mes centres d'intérêt, comme la moto, la musique... J'ai finalement constaté qu'elle connaissait beaucoup de choses à mon sujet, ce qui lui a permis de briser la glace et ainsi pouvoir tirer quelques mots de ma bouche. Je l'ai trouvée plutôt gentille et douce. Mais la coupe de cheveux s'est terminée sans que je puisse constater quoi que ce soit de si extraordinaire, contrairement à ce que mes parents avaient pu me dire. Je me suis ensuite dirigé vers la caisse afin de régler la note par carte bancaire. C'est juste après avoir tapé mon code que j'ai eu le courage de lever la tête pour la regarder dans les yeux, l'espace d'une seconde ou deux. C'est à ce moment-là, à cet instant précis, que je me suis senti traversé par quelque chose d'indescriptible. Ses yeux étaient magnifiques. Ils illuminaient son visage au sourire ravageur, lui procurant un charme naturel auquel j'ai instantanément succombé. Quelque chose m'a porté, et c'est sans réfléchir que j'ai pris l'une des cartes de visite présentes sur le comptoir, tout en lui demandant un stylo. Ainsi, j'ai écrit au verso mon numéro de téléphone personnel en lui proposant de nous revoir. Au moment où elle allait l'attraper, elle a marqué un temps d'arrêt avant de me dire : « Bah oui... mais c'est que j'ai déjà un copain... ». Oh, mon dieu, j'ai commencé à me sentir mal. J'avais de plus en plus chaud et pouvais maintenant sentir des gouttes de sueur ruisseler tout le long de mon dos. Je lui ai alors répondu : « Ah OK, mais on peut se revoir juste comme ça ». Je suis reparti ainsi. Je me suis senti vraiment très mal après cet effort surhumain qui m'a finalement amené à connaître la honte de ma vie. Tout au long de la journée, j'ai repensé à ce désagréable moment qui me laissait un arrière-goût amer. Pour une fois que je tentais quelque chose, j'aurais mieux fait de m'abstenir.

Mais finalement, le soir venu, j'ai reçu un appel d'un numéro que je ne connaissais pas. C'était elle qui voulait discuter avec moi. Ce soir-là, nous sommes restés plusieurs heures au téléphone, et ce fut la même chose les jours suivants. Dialoguer avec elle était d’une simplicité incroyable. Elle savait trouver les mots pour me mettre en confiance. Tous deux avions la chance de ne pas travailler le lundi, c’est sur ce jour de repos commun que nous avons décidé de nous revoir afin de passer du temps ensemble. Elle m’a accompagné dans une drôle de démarche, puisque c’est ce jour-là que je me suis rendu à l’URSSAF de Poitiers. Cette coiffeuse n’est autre qu’Anaïs, l’amie aux mots rassurants dont je vous ai déjà parlé dans le chapitre précédent. Je crois que depuis ce lundi 11 mai, il ne s’est pas écoulé une journée sans qu’elle ne soit présente à mes côtés.

*

Certains pourraient juger que notre relation a démarré très rapidement. Chaque soir, j’allais la retrouver à son logement et rentrais de plus en plus tard dans la nuit. Moi qui subissais déjà une fatigue accrue, cela me coûtait encore plus en énergie. C’est finalement au bout de quinze jours que j’ai emménagé avec elle. Mes parents ne s’attendaient pas à ce que je parte aussi vite de chez eux et n’y étaient pas préparés. Mais je me sentais bien à ses côtés, alors pourquoi s’en priver ? Je dois admettre qu’ils ne s’étaient pas trompés. Anaïs devait être faite pour moi puisque voilà maintenant plus de dix ans que nous vivons ensemble, mariés avec une maison achetée en commun. Je pense que je peux les remercier d’avoir fait se croiser nos chemins. En discutant avec Anaïs de notre rencontre, j’ai découvert que mes parents avaient eu auprès d’elle le même comportement qu’avec moi. C’est-à-dire qu’ils ne tarissaient pas d’éloges à mon égard, et parlaient de mes loisirs, de mon travail, de ma personnalité à chacun de leur rendez-vous… Finalement, le jour de notre rendez-vous, elle me connaissait déjà très bien et avait eu le temps de se faire une idée de la personne que j'étais.

*

Anaïs, contrairement à moi, est une personne relativement sociable, à l'écoute et de très bons conseils. Elle se montre également imprévisible ! Je me souviens de cette journée au début de notre relation. Nous étions partis faire les magasins à Poitiers, mais sur le chemin du retour, elle a soudainement eu l'envie de rouler jusqu'à Tours pour se rendre à Ikea. Je ne vous cache pas que j'étais terriblement stressé, mais avec elle, je me sentais bien et rassuré. Il émanait de son être quelque chose qui me donnait l'ambition de la suivre en tous lieux. Lorsqu'elle apprend une bonne nouvelle, elle n'hésite pas à manifester sa joie en criant et en sautant partout comme une puce affamée ! Ces réactions, quoique bruyantes pour mes oreilles sensibles, me font généralement rire. Nos manières d'être restent fondamentalement différentes et nous pourrions même caractériser notre rencontre « du troisième type ». Il subsiste une sorte de fascination respective consistant à observer, sans aucun jugement, nos comportements et réactions. Elle me dit souvent que je suis « un sketch » à moi tout seul, car je vis un brin dans mon monde, et elle a parfois du mal à comprendre mes agissements.

*

Dès le départ, notre relation fut fluide avec néanmoins quelques problèmes de compréhension. Elle s'est très vite aperçue qu'il subsistait chez moi quelque chose de différent. Elle a constaté que j'étais parfois pris de sautes d'humeur avec des crises de colère lorsque les choses ne se passaient pas comme prévu. Elle me parle souvent de la journée qui lui a fait prendre conscience de mon incapacité à gérer mes émotions. Après quelques semaines de vie commune, nous avons invité mes parents à déjeuner chez elle. J'ignore pourquoi, mais je tenais à ce que tout soit parfait. J'ai tout imaginé et planifié, il faisait beau, la table serait dressée dehors à l'ombre du tilleul et nous allions passer un agréable moment. Mais l'heure avançait à grands pas, et j'ai fatalement réalisé que nous ne serions jamais prêts avant qu'ils n'arrivent. La pression, déjà à son comble, s'est manifestée par une crise de colère. Alors que je sortais dans le jardin avec les couverts, Anaïs me voit encore donnant des coups de pied rageurs dans les gravillons. Elle a rapidement compris que dans ces moments-là, il est préférable de prendre son mal en patience et me laisser me calmer seul. Elle dit souvent que je cède à la panique pour un grain de sable. Après ce genre de crise, elle ouvre systématiquement un dialogue en me demandant de réfléchir aux origines de ma crise. C'est grâce à ce travail que j'arrive de plus en plus à rationaliser les situations imprévues.

Elle a également trouvé curieux ce besoin que j'avais de m'endormir avec un casque audio. D'un point de vue général, elle me percevait comme quelqu'un de fermé, dans l'incapacité d'exprimer ses états d'âme. Il y avait aussi mes centres d'intérêt qui me demandaient beaucoup de temps et de concentration, et surtout, SURTOUT, il ne fallait pas me déranger lorsque j'étais plongé dedans. Croyez-moi ou non, mais après seulement quelques semaines de vie commune, elle en est même arrivée à me dire sur un ton quelque peu humoristique, mais pourtant bien sincère : « De toute façon, tu as un comportement d'autiste ».

*

Depuis le début de notre relation, Anaïs m'a toujours tiré vers le haut sur le plan personnel, professionnel et social. Elle constitue mon pilier et me soutient dans tous mes projets. Son écoute et ses conseils sont précieux. C'est grâce à elle que je m'améliore quotidiennement. Oh bien sûr, il y a eu des coups de gueule, et il y en aura d'autres, c'est inévitable compte tenu de nos modes de fonctionnements totalement différents. Mais je me suis continuellement efforcé d'effectuer des efforts d'adaptation pour lui témoigner ma volonté de m'impliquer avec elle, et faire en sorte que nous puissions mieux nous comprendre. Grâce à elle et au fil du temps, j'ai appris à davantage communiquer, à exprimer mes émotions, mes sentiments, mes peurs et angoisses. Qu'il s'agisse de choses positives ou négatives, elle m'a toujours enseigné : « Il est important de dire les choses, les gens ne peuvent pas le deviner... ».

6

La reprise de mes études

C'est très peu de temps après avoir rencontré Anaïs que j'ai démissionné de cette boutique où je travaillais sans être déclaré. En attendant la rentrée de septembre afin d'amorcer la reprise de mes études, je me suis retrouvé seul chez elle. Les journées me paraissaient terriblement longues, d'autant plus qu'Anaïs déjeunait au salon de coiffure. Alors j'ai essayé de m'occuper du mieux que je le pouvais. J'ai, dans un premier temps, décidé de bâtir une nouvelle niche pour son chien Théo qui me tenait compagnie. Je dois vous avouer que je n'étais pas très rassuré à l'idée de rester en tête à tête avec ce molosse de plus de 40 kg qui semblait épier le moindre de mes mouvements. Par chance, il m'a adopté assez rapidement. Je lui ai construit une niche XXL tout confort avec isolation thermique ! J'ai également pris le temps de composer une chanson dédiée à Anaïs, toujours dans le but d'exprimer mes émotions et mon ressenti du moment. Comme précédemment, je partage avec vous ci-dessous ce titre que vous pouvez lire avec un lecteur de QRCodes ou directement via le lien URL.

Si seul :

URL :
https://drive.google.com/file/d/1IyZHo-Ev6wThZEsrUUA52WyivZGv6zct/view?usp=sharing

Vint ensuite pour moi l'heure de ma rentrée scolaire. La reprise de mes études deux ans après avoir quitté l'enseignement m'angoissait profondément, et ces deux années ont été affreusement difficiles à supporter. Nos professeurs de Bac professionnel nous disaient régulièrement : « Entre le bac professionnel et le BTS, la marche est haute les gars, il va falloir vous accrocher si vous envisagez de poursuivre ». J'ai vite compris qu'ils avaient raison. Contrairement au lycée, où j'avais pu me montrer quelque peu dissipé durant la classe, cette fois-ci, c'était plutôt l'inverse. Je révisais quotidiennement, et ne voulais rien laisser passer. Si je ne comprenais pas quelque chose, je remuais ciel et terre pour parvenir à dominer mes faiblesses. L'un de mes problèmes majeurs, c'est que j'ai tendance à me focaliser principalement sur les choses que je ne maîtrise pas, sans avoir conscience de tout ce que je sais déjà faire. C'est en partie lié à mon syndrome, et cela représente une source d'épuisement et de découragement non négligeable. J'ai d'ailleurs envisagé d'avorter ce BTS à de nombreuses reprises, sous le poids de la fatigue et sous la pression que je m'infligeais. Je ne compte plus les fois où je me suis effondré, frustré de bloquer sur un exercice, exténué par mes ruminations. Ce que je peux aujourd'hui dire avec certitude, c'est que si Anaïs n'avait pas été présente à mes côtés, j'aurais mis fin à mon calvaire en abandonnant la formation. C'est elle qui m'a soutenu et porté à bout de bras durant ces deux années d'études. Elle est parvenue à trouver les mots justes pour me donner la force de poursuivre. Et elle a bien fait, car même si j'ai eu l'impression de ne pas réussir suffisamment, je suis sorti de mon BTS deuxième de ma promotion avec une moyenne avoisinant les 15/20.

*

Mes périodes en entreprise constituaient un immense soulagement pour moi. Cela me permettait de prendre mes distances avec les cours et ainsi de penser à autre chose. J'ai été affecté dans le même service que celui de mon père. Heureusement, nous ne partagions pas notre bureau puisque le sien se situait dans un autre secteur géographique. Nous étions sept personnes à cohabiter dans un espace implanté au milieu des ateliers et qui ne possédait pas de toit. Les gens appelaient ça : « l'open space ». Cette configuration rendait les conditions de travail difficiles pour les occupants qui se plaignaient du bruit constant : coups de marteau, air comprimé, visseuses pneumatiques, chariots élévateurs... Tout comme mes collègues, je me suis vite senti incommodé par ce vacarme permanent. J'ai essayé de prendre sur moi, mais ai été rapidement forcé de mettre des bouchons d'oreilles afin de reposer mes tympans. Je devais aussi affronter quotidiennement l'afflux de nombreuses personnes qui n'arrêtaient pas de défiler toute la journée dans le bureau afin d'échanger autour de problématiques métiers. Les discussions se transformaient régulièrement en récit de week-ends ou vacances. Ces échanges constituent des classiques de la vie en communauté, cependant, je n'ai jamais réussi à m'y faire. Je devais également serrer des mains par dizaines, moi qui ne supporte pas ça, tout en endurant des discussions qui n'en finissaient pas : travail, pêche, chasse, voitures, voyages... Bien sûr, il y avait également des sujets en lien avec le travail, et je ne pouvais remettre en question leur loyauté, mais ils déstabilisaient tout autant ma concentration. Il n'était pas rare que l'on vienne régulièrement, et en toute sympathie, me parler de la pluie et du beau temps pour tenter, j'imagine, de créer des liens. Ces discussions m'angoissaient profondément et je devais faire preuve de patience en espérant que ça se termine le plus rapidement possible. Pour rester productif, j'avais, et c'est d'ailleurs toujours le cas, besoin d'un environnement calme, sans passage et sans bruit. Ce cadre professionnel m'obligeait à redoubler mes efforts de concentration, une source d'épuisement dont je me serais bien dispensé. J'avais plaisir à travailler le matin de bonne heure, car les salariés n'étaient pas encore tous présents, ainsi que les fins d'après-midi, lorsque l'usine se vidait en partie de son personnel, laissant place à un retour au calme que j'appréciais énormément.

*

Dans cette entreprise, j'ai retrouvé Ginette, une amie et collègue de mon père que je connaissais déjà très bien. Elle était déjà venue manger chez mes parents avec son conjoint et leurs enfants. Ginette aimait bien chanter, alors mon père m'avait demandé de l'accompagner à la guitare et de chanter avec elle. Nous avons sympathisé et elle est finalement devenue une sorte de confidente en m'aidant à résoudre mes problèmes de cœur lorsque je n'étais encore qu'un adolescent. Je suis aujourd'hui toujours salarié dans cette même entreprise, et, depuis mes débuts, Ginette joue un rôle important dans ma vie professionnelle. C'est elle qui m'aide à décoder les comportements de certains collègues, à comprendre leurs intentions. Il n'est pas rare qu'après une réunion, je puisse éprouver le besoin de converser avec elle afin de dénouer certains points comme une expression du visage ou une expression verbale que je n'aurais pas su appréhender. Elle me vient également en secours quand j'ai des problèmes de communication avec certains salariés. En général, Ginette se montre assez pragmatique et me force à garder les pieds sur terre en tentant de mettre fin à mes ruminations envahissantes de manière radicale. C'est parfois désagréable puisqu'elle ne va pas toujours dans mon sens, et j'ai souvent l'impression de subir une sorte d'électrochoc lorsque je discute avec elle. Mais elle fait partie des rares personnes à avoir compris qu'il fallait mieux me dire les choses cartes sur table plutôt que de ne rien dire en espérant me préserver. Je souligne également que ma femme joue ce même rôle. À la maison, il est fréquent que je lui raconte certaines situations du travail, et Anaïs m'aide à y voir plus clair.

*

Lors de mon arrivée en tant qu'apprenti, Ginette me connaissait donc très bien et savait que je présentais certaines aptitudes, notamment dans le domaine de l'informatique. Elle m'a sollicité afin de voir s'il était possible d'optimiser le remplissage de documents jusqu'alors entièrement renseignés à la main. Après quelques minutes de réflexion, j'ai commencé à imaginer un chemin dans mon mental, me conduisant à un outil permettant d'aboutir à une saisie semi-automatique. Il ne m'a fallu que quelques semaines de développement avant de pouvoir lui livrer l'application, ce qui causa son plus grand bonheur.

Depuis mon premier jour dans cette entreprise, j'ai toujours eu à cœur d'apporter le meilleur de moi-même en m'impliquant dans des projets transversaux de ce genre. Pourtant, ça n'a jamais été ma mission principale, mais j'éprouve ce besoin viscéral d'aider les autres, surtout lorsque je sais que j'en ai la capacité. Durant mes deux années d'apprentissage, j'ai mis en place plusieurs outils informatiques, tous offrant des gains non négligeables en temps ou en fiabilité. Aujourd'hui encore, soit dix années après leur mise en service, mes premières applications sont toujours utilisées quotidiennement. C'est pour moi le signe que mon travail était adapté à la demande et optimisé. Je dois reconnaître qu'avec du recul, j'éprouve une certaine forme de fierté.

*

Je ne pourrais omettre de vous parler de mon maître d'apprentissage, Jean-Michel, aujourd'hui retraité depuis plusieurs années. C'est un homme que je trouvais sympathique, mais extrêmement tactile... Je me souviens de ce vendredi soir, l'horloge indiquait 17 h 30, et le calme ambiant témoignait de l'état désertique de l'usine. J'ai bien cru être le « Highlander » du jour : « Il ne doit en rester qu'un » ! J'ai donc envisagé de profiter de cette plénitude et de finir à 18 h. J'étais entièrement absorbé par mon travail, immergé dans ma bulle et presque dans un état second quand quelqu'un est entré par la porte située derrière moi. Alors que les pas progressaient dans ma direction, j'ai d'un seul coup senti deux mains se poser sur mes épaules. Elles exerçaient une légère pression, comme pour effectuer un massage ou pour caresser. J'étais pétrifié, crispé et dans l'incapacité de bouger ni parler. La personne s'est adressée à moi : « Ça va mon petit Mathieu ? Ça se passe bien ton projet ? Tu arrives à avancer ? ». C'est Jean-Michel qui venait, semble-t-il, prendre des nouvelles de ma progression.

Mais je ne parvenais pas à réagir et ses mains restaient sur mes épaules. J'ai pressenti qu'il n'allait pas partir et que je devais dire quelque chose. C'est d'une voix fébrile que j'ai répondu : « Oui, merci ». Après quoi, il a regagné son bureau. Je me souviens être resté en état de choc pendant plusieurs minutes, le regard dans le vide. J'avais toujours l'impression de ressentir ses mains, elles n'étaient pourtant plus là, mais je les sentais encore me toucher. J'ai mis plusieurs minutes avant de retrouver mes esprits, et j'ai fini par prendre la poudre d'escampette en finissant finalement plus tôt que je ne l'avais prévu. En arrivant à la maison, j'ai repensé à ce qui venait de se produire et ai éprouvé le besoin de téléphoner à mon père afin de lui en parler. Il connaissait bien Jean-Michel puisqu'il travaillait avec lui depuis des années, son avis était donc important. Il a beaucoup ri en entendant mon récit et m'a expliqué que cet homme adoptait ce comportement avec toutes les personnes qu'il appréciait, et que je devais y voir là une marque d'affection, un geste presque paternel. Cette discussion m'a apaisé, mais je n'ai pas manqué de raconter cette aventure à ma femme dès son retour du travail.

Il faut savoir que je ne suis pas quelqu'un de tactile et je ne supporte pas tellement d'être touché. À titre d'exemple, je n'ai pas souvenir d'avoir déjà enlacé mes parents, et je réalise que la seule personne que j'arrive aujourd'hui à étreindre n'est autre que ma femme, mais là encore, il ne faut pas que ce soit par surprise. Cela me fait penser à mon beau-frère Jeremy, le frère d'Anaïs, qui lui aussi est assez tactile avec ses proches. Il y a quelques années, Jeremy et sa compagne Héloïse ont décidé de se lancer dans une expérience culturelle majeure en partant vivre un an au Canada. La veille de leur départ, Jeremy a ressenti le besoin de me serrer fermement dans ses bras afin, j'imagine, de me témoigner toute son affection. J'ai tellement été crispé lors de cette étreinte que, le lendemain matin, j'en ai eu des courbatures… Héloïse, qui avait assisté à la scène, n'a pu s'empêcher de dire tout en riant : « Regardez-moi comme il est crispé !!! ». Je les apprécie tous deux énormément et sincèrement. Nous avons un sens du contact bien à nous, et plutôt atypique. Je les aime simplement à ma manière, et je pense qu'ils le savent.

Aujourd'hui, lorsque je repense à ces situations, j'en arrive à sourire et je prends ça avec un peu plus de légèreté.

Hormis son côté tactile qui pouvait me glacer le sang, Jean-Michel était un homme que j'appréciais, pour la confiance aveugle qu'il m'allouait. Il me fixait mes objectifs avec une date d'échéance ; j'étais ensuite totalement autonome, libre de m'organiser comme bon me semblait. J'ai toujours respecté les délais imposés, et trouvais même le temps de travailler en parallèle sur la programmation d'outils informatiques.

*

En août 2011, après l'obtention de mon BTS, mon contrat d'apprentissage s'est terminé. Les ouvertures de poste dans cette entreprise sont plutôt rares, c'est donc avec un pincement au cœur que j'ai dû partir. Fraîchement diplômé, je me suis inscrit sur les listes de Pôle Emploi, mais également dans plusieurs agences d'intérim dans le but de trouver une activité professionnelle. J'ai passé mon mois de septembre à attendre sans voir venir la moindre proposition. Je m'occupais à cette époque en travaillant sur mon réseau de modélisme ferroviaire à l'échelle HO. Bien sûr, je prenais le temps d'envoyer en parallèle des candidatures spontanées dans de nombreuses entreprises, mais les rares réponses que je recevais disaient toute la même chose : « Nous sommes au regret de vous annoncer que nous n'avons actuellement aucune offre qui puisse correspondre à votre demande… ». Début octobre, une agence d'intérim m'a contacté dans l'intention de me proposer une mission de quinze jours en tant que dépanneur électroménager. J'étais abasourdi. J'ai dressé le bilan de la situation avec un triste désarroi. Je venais de m'infliger deux années de souffrance pour finalement retourner au point de départ… J'ai répondu qu'il me fallait la journée pour réfléchir. Après discussion avec Anaïs, nous avons décidé qu'il serait judicieux sur le plan financier d'accepter ce contrat, mais lorsque j'ai rappelé l'agence, il était trop tard, un autre candidat avait accepté le poste.

7

Mathieu, le retour

Finalement, c'est courant octobre qu'un miracle s'est produit. Un après-midi, alors que j'étais plongé dans la réalisation de mon réseau ferroviaire échelle HO, j'ai reçu un appel téléphonique de mon père :

« Écoute, Jean-Michel est venu me demander ton numéro de téléphone personnel.
— Ah bon ? Mais pour quoi faire ?
— Je lui ai justement posé la question, mais il m'a répondu que la situation était assez compliquée comme ça, et qu'il lui fallait tout de suite. Il ne m'a rien dit de plus. ».

Cet appel m'a instantanément déclenché des tremblements dans tout le corps. Il était en train de se préparer quelque chose. Le soir même, le RH de l'entreprise m'a contacté dans l'intention de me convoquer à un entretien pour une mission en tant qu'intérimaire. J'ai été retenu dans le but de renforcer temporairement les équipes et pallier la surcharge de travail engendrée par le changement de système informatique. C'est en effet en 2011 que la haute direction a pris la décision d'uniformiser les outils des différents centres qui utilisaient jusqu'alors leurs propres logiciels. Ainsi, les salariés devaient laisser derrière eux un dispositif sur mesure et développé en interne par des informaticiens, au détriment d'un autre plus moderne, mais bien moins ergonomique. Jean-Michel m'a confié que mon recrutement avait été relativement compliqué à justifier auprès des RH puisque le principal critère de sélection nécessitait de connaître le nouveau système en place en ayant déjà œuvré dessus. Or, je n'avais jamais entendu parler de ce soi-disant logiciel, et ne savais même pas de quoi il était question. Il avait néanmoins réussi à faire pencher la balance en ma faveur en mettant en avant mon aisance en informatique, démontrant qu'avec le changement en cours l'entreprise aurait besoin de mes compétences afin de développer des outils parallèles pour fluidifier les choses.

C'est de cette manière, et après deux mois d'absence, que j'ai signé mon retour. J'ai été réaffecté dans le même bureau que lorsque j'étais apprenti. Ce fut pour moi une source de stress en moins : j'allais arriver dans un environnement maîtrisé avec des personnes que je connaissais déjà depuis deux ans.

*

Dès le premier jour, Jean-Michel m'a donné des supports de formation ainsi que des accès au logiciel en me demandant de me familiariser avec l'outil. J'ai commencé à manipuler dans un environnement de test. On m'a informé que, dans cette partie de l'application, je pouvais opérer tout et n'importe quoi, c'était un genre de bac à sable permettant de se faire la main. Je n'y suis donc pas allé de main morte. J'ai parcouru et appliqué les procédures des dizaines de fois. J'ai effectué des actions dans le système sans même comprendre de quoi il était question... J'ai pratiqué encore et encore, jusqu'à ce que je finisse par tout connaître par cœur. Lorsque j'avais des problèmes, je pouvais m'adresser à mon père qui était à ce moment-là « Key-User ». En clair, il faisait partie depuis plusieurs mois d'un groupe de quelques individus désignés pour travailler en tant que testeurs sur ce nouveau logiciel. Lors du passage en production, ces Key-Users avaient pour but d'épauler les utilisateurs au quotidien et de les accompagner dans leur apprentissage.

J'ai rapidement fait le tour de ces procédures, en constatant que certaines de mes opérations dépendaient d'autres personnes. Il me fallait certaines fois patienter plusieurs heures, ou même jusqu'au lendemain, avant que l'action ne soit effectuée par autrui. Alors, comme je déteste perdre du temps, je me suis procuré toutes les procédures afin de ne plus dépendre de quiconque et rester en capacité de pouvoir poursuivre en totale autonomie. C'est ainsi que, pour achever ma première procédure, j'ai dû parfois en appliquer une ou deux autres supplémentaires.

Ce système de gestion informatique a suscité énormément de curiosité chez moi. J'ai toujours cherché à en comprendre les rouages, « triturant » les transactions dans tous les sens, en long en large et en travers. Au bout d'une semaine d'autoformation, j'ai commencé à travailler avec un collègue aujourd'hui retraité. Alain était un homme sympathique qui m'a rapidement accepté. Le contact avec lui était fluide. J'ai très vite été amené à développer des outils informatiques afin d'optimiser notre travail en réduisant de manière significative les temps imposés par ce nouveau logiciel. En effet, avec ce système moderne, nous passions de quelques minutes de saisie (sous l'ancienne solution) à plusieurs heures. Étonnant changement n'est-ce pas ? C'est un peu comme si vous passiez d'une Ferrari à une 2 CV...

J'ai réussi, grâce à mes connaissances et ma capacité d'adaptation, à créer différents outils pour de proches collègues qui se sont rapidement chargés d'en faire la promotion. Cela engendra un effet boule de neige, puisque chacune de mes productions allait en appeler plusieurs autres. Mais cette activité s'inscrivait en tant qu'extra et ne faisait donc pas partie de ma mission principale. Face à l'accroissement des demandes, j'ai dû m'organiser. J'ai effectué des heures supplémentaires afin de pouvoir concilier mes deux activités, et il m'arrivait également, le soir, une fois rentré à la maison, de travailler au développement de ces outils sur mon ordinateur personnel. S'ajoutait aussi à cela ma curiosité pour ce nouveau système informatique qui ne cessait de croître. Sur ce point, mes collègues, majoritairement quinquagénaires, n'hésitaient pas à solliciter mon soutien. À chaque fois que l'on me soumettait un problème, comme lorsque j'étais lycéen, j'y mettais tout mon cœur. Si je ne connaissais pas la réponse, je poussais mes investigations le plus loin possible, et si, au pire des cas, je me heurtais à un mur, j'allais à la pêche aux informations, et finissais toujours par obtenir les éclaircissements que j'attendais. Je suis quelqu'un de persévérant. Si j'ai une idée en tête, je ne lâche rien tant que je n'ai pas abouti au résultat souhaité !

C'est une fois de plus en aidant les autres que j'ai réussi à monter en compétences. Mon acharnement était si opiniâtre, qu'au bout de quelques mois d'utilisation et à force d'investissement, j'ai accumulé bien plus de connaissances que tous les supports réunis et déjà en place, qui travaillaient sur ce logiciel depuis plus d'un an. Ne voyez pas en ces propos le besoin de m'auto-complimenter au point de m'en faire enfler les chevilles à en briser les élastiques de mes chaussettes, non ! Je souhaite simplement mettre en avant la persévérance dont un Asperger est capable de faire preuve lorsqu'il s'intéresse à quelque chose. Sur ce point-là, nous sommes imbattables et c'est là, je pense, l'un de nos points forts.

*

Sur cette période, et face à mon investissement, certains collègues tenaient un discours qui m'irritait terriblement : « Attention mon petit Mathieu, moi, si j'étais toi, j'en ferais le moins possible, ça ne sert à rien de s'investir autant, le plus important c'est de faire le juste minimum, et c'est le chiffre sur la fiche de paie qui compte ».

Ce genre de propos, je n'arrivais plus à les supporter. Un jour, mes nerfs ont lâché et je me suis mis en colère devant deux collègues restés bouche bée. Ils devenaient de plus en plus insistants en me répétant continuellement le même discours, pour eux, ça ne servait strictement à rien de m'impliquer de la sorte. À cette époque, j'étais fier d'avoir du travail ainsi qu'un salaire confortable. De plus, j'étais intérimaire et espérais par-dessus tout obtenir une embauche. Alors j'écoutais ma conscience. J'ai toujours eu des valeurs quant à la notion du travail, et je me devais de donner le meilleur de moi-même. Je n'ai jamais été un fidèle adepte des pauses café ni des discussions de couloir. Je suis au travail principalement pour travailler. Cela ne signifie pas pour autant que je ne fais jamais de pauses café, ou que je n'ai pas de temps à autre, le malicieux plaisir à me laisser conter certains cancans… Non ! Mais seulement, cela reste exceptionnel. Pour vous donner un exemple, mon père est parti en retraite il y a maintenant deux ans. À son départ, il m'a remis sa clé pour la machine à café. Pour ceux qui ne connaissent pas le principe, il s'agit d'une clé en plastique qu'il est possible de créditer pour ensuite payer les consommations en l'introduisant dans la machine, en bénéficiant de tarifs avantageux. À son départ, cette clé disposait d'un solde d'environ 2 €50, je n'ai encore jamais eu besoin de la créditer et il doit encore rester environ 1 €.

*

Durant toute ma période en tant qu'intérimaire, j'ai travaillé dans cet open space bruyant. J'utilisais encore des bouchons d'oreilles afin de limiter la fatigue et ainsi optimiser ma concentration. Le rythme de travail s'intensifiait toujours de plus en plus et j'avais souvent mal au ventre, ce qui me poussait (c'est le cas de le dire) régulièrement à me rendre aux toilettes, toujours handicapé par ce phénomène d'évacuation.

8

Mon métier, « ma passion » !

En 2013, mes efforts, mes connaissances et mon investissement ont été remarqués. Un poste en CDI de support logiciel a été ouvert afin de permettre mon recrutement. Bien sûr, toutes les applications parallèles que j'avais pu mettre en place avaient contribué à ma bonne réputation, bien que ces fonctions n'aient jamais fait partie intégrante de ma mission. C'est donc en tant que salarié que j'ai continué de m'impliquer, toujours dans la même dynamique, aussi bien dans mon métier de prédilection que dans le développement d'outils. Cette dernière activité restait encore plus ou moins officieuse, car tout le monde dans l'entreprise avait connaissance de mes aptitudes, j'étais réactif et force de proposition. Cela profitait finalement à bon nombre de personnes, alors pourquoi se priver d'un tel « couteau suisse » ?

Cependant, je devais m'efforcer de toujours concilier ces deux activités, ce qui m'obligeait à effectuer beaucoup d'heures supplémentaires. Entre 2013 et 2014, je me suis abîmé dans le travail, enchaînant des semaines pouvant varier entre quarante-trois et quarante-huit heures, pour un total moyen annuel d'environ deux cents heures additionnelles. À titre indicatif, dans mon entreprise, un mois de travail correspond à cent cinquante-six heures. À l'année, j'accomplissais donc un peu plus d'un mois que la normale. Mais cela ne suffisait encore pas. Mon métier principal, celui de support logiciel, représentait un emploi à temps complet, j'étais par conséquent dans l'obligation de lui donner la priorité. J'ai vite été confronté à un dilemme devant l'accroissement exponentiel des demandes transversales en lien avec la partie officieuse de mon activité. Je ne pouvais me permettre de décevoir mes collègues, ma hiérarchie, qui attendaient de moi que j'accomplisse des « miracles ». Depuis mon embauche en CDI, je disposais d'un ordinateur portable professionnel. Alors, pour répondre à la charge, je devais fréquemment le ramener à la maison afin de pouvoir travailler le soir à mon domicile. Après des journées oscillant entre huit heures trente et dix heures, je rentrais chez moi éreinté. Je prenais le temps d'effectuer une brève sieste, ou de me glisser dans un bain chaud avant le dîner. Je reprenais ensuite mes activités semi-clandestines vers vingt heures jusqu'à une heure... deux heures... parfois trois heures du matin... Je me couchais souvent très tard pour me réveiller entre six heures et six heures trente, avant d'enchaîner un nouveau cycle effréné.

Au travail, personne n'avait connaissance de cette situation que je m'infligeais. J'aurais dû lever la main et attirer l'attention de mes responsables. J'aurais dû les informer de l'investissement que je devais mettre en œuvre pour pouvoir tenir la cadence. Ma conscience me guidait aveuglément et mes collègues, très demandeurs, attendaient beaucoup de moi. J'espérais au fond de moi-même que tous ces efforts finiraient par m'apporter un jour un poste avec des responsabilités encore plus grandes. Mais avertir ma hiérarchie n'aurait-il pas représenté un signe de faiblesse qui aurait menacé mes espoirs d'évolution ? J'avais à cœur de ne pas les décevoir. Et après tout, la programmation ne représente-t-elle pas, depuis mon plus jeune âge, l'un de mes centres d'intérêt ? Certains, en prenant des raccourcis, pourraient conclure que cette deuxième journée de travail relevait finalement plus du loisir que de l'obligation professionnelle ! Il y a peut-être une part de vérité dans ces propos, mais je dirais qu'à titre occasionnel, cela aurait pu effectivement être le cas, mais dans ma situation, c'était devenu une nécessité quotidienne et une source d'épuisement.

Avec le recul, je réalise à quel point j'ai pu malmener mon corps qui, pourtant, m'avait envoyé quelques signaux d'alerte que je ne savais pas reconnaître... Parfois, mon cœur palpitait, de temps à autre mes paupières clignaient nerveusement, et j'avais quotidiennement mal au ventre. Si vous ressentez ces signaux somatiques, n'attendez pas et n'hésitez pas à les verbaliser et les exprimer à votre entourage familial et professionnel.

Sur cette période, mon métier de support induisait de nombreuses relations sociales, ce qui le rendait éprouvant, mais également intéressant. Je devais former des collaborateurs à l'utilisation du logiciel, analyser des bugs, piloter ou assister à de multiples réunions... Chacune d'entre elles me coûtait énormément en énergie. Je sais que beaucoup de neurotypiques (personnes sans différence neurologique) présentent des difficultés à comprendre à quel point le syndrome d'Asperger peut-être handicapant. Pour vous donner une image, participer à ces rassemblements me provoque autant de fatigue que de courir un six kilomètres. J'en ressors dans le même état d'épuisement. Je vais essayer de vous décrire rapidement la manière dont je perçois les choses lorsque je suis confronté à cette situation.

En premier lieu, je dois être tenu informé suffisamment longtemps à l'avance de ladite réunion, afin de pouvoir m'y préparer psychologiquement. Je n'ai jamais supporté l'apprendre à la dernière minute, sans avoir eu le temps de me projeter et de me conditionner à ce qui va se produire. J'ai besoin pour cela de connaître les autres participants conviés, son emplacement, et surtout, le sujet à traiter... Si je reçois une convocation sans en être averti et qu'il n'y a en plus aucun ordre du jour de précisé, je me sens très vite angoissé, pétrifié et dans l'incapacité de m'y rendre.

Il n'est pas rare que je sois pris de crampes au ventre plusieurs minutes avant l'heure fatidique. Même lorsque je me suis conditionné à l'avance, le stress et l'anxiété parviennent encore à me submerger. Cette charge émotionnelle me conduit souvent à rester bloqué aux toilettes. Il m'est déjà arrivé de devoir annuler des réunions à la dernière minute, en direct des w.c., soit en utilisant mon ordinateur portable lorsque je l'avais avec moi, ou par SMS, en demandant à certains collègues de confiance comme Ginette de prévenir les personnes de mon indisponibilité, sans donner de détail.

Si, par chance, je parviens à me détrôner à temps, je peux alors accéder à la salle à l'heure du rendez-vous. S'ensuit pour moi une démarche épuisante d'analyse. J'essaie de décoder les signaux des participants et tente de comprendre leurs intentions en observant les discussions ainsi que le langage non verbal. « Est-ce que ce collègue me soumet une simple recommandation, ou bien est-ce un ordre ? ». Je dois également prendre sur moi dès que le sujet dérive et que nous perdons du temps. Aujourd'hui, je connais la plupart de mes interlocuteurs. Cela signifie qu'à force d'échanger avec eux, j'ai enrichi ma « base de données » personnelle. Je sais par exemple que telle ou telle mimique ou gestuelle chez Pierre correspondra à telle ou telle intention, mais que pour Jean, cette mimique pourtant semblable, se traduit différemment, et que par conséquent, je dois adopter le bon comportement. Je suis sans arrêt dans cette démarche d'analyse et d'interprétation qui fait partie de moi. Les échanges sociaux ne me sont pas intuitifs, et je n'ai pas souvenir d'avoir eu l'occasion de discuter avec quelqu'un en ayant mon « décodeur » sur la position « OFF ». Malgré mes efforts, je suis parfois confronté à certaines situations épineuses. Mon interlocuteur peut alors ne pas comprendre mes propos ou mon intention. J'ai d'ailleurs déjà essuyé de sérieuses menaces de la part d'individus au sang chaud, à la suite de l'un de ces malentendus.

Les réunions sont intenses, la vitesse des battements de mon cœur en témoigne. Il m'arrive également de sentir germer sur ma peau des gouttes de transpiration. Elles jaillissent de mon dos, de mes aisselles ou de mon torse. Très souvent, elles ruissellent le long de mon corps jusqu'à venir s'échouer sur l'élastique de mon caleçon. Cette sensation, véritablement inconfortable, me met terriblement mal à l'aise. Après une réunion, ma chemise ou mon polo sont généralement trempés, et malheureusement, la durée de séchage d'un tissu mouillé requiert beaucoup plus de temps qu'il en a fallu pour l'imbiber... Il m'est déjà arrivé de me rendre aux toilettes afin de m'éponger le torse avec du papier pour limiter les dégâts, ou même parfois, de tenter une déshumidification accélérée en réalisant quelques contorsions devant le séchoir à main électrique.

En 2015, j'ai fait l'acquisition d'une montre connectée capable de mesurer le rythme cardiaque. Elle effectuait des relevés tout au long de la journée. En analysant les données, j'ai constaté que, pendant une réunion, mon cœur pouvait monter jusqu'à 140 pulsations par minutes alors que je restais statique en position assise. Cela permet clairement d'illustrer l'intensité d'un tel événement, et surtout, la fatigue que cela peut engendrer. Voilà pourquoi désormais, je m'économise au maximum en éradiquant toutes les assemblées que je juge non impérieuses. J'ai d'ailleurs rapidement observé que les jours où je n'en avais pas, je me sentais en bien meilleure forme.

Je suis quelqu'un qui ne supporte pas perdre son temps, et j'ai bien souvent, au travers de mon expérience, pu constater qu'une grande majorité de ces entrevues ne servaient finalement pas à grand-chose si ce n'est à dire aux gens qu'ils doivent prendre en charge telle ou telle action... Puis, une semaine après, une autre réunion est de nouveau planifiée, avec les mêmes participants, dans l'unique but de vérifier que les tâches ont bien été menées... Et oui ! J'ai eu le loisir de découvrir que certaines personnes ne tenaient pas leurs engagements, et qu'il fallait par conséquent s'assurer que le travail avait été fait, un peu comme un professeur des écoles qui contrôlerait la bonne exécution des exercices imposés à ses élèves. Ces comportements ne sont pas exclusivement liés à mon entreprise, je suis forcé de constater que l'être humain est ainsi fait.

Dans un monde d'Asperger, cela n'a strictement aucun intérêt. Quand on me donne une tâche à réaliser, et si je me suis engagé à l'accepter, il est totalement inutile de revenir vers moi pour être certain que je l'ai bien effectuée. Voilà pourquoi, de mon point de vue, la plupart des réunions n'ont aucune valeur ajoutée. Nous pourrions gagner bien plus de temps et d'énergie en adressant simplement les besoins par e-mail aux acteurs concernés.

*

Depuis que l'entreprise avait mis à ma disposition un ordinateur portable, j'en profitais pour m'isoler dès que possible. Même si depuis 2012, et après réfection, l'open space bénéficiait d'un toit, j'étais toujours dérangé par les conversations et le bruit environnant du bureau. J'essayais régulièrement de trouver une salle de réunion de libre afin de pouvoir y œuvrer seul et au calme, mais ces espaces très prisés ne me laissaient que très rarement cette chance. Alors, quand je n'avais pas le choix, j'allais m'enfermer aux toilettes avec mon ordinateur et j'y travaillais quelques heures. Cela m'est arrivé plus d'une fois, et finalement, cet endroit de prime abord incongru, constituait un emplacement bien plus tranquille et sécurisant que le bureau que je partageais. Aucune intrusion n'était possible, j'étais seul et serein.

*

C'est également en 2013 qu'Anaïs et moi avons acheté notre première maison. Cette bâtisse des années soixante n'avait jamais été rénovée. Tout était à refaire, isolation, plomberie, électricité... Avant cette acquisition, je passais le plus clair de mon temps libre à travailler ou à jouer à la console. Devant l'envergure du chantier, ma belle-mère Marie-Claude a eu très peur quant à ma capacité à me mettre à l'œuvre. Elle a fait part de ses inquiétudes à Anaïs qui lui a simplement répondu qu'elle me faisait confiance. Me concernant, je n'avais aucun doute et savais de quoi j'étais capable. Nous avons fait changer les fenêtres par un menuisier, mais avons réalisé tout le reste par nos propres moyens, à la sueur de notre front : ouverture d'un mur porteur, pose d'une poutre IPN, isolation, plaques de plâtre, électricité, plomberie, carrelage... Si je devais entreprendre une tâche que je ne maîtrisais pas, je me documentais et passais des heures à effectuer des recherches avant de me sentir prêt. C'est ainsi que pour la suppression du mur porteur, j'ai sollicité plusieurs personnes du milieu du bâtiment afin d'avoir des conseils. On m'a tout expliqué, je n'ai plus eu qu'à me lancer.

Lors de ces opérations de rénovation, je me suis découvert d'excellentes qualités de chef de chantier, capable de déléguer, d'épauler et de piloter. Je sais que je peux me montrer parfois un peu exigeant, mais je trouve que c'est important et que ça se ressent dans la finalité de l'ouvrage. Je me souviens des travaux de notre cuisine. Nous ne disposions que de trois semaines afin de tout préparer avant la livraison des meubles. Nous devions démonter l'ancien mobilier en chêne massif, déplacer l'évier au milieu de la pièce, isoler les murs, doubler avec des plaques de plâtre, refaire l'électricité, la plomberie, creuser les fissures du plafond, les reboucher, effectuer les peintures… Il y avait tant de choses à penser que j'ai choisi de réaliser un diagramme de GANTT en listant toutes les tâches avec le temps nécessaire, les dates de début et de fin pour chacune d'elles. Ce travail préparatoire m'a permis de me rendre compte que ma femme et moi n'avions pas suffisamment de délais pour tout achever avant la livraison des meubles. J'ai donc sollicité l'aide de mes parents. Connaissant les compétences de chacun, j'ai assuré la bonne répartition des tâches sur la base de mon diagramme de GANTT. Cela les a beaucoup fait rire, surtout mon père qui avait l'impression de se retrouver à l'usine. Mais cette organisation me semblait plus que nécessaire pour finaliser à temps. Grâce à ce calendrier prévisionnel et à l'implication de mon équipe, nous avons achevé la préparation de la cuisine un ou deux jours avant l'échéance.

*

Sur cette période, je continuais toujours de travailler de manière intensive. Et pour ne rien arranger, en 2014, une entreprise du groupe installée à l'étranger allait elle aussi à son tour devoir changer de système informatique. Une délégation de key-users a été envoyée en France dans l'intention de se faire former par les meilleurs supports. Ces collègues ont été reçus dans un établissement de la région parisienne. Ainsi, on m'a demandé de m'y rendre pour les épauler dans leur apprentissage du logiciel. J'y suis allé à trois reprises pour plusieurs jours consécutifs. Les déplacements sont toujours compliqués à gérer pour moi. Un simple repas de famille représente déjà une source de stress et d'anxiété, alors partir prendre le train, le RER, le bus ou le taxi, vous imaginez dans quel état je pouvais être ?

La première fois, je dois reconnaître que j'ai eu la chance de pouvoir effectuer le déplacement accompagné de trois autres collègues, tous habitués à se rendre dans cette entreprise de la région parisienne. Je me sentais donc un peu rassuré, mais visiblement pas suffisamment... Le matin du départ, peu de temps après mon réveil, j'ai ressenti de violentes crampes intestinales. Il n'y avait pas de pièce à y coudre, je savais de quoi il était question, mes boyaux étaient une fois de plus en train de me rappeler à l'ordre. J'ai été contraint de passer un mauvais moment aux toilettes, impuissant, sans être en capacité de reprendre le contrôle sur la situation. Mon inquiétude grandissait à mesure que je voyais l'heure avancer. Je suis néanmoins arrivé à la gare de justesse afin de pouvoir embarquer à temps dans le TGV. En montant à bord, j'ai constaté que même si les billets mentionnaient des numéros de places, certaines personnes ne les respectent pas... Une fois installé, j'ai de nouveau ressenti ce mal de ventre et j'ai été dans l'obligation de me rendre aux w.c. Heureusement d'ailleurs que ces trains en disposent. Ce fut pour moi la prolongation du cauchemar. Quand cela allait-il cesser ? C'est seulement après plusieurs longues minutes à siéger que j'ai finalement été en capacité de sortir et ainsi regagner mon fauteuil. Mais allez savoir pourquoi, je fus ensuite incommodé par plusieurs envies incessantes d'uriner. J'ai dû retourner régulièrement aux toilettes afin de soulager ma vessie qui n'arrêtait pas de se remplir anormalement. Je n'avais pourtant pas bu plus que d'ordinaire. Je n'arrive d'ailleurs toujours pas à comprendre comment il peut être possible d'uriner autant en si peu de temps...

Arrivé à Montparnasse, j'aurais bien aimé visiter les commodités, car même si j'avais pris mes précautions juste avant de descendre du train, une envie pressante est venue à nouveau s'emparer de moi... Mais hélas, pas le temps pour ça. J'ai essayé tant bien que mal de suivre mes collègues qui marchaient devant moi à un rythme effréné. J'étais là, au milieu de cette foule, où tout le monde semblait courir dans tous les sens. J'ai eu l'impression de me retrouver au cœur d'une fourmilière en plein ouvrage. Je me suis senti envahi par le bruit étourdissant et l'afflux perpétuel environnant. À peine débarqués du TGV, nous sommes montés dans un RER qui, à mon grand désarroi, ne disposait pas de toilettes... J'avais mal à la vessie et je n'en pouvais plus. Il m'a fallu prendre sur moi, mais peut-être aurions-nous le temps de trouver des toilettes en sortant du train ? Au bout de 45 minutes, nous sommes descendus à la gare de Versailles-Chantiers. Mon envie ne s'est pas dissipée, et j'ai vite compris que je devrais encore patienter. Nous devions « attraper » un bus, et le RER présentait un léger retard. C'est en courant que nous avons rejoint l'autobus qui commençait à partir sans nous. J'étais véritablement angoissé et ne réalisais pas ce qui était en train de se produire. Mon corps suivait la mouvance, mais mon esprit lui, avait dû rompre le fusible de sécurité pour se préserver. Après être descendus au bout de 20 minutes, nous avons encore marché cinq minutes avant de parvenir à l'accueil de l'entreprise. En arrivant au gardiennage, j'ai constaté qu'il y avait des toilettes ! Alléluia !!! J'ai bien passé cinq minutes à soulager cette envie pressante et j'avais tellement mal à la vessie que j'ai ressenti une douleur du début à la fin. Je vous passe les détails du restant de la journée qui s'est poursuivie sur la même dynamique… J'ai eu de nouveau mal au ventre ce qui m'a obligé à prétexter, à plusieurs reprises, de faux appels téléphoniques dans l'intention de pouvoir sortir et me rendre aux WC… Le soir, en arrivant à l'hôtel, je n'étais plus qu'une coquille vide et défraîchie.

Je suis retourné deux autres fois dans cette entreprise parisienne, toujours dans l'optique de former nos collaborateurs étrangers. Systématiquement, mes déplacements se sont déroulés de la même manière. Il s'agissait pour moi d'un véritable cauchemar à supporter, et je me suis véritablement senti handicapé par toute cette situation. Pour autant, je ne ferme pas définitivement la porte à d'éventuelles nouvelles excursions professionnelles, car cette expérience fut très enrichissante malgré tout.

*

En 2015, la folie m'a pris de vouloir me rendre au salon du Bourget en compagnie de trois autres collègues. Passionné par la photographie et l'aéronautique, j'étais terriblement excité à l'idée de pouvoir y assister. Mais, comme à chaque fois, le même schéma s'est reproduit. Le matin au réveil, mal de ventre ; dans la voiture, mal de ventre… Nous avons fait une pause sur l'aire de repos d'Orléans. Pendant que mes collègues buvaient tranquillement leur café, je me trouvais quant à moi une nouvelle fois sur le trône… J'ai eu affreusement mal au ventre tout au long de la journée et ai été obligé de me rendre à de multiples reprises aux toilettes, ce qui a pénalisé mes collaborateurs qui devaient systématiquement m'attendre. L'un d'entre eux a fini par perdre patience en s'esclaffant ouvertement auprès des autres : « Mais bon sang ! Il a un problème lui à toujours aller aux chiottes… ». J'éprouvais, quant à moi, une sorte de culpabilité et j'étais terriblement gêné de cette situation. Cependant, même si mon corps a réagi violemment au point de m'en laisser un souvenir inconfortable presque traumatisant, je ne regrette en rien cette sortie. J'ai eu la chance de voir voler des avions magnifiques. Je reste encore marqué par l'incroyable présentation du Rafale. Le bruit de cet avion est vraiment très puissant, je n'ai jamais entendu quelque chose d'une telle intensité. Du début à la fin, les basses fréquences générées par le grondement du moteur faisaient vibrer tous les organes de mon corps. C'est d'ailleurs le seul moment de la journée où mes douleurs abdominales se sont amoindries. L'émotion a été si forte que mes yeux se sont emplis de larmes. J'ai eu l'occasion d'effectuer de belles photographies. Ce fut une expérience certes difficile, mais extrêmement riche. Sur le plan personnel, je suis aujourd'hui satisfait d'avoir réussi à me surpasser afin d'avoir pu vivre cet instant. Je n'exclus d'ailleurs pas l'hypothèse d'y retourner un jour, mais peut-être accompagné de ma femme.

*

Je viens tout juste de vous parler de mon intérêt pour la photographie. C'est un loisir que je pratique depuis 2014 et dans lequel je me suis frénétiquement investi. Afin de progresser au plus vite, je me suis inscrit sur un forum internet dédié à la photographie. Je suis rapidement devenu un membre hyperactif. J'observais beaucoup le travail des autres chasseurs d'images et lisais avec attention les critiques déposées. Des conseils m'étaient souvent adressés et je savais en tenir compte. Grâce à mon autocritique, mon investissement et mon perfectionnisme, mon évolution fut des plus fulgurantes. Ainsi, au bout d'un an et demi de pratique, j’ai décidé d’ouvrir une micro-entreprise dans l’intention de proposer mes services de photographe-portraitiste. J’exerçais cette activité secondaire pendant les week-ends ou sur mes jours de congés. Cela m’a permis de récupérer un peu d’argent afin de m’acheter du matériel de meilleure qualité, et de l’équipement, il en fallait ! Je me déplaçais au domicile des clients avec ma voiture chargée à n’en plus pouvoir. Est-ce utile de vous préciser que bien souvent, avant les rendez-vous, mon ventre faisait entendre son mécontentement face au stress de la situation ?

Si le cœur vous en dit, vous pouvez visiter ma page Facebook afin de voir quelques-unes de mes photographies. Toujours sur le principe des QRCodes, à lire avec une application smartphone, ou directement en recopiant l’adresse URL ci-dessous.

Page MB-Photographie :

URL :
https://www.facebook.com/Mathieu.Beaulieu.Photos/

Mon implication sur le forum finit par être remarquée et José, l’un des administrateurs, m’a contacté afin de me proposer de devenir modérateur et ainsi renforcer les équipes d’encadrement. Ces fonctions consistaient à veiller à ce que les photos soient postées dans la bonne section, mais aussi à assurer un rôle de surveillance et de modération des comportements en effectuant parfois quelques rappels à l'ordre en cas de dérive… Et oui… même dans un environnement exclusivement dédié à une passion commune, l'être humain s'apparente toujours à un animal, et il faut une « police » pour faire respecter les règles.

J'ai accepté ce rôle sans aucun problème, mais je l'ai malheureusement vite regretté. On m'avait donné l'accès à une rubrique tenue secrète que nous appelions « la grotte ». C'était un lieu d'échange réservé aux équipes de modération et d'administration, un peu comme une salle des professeurs dans un établissement scolaire. Je fus cependant rapidement écœuré de découvrir l'envers du décor. Le responsable du site, vénéré par la plupart des membres du staff, semblait se prendre pour un roi, et nous, nous étions ses sujets. Je fus choqué de voir que dans la grotte, il était d'usage de critiquer, juger et moquer les adhérents. Le responsable, quand il avait pris en grippe l'un des usagers du forum, n'hésitait pas à influencer toute l'équipe d'encadrement. C'était un homme qui, derrière le rideau et à l'abri des regards, tenait des discours obtus et dénués de bienveillance : « Regardez la bouse qu'il vient ENCORE de poster ce c#n… il devrait arrêter la photo, lui… ». Il détestait également les œuvres pleines de poésie ; ainsi, clichés en noir et blanc ou portraits d'enfants et de nouveaux-nés lui donnaient des boutons.

Chaque semaine, tous les participants avaient la possibilité d'élire la plus belle photo hebdomadaire. Celle qui obtenait le plus de votes était mise à l'honneur pour le plus grand bonheur de son créateur qui pouvait la voir apparaître en première page du forum, et ce jusqu'à la huitaine suivante. Et bien, croyez-le ou non, notre bon roi prenait un malin plaisir à influencer les scrutins. Il demandait ouvertement aux membres de l'équipe d'encadrement de voter contre certaines photographies sous prétexte qu'il n'en supportait pas l'auteur. Libre à chacun de l'écouter, pour ma part, j'ai toujours voté en fonction de mes critères personnels.

Pour couronner le tout, il nous obligeait à commenter encore et toujours plus, et aurait souhaité que nous restions connectés sur son site du matin au soir. Plutôt difficile de pouvoir tenir la cadence lorsqu'on travaille plus de quarante heures par semaine. Je ne peux lui en vouloir, son forum représentait une chose importante de sa vie. Je suis resté titulaire de mon poste un peu moins d'une année, mais les derniers mois, j'ai fini par ne plus me connecter du tout. Alors, face à mon manque d'investissement, le responsable a missionné l'un de ses sujets afin de me sermonner. Je n'ai guère apprécié cette démarche : s'il avait quelque chose à me dire, il n'avait qu'à me contacter lui-même. Mais gérer les conflits lui était difficile, j'ai donc pris les devants en lui expliquant par e-mail que je travaillais déjà à l'usine toute la journée, et que ma participation au forum ne devait rester qu'un passe-temps et pas une contrainte. Je lui ai également livré le fond de ma pensée concernant la manière dont certains membres étaient traités derrière le rideau... Mon message l'a piqué au vif, et d'un geste instinctif, il m'a rétrogradé immédiatement au rang de simple utilisateur, sans sommation et sans la moindre remise en question de sa part. Quelque temps plus tard, il a fini par supprimer mon compte, sans jamais m'en donner la raison.

*

Cette expérience, bien que chaotique, m'a néanmoins permis de tisser un lien sincère avec un seul membre : il s'agit de José-Manuel Pires-Dias, le Portugais de Normandie. Avec son accord, je me permets ici de lui rendre hommage. C'est une personne qui a un sens profond des valeurs humaines, épicurien achevé, passionné par la photographie qu'il pratique avec fougue depuis plus de trente années, mais aussi par la danse salsa et le rock, ainsi que les échecs... Son talent photographique n'est plus à prouver, il est reconnu et décoré de plusieurs titres prestigieux qui témoignent de son œil affûté et de son savoir-faire unique. Reconnu maître de la fédération internationale d'art photographique en 2015, puis ambassadeur de la fédération photographique de France en 2017, et enfin, maître de la fédération photographique de France en 2018. Croyez-moi, ses conseils sont précieux, et je dois admettre que depuis 2014, il me tire vers le haut avec beaucoup de pédagogie et de patience. Lorsque j'ai voulu m'essayer à la photographie argentique, il m'a épaulé du début à la fin. Il m'a guidé pour l'achat de mon appareil photo, des pellicules, les produits pour le traitement des négatifs… Il m'a ensuite transmis tout son savoir-faire concernant la manutention et le développement des films. Nous avons passé de longues heures au téléphone, il s'est toujours montré disponible afin de répondre à mes nombreuses questions. C'est un homme honnête qui s'exprime ouvertement, sans faire de détours, et j'apprécie les gens de cet acabit, ceux qui ont l'audace de livrer le fond de leur pensée en toute bienveillance et sans jugement.

José était à l'époque administrateur du forum, mais, très peu de temps après ma radiation, il a quitté lui aussi ce lieu de partage dans lequel il ne se sentait plus épanoui. Depuis 2014, nous avons beaucoup discuté sur différents sujets, nous songeons régulièrement l'un à l'autre en échangeant des messages et parfois des appels téléphoniques. 2019 fut une année difficile pour lui. Des problèmes de santé sont venus ombrager son quotidien, le genre de soucis qui vous font prendre conscience que nous ne sommes finalement pas grand-chose sur cette planète. C'est en apprenant que « le crabe » tentait de le dévorer que j'ai compris la place qu'il occupait dans ma vie. Je n'ai encore jamais rencontré José en personne, mais je sais que ce jour finira par arriver. En attendant, et même si je ne suis pas un expert en relations sociales, je suis convaincu qu'il y a dans le lien qui nous unit une certaine forme d'amitié. José a aujourd'hui vaincu le cancer, il en ressort plus fort, avec un cœur et un dévouement aux autres bien plus grand. Merci à toi José, merci d'être entré dans ma vie, merci de respecter mes silences et de m'accepter tel que je suis, peu de gens y parviennent et je t'en suis reconnaissant.

C'est grâce à José que début 2020, j'ai eu l'occasion d'être juge photo pour le concours national 2. Cette expérience a vraiment été enrichissante et témoigne de la confiance qu'il m'accorde.

Je vous invite maintenant à visiter le travail de José, est-ce encore utile de vous préciser que vous pouvez scanner le code avec une application de type QRCodes depuis votre smartphone, ou directement en recopiant l'adresse URL ?

Page José-Manuel Pires-Dias :

URL :
https://federation-photo.fr/2017/07/01/pires-dias-jose-manuel/

9

L'appel du corps

Revenons à ma vie professionnelle. C'est en 2015 que mon corps, sous le poids de la fatigue accumulée ces dernières années, décida de me rappeler à l'ordre.

Dans le but de me faire passer une certification Lean Sigma, ma responsable, Jeanne, m'a vivement recommandé de suivre un parcours de formation couplé au pilotage d'un projet. Au départ, j'ai trouvé ça plutôt gratifiant, d'autant plus que ces certifications sont à la mode et assez valorisantes dans ce type d'entreprise. Mais plus j'avançais dans mon cursus, et plus je me sentais mal. Je suis quelqu'un d'extrêmement pragmatique, et j'ai vite compris que cette méthodologie pourtant réputée et reconnue dans tout le groupe n'était pas faite pour moi. Pour résumer le plus simplement possible, dans ce genre de projets, il faut progresser par « jalons ». À la fin de chacun d'entre eux, il est impératif de passer devant un comité de validation afin de justifier du travail accompli. La commission peut alors approuver le jalon pour permettre d'accéder au suivant, ou demander un approfondissement. Ce mode de fonctionnement purement scolaire générait un sentiment d'oppression, de stress et de frustration des plus intenses. Le projet soulevait en moi des dizaines de questions qui en engendraient elles-mêmes des dizaines d'autres. Devant mon inquiétude, le mentor qui m'épaulait me disait systématiquement : « Oh, mais ça ? Ce n'est pas grave, ne t'inquiète pas, on verra plus tard… ». Mais il était pour moi inenvisageable de continuer d'avancer sans avoir solidement consolidé les bases. Pour parler en toute transparence, j'avais le sentiment, et ce n'est là que mon impression, qu'on me demandait de simplement survoler le sujet, en présentant de jolies planches PowerPoint stériles et dénuées de sens, dans l'unique but de satisfaire le comité…

Face à mon mal-être, j'ai pour la première fois verbalisé mes maux auprès de ma responsable, qui a été saisie d'une incompréhension des plus déconcertantes en me disant : « Mais je ne comprends pas, pourquoi souhaites-tu arrêter ? Des projets, tu en as déjà pilotés plusieurs, et des bien plus difficiles que celui-là, alors pourquoi abandonner ? Tu en es capable ». Je suis resté confus, et n'ai pas pu lui fournir d'autres explications, si ce n'est qu'un profond mal-être avait pris possession de moi depuis le début, et que je ne supportais plus cette situation. Je souhaitais donc y mettre un terme. Jeanne entendit ma demande, et c'est ainsi que nous avons interrompu ce cursus.

Aujourd'hui, j'ai appris à me connaître, et avec le recul, je me rends compte que, pour être performant, j'ai besoin de me sentir libre en progressant à mon rythme et à ma manière. Si je n'ai pas été capable de mener ce projet à son terme, c'est certainement parce que je devais me soumettre au conformisme de cette méthodologie rigide et scolaire qui induisait chez moi une forme de pression.

J'ai tellement mal vécu cette période que je subissais des coliques quotidiennes. Cela a duré plusieurs semaines jusqu'au jour où j'ai fini par... faire du sang. Je dois dire que j'ai été alarmé de m'en apercevoir, et ai immédiatement pris rendez-vous chez mon médecin. J'ai dû passer une coloscopie qui n'a rien révélé de bien grave. Le gastro-entérologue a mis ça sur le compte d'une irritation causée par un dysfonctionnement, le « fameux » Syndrome de l'Intestin Irritable (SII). En ce qui me concerne, je savais que c'était clairement lié à mon état de stress. Finalement, l'un dans l'autre, cela revient presque au même puisqu'il apparaît vraisemblablement que ce symptôme est accentué en période de stress intense.

*

À la suite de cela, ma responsable m'a imposé certaines tâches qui ne m'incombaient pas nécessairement. Mais j'étais souvent reconnu pour mon extrême rigueur, et je ne disais presque jamais « non ». Là encore, j'ai très mal vécu ce travail que je percevais comme une perte de temps. Car, en plus de ce dernier, je devais toujours assurer mes fonctions de support logiciel ainsi que le développement des outils. J'avais tellement d'autres choses à faire bien plus intéressantes, et cette activité imposée aurait pu être exécutée par n'importe quel salarié moyennant une rapide formation... Alors, et comme si les coliques n'étaient pas suffisantes, c'est cette fois-ci mon cœur qui a fait des siennes. Voilà que tout au long de la journée, le soir, la nuit, son rythme devenait irrégulier. Il battait normalement, puis s'arrêtait brutalement quelques secondes avant de reprendre en cognant vite et fort pour finalement retrouver une vitesse normale, jusqu'au moment où cela recommençait, nouvel arrêt puis de nouveau ces battements lourds et violents...

J'ai consulté mon médecin de l'époque, qui, équipé d'un électrocardiogramme, m'a soumis au test. J'ai été frappé par le nombre de câbles électriques qu'il fallait connecter à mon corps : six électrodes sur le buste et un bracelet sur chacun de mes poignets et chevilles. Dès qu'il m'a relié à la machine, il a observé les courbes dans un silence des plus profonds, mais au moment même où mon cœur a reproduit l'anomalie, il s'est exclamé : « Tiens là !!! Ça vient de te le faire ! Paf, et là, encore une autre ! ». Tous mes membres tremblaient sous l'émotion. Il pouvait voir ce que je ressentais et c'était pour moi assez rassurant puisque j'allais enfin être fixé. Je souffrais d'extrasystoles auriculaires bénignes. Pour reprendre son explication, c'est comme lorsque l'une de vos paupières cligne nerveusement sans que vous puissiez la contrôler, sauf que dans ce cas précis, c'est au niveau du cœur. Cette sensation, bien qu'anodine, reste terriblement angoissante, et je sais que ceux qui la connaissent ne me contrediront certainement pas ! Mon médecin m'a vivement conseillé de lever le pied au travail et de poser également quelques jours de repos. J'étais éreinté, et Anaïs n'en pouvait plus. Il faut dire que depuis plusieurs années, je m'étais investi sans compter dans mon travail au détriment de ma vie de couple. Les années 2012 à 2015 ont été les plus difficiles. C'est sur ces quatre années que j'ai accumulé le plus de fatigue, et lorsque j'étais à la maison, mes nerfs étaient à vif et je faisais vivre un véritable calvaire à ma compagne, qui pourtant essayait de me soutenir du mieux qu'elle pouvait.

*

Malgré ces difficultés, nous avons décidé de nous marier, le samedi 9 mai 2015, soit exactement six années, jour pour jour, après notre première rencontre. Ce fut une union simple, en comité restreint, parents, grands-parents, frères et sœurs. Sur ce point-là, je dois admettre que j'ai de la chance, car j'aurais pu tomber sur une femme aux désirs extravagants, souhaitant une fête digne de ce nom avec des centaines d'invités ! Mais non, Anaïs, bien que très sociable, conserve un certain côté « sauvage » qui me correspond parfaitement. Je n'entrerai pas dans le détail de cette journée qui fut extrêmement stressante. La veille, nous avions installé pour l'occasion un grand barnum dans notre jardin dans l'intention de recevoir nos convives. J'ai passé plusieurs heures à installer les décorations en papier crépon.

Le lendemain, nous avions rendez-vous à 11 h à la mairie. Mais, à mon réveil, j'ai eu la mauvaise surprise de constater que tous les ornements avaient rompu à cause de la rosée. Il a fallu alors ressortir l'échelle, retirer nappes et tables afin de pouvoir remonter et fixer le tout avec des agrafes et du scotch. Ce désagrément m'a fait totalement perdre mes moyens. J'étais en pleine crise de nerfs, dans un état incommensurable et fortement contrarié. Plus ma promise essayait de me raisonner, et plus je paniquais. J'ai immédiatement appelé mon frère à la rescousse pour qu'il vienne m'épauler dans ce rafistolage abracadabrantesque. L'opération nous a demandé beaucoup de temps, et ce n'était clairement pas prévu au programme.

Alors que je me dépêchais de prendre ma douche, les invités, quant à eux, étaient déjà tous arrivés à la maison, point de rendez-vous pour le départ. L'heure tournait et je n'étais pas encore prêt ! Inutile de vous décrire mon état de stress. Mon beau-frère Jeremy m'a aidé à m'habiller précipitamment. Pendant que je passais ma chemise puis ma cravate, il s'attelait à me mettre mes chaussettes, puis mes chaussures avant de me les lacer.

Nous avons quitté la maison à 10 h 55, soit cinq minutes avant le début de la cérémonie. J'avais terriblement chaud et ma chemise était déjà trempée. L'avantage, c'est que Châtellerault reste une petite ville, et nous sommes arrivés juste à temps ! À la mairie, Anaïs et moi étions tous deux extrêmement crispés, et les larmes qui coulaient sur ses joues n'étaient pas celles du bonheur, c'était les larmes du doute. Elle demeurait encore choquée devant mon attitude excessive du matin même, et se demandait si elle devait toujours prononcer le « oui » tant attendu. La pression a fini par redescendre au fil des heures.

Aujourd'hui, en y repensant, nous nous rendons tous les deux compte de ma progression. Depuis que j'ai connaissance de mon syndrome, j'ai pris conscience que certains comportements pouvaient s'avérer nuisibles aussi bien pour moi que mon entourage. Ainsi, je sais que si demain je devais revivre cette expérience, je réagirais de manière totalement différente. J'imagine qu'en découvrant les décorations au sol, je me dirais simplement : « Bon, et bien tant pis, on va en remettre une ou deux, et les autres, on les enlève ! ». À la suite de cela, Anaïs m'a demandé de faire quelque chose pour que ce genre de situation ne se reproduise plus. J'ai donc, à sa demande, et pendant plusieurs mois, entamé un suivi auprès d'un psychologue.

*

En 2016, à la suite d'une réorganisation de service, Jeanne, ma responsable, a décidé de me changer d'emplacement géographique pour me relocaliser dans le même bureau que mon père. Cette annonce a été faite en salle devant l'intégralité des collègues concernés. J'ai été interloqué qu'une telle décision puisse être prise et je n'étais pas le seul. Un ou deux collaborateurs ont exprimé à voix haute leur inquiétude en expliquant que ça pourrait devenir une situation difficile pour mon père comme pour moi, et que, d'ordinaire, dans les entreprises, il était d'usage d'éviter ce genre d'association. Mais Jeanne, compte tenu du contexte, était dans l'obligation de maintenir ce choix. De manière objective, mon activité pouvait s'effectuer de n'importe quel endroit de l'usine, ma localisation importait donc finalement peu. Sur l'instant, je n'ai su comment verbaliser mon ressenti et suis resté consterné, figé, paralysé. J'ai par la suite pris mon courage à deux mains afin de revendiquer mon opposition auprès de ma responsable, mais elle a maintenu sa décision.

*

J'apprécie énormément mes parents, mais mon père, lorsqu'il se trouvait à l'entreprise, adoptait un comportement que je trouvais légèrement différent. Je le connaissais bien, et je me rendais bien compte qu'il n'était pas lui-même et qu'il jouait un rôle, une sorte de version caricaturée de lui-même. Et puis, quand il travaillait à son bureau, il avait l'habitude de tout commenter : « Tiens, je vais m'occuper de ce dossier-là... Tiens, je vais aller voir les opérateurs à l'atelier, oh remarque, je vais peut-être aller me prendre un café avant... Tiens, ce tantôt, je ferai ça... ». Pour œuvrer dans de bonnes conditions, j'ai besoin d'être au calme, et son comportement avait le don de m'énerver. J'ai d'ailleurs une fois ou deux exprimé ma colère de manière assez virulente. Mon père n'a pas été étonné, car mon frère et moi avons toujours pu exprimer librement nos ressentis envers nos parents. Parfois peut-être avons-nous été un peu trop loin au risque de les blesser, mais au moins, nous pouvions communiquer sans détour et avoir le sentiment d'être entendus. Cependant, les collègues présents ce jour-là dans le bureau ont été surpris et choqués. Certains y ont vu un manque de respect, je pense bien au contraire que c'était diamétralement l'opposé.

10

Syndrome d'Asperger ?

C'est un soir de l'année 2016 qu'Anaïs est rentrée du travail en me disant avec conviction : « Ça y est, je sais ce que tu as, tu es autiste Asperger ! ». Je l'ai regardée dubitatif en me demandant ce qui pouvait bien lui passer par la tête. Elle m'a expliqué alors qu'elle venait tout juste de coiffer une nouvelle cliente. Durant la prestation, cette femme avait confié ses difficultés familiales, en parlant du récent diagnostic de son mari et de son fils adolescent, tous deux porteurs du syndrome d'Asperger. Anaïs, relativement intriguée, l'avait questionnée afin d'en savoir un peu plus. À mesure qu'elle dressait leurs portraits, Anaïs, elle, s'est rendu compte que j'étais exactement comme eux : le côté obsessionnel pour les centres d'intérêt, le perfectionnisme, les émotions compliquées à gérer, les routines qu'il ne fallait pas changer, la faible estime qu'ils avaient d'eux, les difficultés sociales, les angoisses, les paniques... À ses yeux, tout était en train de prendre du sens, et c'était d'autant plus évident que le mari de cette femme s'intéressait aux mêmes choses que moi. Voilà pourquoi, ce soir-là, elle est rentrée, convaincue que mes particularités étaient liées à ce syndrome. J'ai par la suite effectué quelques recherches et visionné des témoignages. Je dois bien avouer que je me suis reconnu dans la plupart d'entre eux, mais j'étais, quant à moi, un peu plus sceptique. J'en ai parlé au psychologue qui assurait mon suivi, mais il n'était pas compétent dans ce domaine. J'ai également partagé cette plausible découverte avec ma collègue Ginette qui m'a dit : « Pourquoi pas, remarque... Ça expliquerait pas mal de choses. ». Puis, au fil des jours, la vie a repris son cours.

*

Au travail, je suis resté dans le même bureau que mon père jusqu'à l'arrivée d'un nouveau directeur en 2017. Ce dernier, rapidement informé de ma situation, a pris immédiatement les mesures nécessaires en me « sortant de là ». À la suite de cela, je fus alors rattaché à un autre responsable que nous appellerons ici Régis, et relocalisé dans un bureau situé à l'étage et bien plus au calme. Dans ce nouveau bureau, je n'avais plus de promiscuité avec l'atelier, pratiquement plus de passage, c'était un véritable havre de paix.

Néanmoins, ce changement hiérarchique a mis rapidement en avant certains dysfonctionnements. Par le passé, ma localisation au plus proche des utilisateurs entretenait un lien professionnel. J'étais également directement rattaché à Jeanne qui pilotait toute l'activité du secteur. Dès qu'elle entendait parler d'un problème logiciel, elle dirigeait automatiquement les salariés vers moi. De ce point de vue, je dois reconnaître que j'ai toujours eu un rôle clairement défini dans l'organisation. Le fait de me retrouver en quelque sorte détaché de la production m'a fait, petit à petit, perdre de la visibilité. J'ai rapidement constaté un accroissement des mauvaises pratiques occasionnant des dysfonctionnements bloquants dans le système informatique. Les nombreux départs en retraite et les mouvements de personnel sont également responsables de cette situation qui engendrait une surcharge de travail. En à peine quelques mois, je fus confronté à un contexte de plus en plus difficile à endurer. Certains nouveaux arrivants n'avaient pas connaissance de mon existence en tant que support. Ces salariés restaient livrés à eux-même dans l'utilisation du logiciel. C'est par le bouche-à-oreille que les gens entendaient parler de moi. Il y avait aussi certains collègues qui, au détour d'un couloir me disaient fréquemment : « Ah tiens ! Mathieu !!!! Ça fait longtemps qu'on ne t'a pas vu. Dans quel service travailles-tu maintenant et sur quel poste ? ». Je devais préciser que mes fonctions n'avaient jamais changé, ce qui les amenait souvent à me répondre : « Ah bon ??!!! ».

De mon côté, je n'avais aucun doute concernant mon rôle ou ma mission, alors comment en étions-nous arrivés là ? J'ai ouvertement exprimé mes inquiétudes à Régis, mon manager, qui m'a expliqué que je devais attendre la restructuration en cours menée par le nouveau directeur, et que ça prendrait vraisemblablement un certain temps... Cette expérience m'a permis de comprendre l'expression : « Il est urgent de ne rien faire ! ».

Étant donné que la décision semblait dépendre du nouveau directeur, et poussé par l'inconfort qui subsistait autour de mon poste, j'ai volontairement provoqué un entretien avec lui. Cela tombait plutôt bien, puisqu'à son arrivée, il prenait le temps de recevoir les salariés qui le souhaitaient. Inutile de vous décrire l'état de stress dans lequel je pouvais me trouver. Au début de notre rendez-vous, cet homme d'apparence bienveillante m'a alors dit : « Mathieu, tu as demandé à me voir, qu'est-ce que tu fais dans l'entreprise, et qu'est-ce que tu voudrais faire ? ». Je lui ai expliqué mon rôle, la partie officielle de support pour laquelle je constatais de plus en plus de dérives, ainsi que l'officieuse, concernant le développement d'outils informatiques et pour laquelle l'activité ne cessait de croître. Je lui ai ensuite exprimé la nécessité de se renforcer dans l'encadrement du système, sous peine d'être confronté tôt ou tard à de gros problèmes. Étant donné qu'il était en plein chantier de restructuration, je lui ai proposé de créer un nouveau service, une sorte de cellule composée de quelques personnes et dédiée au bon déroulement de mes tâches. Je me suis même porté garant de ce dernier en justifiant que je me sentais tout à fait capable de manager une petite équipe, surtout sur ce domaine d'opération que je maîtrisais parfaitement. Mais il a très vite botté en touche en m'expliquant qu'il était en train de tout réorganiser dans l'entreprise et que mon poste serait remis en question au moment venu. Au début de l'entretien, et devant l'image qu'il semblait donner de lui, j'ai eu le sentiment sincère qu'il allait être en mesure de m'entendre ; j'ai aujourd'hui plutôt l'impression qu'il n'a finalement fait que m'écouter.

*

Courant 2017, Élie, un excellent collègue responsable d'équipe, est venu solliciter mes talents de programmeur afin de travailler sur un projet des plus ambitieux. Il souhaitait disposer d'un système en capacité de calculer les besoins prévisionnels d'un secteur. Cet outil, toujours en exploitation trois ans après son lancement, est capable de définir les besoins futurs et d'anticiper les approvisionnements. L'algorithme, en fonction de la production, des stocks, des pièces déjà en commande ou en sous-traitance, est en mesure d'indiquer s'il faut passer de nouvelles commandes, s'il subsiste des retards de livraison, si le fournisseur est en rupture de stock... Bref, tout est prévu pour sécuriser au maximum et ainsi garantir la date d'expédition du matériel à destination de notre client. L'outil mis en place avec Élie a rendu service à plusieurs personnes dans l'entreprise qui effectuaient jusque-là le travail entièrement à la main.

*

Cela faisait maintenant plusieurs mois que j'expliquais à Régis que ma charge devenait beaucoup trop importante. Cet accroissement de l'activité était en partie lié au fait que, depuis deux années, je n'apportais plus mon ordinateur à la maison. Par voie de conséquence, je produisais beaucoup moins d'outils qu'avant, et les besoins des utilisateurs s'accumulaient. Fin 2017, nos responsables ont donc envisagé de présenter notre dernier projet à la direction locale, afin de démontrer l'utilité de mon travail. Élie et moi avons alors assuré une présentation détaillée de l'outil à l'ensemble du comité de direction qui a reconnu l'importance du travail réalisé. Nous avons poursuivi en exposant la liste d'attente de toutes les autres demandes que je devais traiter. Pour chacune d'elles, j'avais estimé le temps qu'il me faudrait pour traiter le sujet. Croyez-moi, la somme de tous ces temps a fait pâlir l'auditoire. Entre six et huit années, voilà la charge que j'avais à abattre, et ce chiffre grandissait de jour en jour puisque de nouveaux besoins émergeaient quotidiennement. Régis a donc appuyé la nécessité de renforcer ses équipes afin de me soulager, mais la direction locale n'était pas très emballée.

À la suite de cette présentation, Régis a réussi tout de même à obtenir l'ouverture d'un poste d'intérimaire. C'est moi-même qui ai effectué le recrutement, et je me suis vite rendu compte qu'il était difficile de juger quelqu'un lors d'un entretien de quelques minutes... Ma recrue n'est restée que trois mois. J'ai volontairement choisi de ne pas renouveler son contrat. Je n'arrivais plus à le supporter, il n'avait jamais tort, était intrusif et n'écoutait pas mes conseils, bref il incarnait tout ce qui m'exaspère.

11

Diagnostic en vue

Fin 2017, cela faisait plus d'un an et demi que je m'interrogeais sur moi-même, en songeant aux propos de ma femme, revenue de ce rendez-vous où elle avait découvert le syndrome d'Asperger. J'ai effectué un test en ligne, apparemment l'un des plus réputés, « L'aspie-Quiz ». Le résultat a semblé donner raison à Anaïs, néanmoins, je restais plutôt sceptique et ne savais quoi penser. Il est vrai que j'ai toujours éprouvé un certain mal-être, la sensation de ne pas forcément vivre ma vie, de jouer un rôle, la sensation d'être différent, d'être mal compris, mal jugé... Anaïs, bien que très patiente, commençait à difficilement me supporter. J'étais souvent envahi par mes émotions, mon activité professionnelle nuisait terriblement à notre couple ainsi qu'à ma santé. Le soir, après le travail, j'étais si exténué que je devais m'allonger pour dormir. J'avais les nerfs à vif et enchaînais les crises de colère, à l'image de celle du jour de notre mariage. Pour ne rien arranger, lorsque je traverse des phases difficiles comme celle-ci, j'éprouve la nécessité de m'enfermer dans un centre d'intérêt. C'est pour moi le seul moyen de m'apaiser, de me focaliser sur quelque chose que je maîtrise et de minimiser angoisses et ruminations. Ce repli sur moi-même restait problématique pour Anaïs qui aurait voulu passer plus de temps avec moi. Devant mon mal-être et la difficulté grandissante de partager ma vie, elle m'a sommé de faire quelque chose sous peine de me quitter. J'ai donc décidé de franchir le pas en contactant une psychologue clinicienne, spécialisée en Troubles du Spectre Autistique (TSA) et Hauts Potentiels Intellectuels (HPI). Elle était, et c'est toujours le cas, référente en TSA pour tous les centres APAJH (Association Pour Adultes et Jeunes Handicapés) de la Vienne. J'ai eu énormément de mal à entrer en contact avec elle. C'est finalement trois mois après les premiers échanges que le rendez-vous a été fixé à début février. J'ai alors eu l'occasion de découvrir Emelina, une jeune femme de mon âge, au regard pétillant et plein de vie. J'avais, quant à moi, choisi de ne pas en informer mes proches, jugeant que cette démarche était avant tout personnelle.

Lors du premier entretien, nous avons beaucoup échangé. J'ai exprimé mes difficultés, la motivation de ma démarche, mon enfance, mon travail, mes nombreuses passions, la recherche de la perfection, le besoin de stimulation mentale, le fait de me sentir pétrifié à l'idée de regarder quelqu'un dans les yeux, mes troubles alimentaires, mes difficultés sociales, mes routines... Concernant ce dernier point, je lui ai raconté une anecdote plutôt récente. Pour mieux comprendre, je dois en premier lieu vous expliquer que, dans ma vie quotidienne, rien n'est laissé au hasard. Qu'il s'agisse de laver la vaisselle, de plier le linge ou de tondre la pelouse, tout est millimétré. Ainsi, du réveil au coucher, mes journées sont entièrement planifiées et je dois respecter mes habitudes sous peine de voir naître un certain mal-être. Pour rester synthétique, en semaine, je me lève avant Anaïs et j'exécute les mêmes gestes, dans un ordre précis. C'est un processus inconscient, une manière rassurante et bien à moi d'entamer la journée. Un matin, alors que je venais de sortir de la salle de bain, j'ai constaté qu'Anaïs était debout, et qu'elle m'avait gentiment préparé mon petit déjeuner. Pour le commun des mortels, j'imagine que cette délicate attention aurait été précurseur d'une belle journée en perspective. Dans mon cas, ça allait être tout le contraire. En faisant couler mon café, elle avait rompu ma routine. J'ai rapidement été saisi par la panique et la colère. Ce jour-là, je suis descendu à ma voiture, garée au sous-sol, en ayant oublié les clés au premier étage, pour finalement quitter le domicile en laissant derrière moi mon panier-repas, mon badge pour entrer au travail ainsi que mon portefeuille. J'ai été totalement déstabilisé, et depuis ce matin-là, ma femme m'a promis de ne plus jamais me préparer le petit déjeuner.

Cet exemple n'en est qu'un parmi tant d'autres. Emelina m'a écouté attentivement, et c'est à la fin de la séance que j'ai compris que je m'étais adressé à la bonne personne. Alors que je venais de lui parler de mon intérêt pour le tricot, elle m'a alors dit :
« Lorsque vous tricotez, j'imagine que vous n'allez pas pouvoir vous contenter de faire une écharpe. Vous allez ensuite réaliser les gants, le bonnet, puis après ça vous ferez le gilet, les chaussettes, la veste... ».

Ce banal exemple illustrait parfaitement mon fonctionnement, et, pour la première fois de ma vie, j'avais en face de moi quelqu'un qui me comprenait. Elle lisait en moi comme un livre ouvert et semblait capable de me dire comment je réagissais dans telle ou telle situation. À cet instant précis, et à mesure qu'elle continuait de me parler, l'émotion s'est emparée de moi et les larmes me sont montées aux yeux. J'ai été traversé par différents sentiments que j'ai toujours du mal à qualifier. Cela relevait presque de l’ineffable. Je pense que je me suis principalement senti soulagé avec la sensation d’avoir un poids en moins sur les épaules.

Elle m’a expliqué que les modes de fonctionnement HPI et Asperger pouvaient parfois présenter quelques similitudes, aussi bien sur le plan social qu’émotionnel, et que pour en savoir plus, il fallait effectuer des tests qu’elle serait en mesure de réaliser. Elle m’a également prévenu que ces tests seraient effectués sur plusieurs séances, et que cette période pourrait être frustrante et difficile à vivre, et qu’il était important pour moi d’être soutenu et épaulé tout au long du processus. De ce côté-là, je pouvais compter sur Anaïs, toujours présente pour moi.

*

Les tests se sont déroulés entre février et avril 2018. Je ne donnerai pas ici le nom de l’un des deux outils employés par la psychologue, afin d’éviter à quiconque de s’y préparer. Je peux juste vous dire que le premier d’entre eux était un examen psychométrique et qu’il se trouve certainement le plus utilisé. Il existe une version adaptée aux enfants, et une autre aux adultes. Il permet d’évaluer un sujet sur différents critères comme la compréhension verbale, le raisonnement perceptif, la mémoire de travail et la vitesse de traitement. Le second fut beaucoup plus simple, puisqu’il s’apparentait un peu plus à un questionnaire de dépistage.

Je suis arrivé pour commencer les tests, sans savoir à quelle sauce j’allais être mangé. Je ne connaissais pas du tout la méthodologie utilisée. J’ai alors découvert les exercices au fur et à mesure. Certains étaient difficiles, voire même radicalement frustrants, et d’autres me paraissaient bien plus faciles. Je ne conserve pas un excellent souvenir de tous ces tests, et cette période m’a énormément tourmenté. Les rendez-vous étaient en fin de journée, au moment où la fatigue du travail devenait la plus pesante. Il me fallait rouler 30 kilomètres avant d'arriver à la consultation. À la fin de chaque séance, je repartais avec le cerveau en ébullition. En effet, les exercices sont constitués de manière à vous obliger à vous « triturer les neurones ». J'étais également envahi par le doute, remettant en question ma démarche. Je doutais aussi de mes réponses, et le plus frustrant dans tout ça, c'est qu'après les sessions, je ne savais pas si j'avais réussi les exercices. Pourtant, Emelina avait pris soin de m'expliquer que l'important n'était pas nécessairement le résultat, mais plutôt le raisonnement que j'avais développé pour y parvenir. Malgré cela, je ressentais une pression permanente qui me poussait à véritablement donner le meilleur de moi-même afin de réussir au mieux.

C'est également pendant ces tests que j'ai pris conscience que je présente depuis toujours une hypersensibilité au bruit. Bien sûr, je sais depuis mon plus jeune âge que le bruit peut énormément me déranger au point parfois, d'aller m'enfermer aux toilettes avec mon ordinateur pour travailler au calme. Aussi, quand je bricole, je porte systématiquement un casque de protection auditive ou bien des bouchons d'oreilles, et quelquefois les deux en même temps. Ainsi, lors de l'un de mes rendez-vous, Emelina m'a demandé :

« Est-ce que vous êtes hypersensible au bruit ?
— Je... Je l'ignore, lui ai-je répondu avant de lui donner les exemples en lien avec le travail que vous connaissez déjà.
— D'accord, c'est une piste ça, et par exemple, là, dans mon bureau, est-ce que vous entendez du bruit ? ».

Son cabinet se trouvait dans une pièce de son logement et l'ambiance demeurait relativement calme, mais spontanément, et sans réfléchir, je lui ai répondu :
« Bah oui, j'entends votre disque dur d'ordinateur qui n'arrête pas de faire "tic tic tic tic".

— Quoi ? Mon ordinateur fait du bruit ??? m'a-t-elle répondu tout en se pliant en deux afin de coller une oreille sur la carcasse de sa machine avant de poursuivre, mais je n'entends rien, moi ?
— Mais si, écoutez bien, ça fait un petit bruit de “gratte gratte”.
— Ah oui, ça y est, je l'entends ! s'est-elle exclamée, je ne savais même pas qu'un disque dur pouvait faire du bruit ! ».

La voir ainsi pencher la tête sur son bureau avec une telle spontanéité m'a fait rire, et j'ai trouvé la scène plutôt cocasse. Cet exemple permet d'illustrer la manière dont je peux percevoir les sons. Par exemple, au travail, je peux être terriblement dérangé par des personnes qui discutent à l'autre bout du couloir. Toute mon attention se focalise sur cette conversation et je n'arrive plus à me plonger dans mes activités. Dans la vie quotidienne, ce sont dans les grandes surfaces que je souffre le plus. La foule me crée une sensation que je qualifie de « tête légère ». C'est-à-dire que j'ai l'impression de flotter en dehors de la réalité, au milieu de tous ces gens, je marche sans réfléchir, je ne me sens plus moi-même, je suis comme dans une bulle de coton. S'ajoute à cela le bruit insoutenable et inutile, selon moi, des enceintes qui vomissent des musiques ou jingles abrutissants au point de m'en provoquer des étourdissements. Me rendre dans l'un de ces grands établissements impose une certaine préparation, et il est fréquent que j'en ressorte totalement vidé, le tee-shirt trempé de sueur. Je préfère aujourd'hui aller dans les magasins bio de ma ville qui, jusqu'à présent, ne diffusent pas de musique, c'est assurément beaucoup plus reposant, il ne me reste alors plus qu'à gérer l'afflux humain. J'ai également un autre exemple assez éloquent à vous soumettre. Vous n'êtes pas sans savoir que je m'endors quotidiennement avec un casque audio qui retransmet des sons qui m'apaisent. Et bien, même avec ça sur les oreilles, je peux percevoir des bruits extérieurs que ma femme n'entend pas. Par exemple, si les fenêtres de toit sont restées ouvertes durant la nuit et qu'il se met à pleuvoir, je vais instantanément me lever pour les fermer. Elle-même n'arrive pas à comprendre comment ça peut être possible d'autant plus qu'elle juge le niveau de mon casque un peu fort.

*

Cette psychologue a eu raison de me prévenir concernant l'épreuve que ces tests pouvaient représenter. Le conseil que je peux donner à tous ceux qui voudraient se lancer dans une telle démarche est sensiblement le même. Soyez certains d'être bien encadrés, vous devez disposer d'un environnement solide autour de vous en capacité de vous soutenir. Croyez-moi, ce n'est pas une partie de plaisir, bien que certains disent qu'il s'agit là d'un effet de mode, je peux vous affirmer qu'il faut être courageux et déterminé pour aller au bout du processus.

*

Au travail, sur cette même période, j'ai connu une épreuve désagréable, une sorte de douche froide entraînant là encore de gros moments de doutes. La mise en service de notre dernier outil informatique développé à la demande de mon collègue Élie avait fait sensation. L'enthousiasme du comité de direction à la suite de notre présentation s'est montré si grand, que le directeur et nos managers ont souhaité que nous le présentions à l'un de nos plus grands dirigeants alors venu en visite à Châtellerault. Afin de préserver son anonymat, nous n'aurons qu'à dire que cet homme se prénomme François.

L'objectif de cette démonstration était clair. Elle devait permettre de valoriser mon travail de développement jusqu'alors toujours plus ou moins officieux, et d'en révéler l'utilité. En deuxième partie, Régis avait envisagé une brève énumération de ma charge afin de faire comprendre à François la nécessité de renforcer l'équipe pour pouvoir rester productif. Le jour de la présentation, je me trouvais dans un profond état de stress mais j'étais psychologiquement prêt à faire face. Je me suis senti porté par l'espoir, celui de voir naître quelque chose de nouveau, de pouvoir accroître mon activité et qu'enfin, l'entreprise finisse par investir officiellement dans mon travail. Avec nous, dans la salle, il y avait Régis mon manager, Élie accompagné de sa responsable Blanche. C'est moi qui ai pris la parole en premier, mais à peine ai-je eu le temps de commencer l'introduction, que « Môssieur » François m'a interrompu entamant alors un long monologue sur un ton qui m'a semblé démesurément arrogant. Il paraissait passablement irrité et s'est adressé uniquement à moi tout au long de son asphyxiant discours. Il m'a expliqué que je n'étais pas dans cette entreprise pour programmer, que ce n'était pas mon rôle, et qu'il me fallait rédiger des cahiers des charges dans le but de faire sous-traiter cette partie de mon activité. Ce grand responsable pensait même que je négligeais mon métier de prédilection au profit de cette tâche officieuse. J'ai été contraint de me justifier, la situation devenait extrêmement inconfortable. J'aurais bien aimé que quelqu'un me vienne en aide pour me défendre un minimum, Élie, Blanche, et toi Régis, mon manager, où étiez-vous ? Ce discours dévastateur de 45 minutes les a tous laissés muets. Remarquez, à leur place, je me serais moi aussi terré dans le silence. Malgré cela, François a quand même souhaité voir le détail de notre outil, m'invitant à reprendre. C'est le cœur lourd que j'ai continué ma présentation, et, à la fin, il a tout de même fini par admettre : « C'est du super boulot ce que vous avez fait là les gars », avant de poursuivre : « Mais ce n'est pas ton job, à partir d'aujourd'hui, il faut faire sous-traiter ça. ».

J'en suis ressorti anéanti. La programmation constituait l'un de mes centres d'intérêt depuis si longtemps et faisait partie de moi. Tous les collègues appréciaient mon travail qui était reconnu comme indispensable à l'échelle locale... Ce jour-là, j'ai pris une claque monumentale et mon monde a commencé à s'effondrer. Mon manager m'a dit pourtant qu'il était hors de question de faire sous-traiter, nous aurions perdu en réactivité et ça n'aurait présenté aucune valeur ajoutée. Sur ce point-là, je ne pouvais que partager son opinion. Cependant, j'ai été beaucoup moins d'accord avec lui lorsqu'il m'a suggéré de continuer à exercer cette activité en « sous-marin ». Il était pour moi inenvisageable de communiquer officiellement à la haute direction que j'allais cesser mes activités de programmation, pour que je continue comme si de rien n'était de manière officieuse. Inutile de vous préciser que cette vision des choses me mettait terriblement mal à l'aise, et ce n'était pas l'évolution que j'avais envisagée. Comme tout un chacun, j'ai moi aussi besoin d'un minimum de reconnaissance. Qui plus est, cette proposition allait à l'encontre de mon mode de fonctionnement. Si vous ne le savez pas encore, les Asperger sont souvent réputés pour leur droiture et leur réflexion binaire. Pour mieux vous aider à comprendre, dans la tête d'un Asperger, le gris n'existe pas. Soit c'est noir, soit c'est blanc. Soit la porte est ouverte, soit elle est fermée, mais elle n'est pas entrouverte. Ce mode de pensée m'amène à vous dire que je n'ai jamais réussi à supporter tout ce qui n'est pas cartésien. Ce genre de proposition était donc absolument inacceptable pour moi, source d'angoisse et génératrice de stress. Mon mal-être au travail devenait grandissant.

*

Quelques semaines après cette présentation, le directeur local chargé de la restructuration de l'usine, toujours inachevée, m'a rendu visite à mon bureau. En tant que membre inféodé de cette chaîne managériale, il était dans l'obligation de porter la voix du seigneur François, et m'a expliqué que mon poste allait certainement évoluer. Je continuerais selon lui à garantir le support informatique du logiciel officiel, mais pour le reste, je serais amené à ne plus programmer et seulement rédiger des cahiers des charges... J'ai eu beau argumenter en justifiant que cela n'apporterait aucune plus-value et que nous allions perdre en réactivité et en qualité de service... La décision venait d'en haut et semblait irrévocable. La programmation constituait sans conteste l'unique activité en capacité de fournir un peu de sens à mon métier. La partie support devenait de plus en plus difficile à assurer et je constatais impuissant la multiplication des mauvaises pratiques. J'essayais tant bien que mal et en vain de sensibiliser les équipes à l'importance du système. J'ai également tenté d'alerter les managers des différents secteurs afin qu'ils puissent m'aider à redresser la barre, mais eux-mêmes, du moins pour la plupart, pensaient à tort que la priorité n'était pas là, l'informatique passant donc au second plan. Cette méconnaissance et ce désintérêt général m'ont fait pressentir la venue d'une « catastrophe ». Et personne ne semblait accorder de crédit à mes propos ! J'ai éprouvé une fois de plus un sentiment de frustration et d'incompréhension totale. Tout cela me hantait au quotidien et m'affectait profondément au point de m'en rendre malade physiquement et mentalement. Je ne vous cache pas que mes nuits étaient des plus difficiles.

Dans le même temps, j'ai constaté d'autres dysfonctionnements qui ont continué d'accroître mon dépouillement émotionnel. Un jour, l'un de mes interlocuteurs clés m'a fait part de ses inquiétudes. Il observait que certaines nouvelles recrues venaient lui poser des questions autour du système informatique. Ces personnes prenaient l'initiative de lancer des projets pourtant en lien avec mon activité, sans que je sois impliqué. Cette annonce a eu l'effet d'une bombe à l'intérieur de moi. Mon cœur s'est mis à cogner, mes membres à trembler et j'ai ressenti des étourdissements. Ces sensations, je les connaissais bien, et je savais que c'était une nouvelle fois un coup de stress. J'ai alors essayé d'obtenir des informations, et plus j'en apprenais, plus j'étais affecté. Certains adeptes de la doctrine « Le travail fait par les autres ne me fait pas peur » s'en seraient vraisemblablement réjouis ! Dans mon cas, c'était totalement l'inverse. Ils ne respectaient pas mon rôle et, qui plus est, ils ne connaissaient rien à notre système informatique. Je n'ai pas la prétention de tout connaître, seulement, dans une entreprise comme dans la vie quotidienne, il est primordial de savoir se rapprocher des opérateurs compétents pour traiter au mieux une problématique. Je ne peux finalement pas en vouloir à ces collègues. Ils n'avaient en réalité jamais entendu parler de moi ni de mes fonctions de support logiciel. Cette situation m'a mis au plus mal, et Régis, mon responsable, à l'écoute et de nature aidante, n'a pas pu à lui seul réussir à inverser la tendance.

*

Quelque temps après, mon manager m'a informé que « peut-être, mais ça n'était pas certain », j'allais être rattaché hiérarchiquement au service logistique, et que « peut-être, mais pas tout de suite », je devrais changer d'emplacement géographique afin de rejoindre les équipes concernées. Quoi qu'il advienne, et à fortiori, un autre secteur de l'entreprise souhaitait récupérer mon espace de travail. Dans tous les cas, je devais quitter les lieux. Ce fut, je pense, l'annonce de trop, l'ultime coup de bâton derrière la tête. Ce nouveau déménagement représentait une régression à mes yeux. Cela signifiait retourner travailler au bruit, avec beaucoup d'affluence, dans une zone ouverte de trente-cinq mètres carrés pour une quinzaine de personnes, et ainsi revivre les difficultés que j'avais pu connaître.

Sur cette période, il s'était passé beaucoup trop de choses en très peu de temps et j'agonisais. L'avenir de mon poste était clairement remis en question. J'essayais de trouver une logique dans tout cela. Parmi les dizaines de projections envisagées, voici celle qui me semblait la plus probable : « La grande direction et le directeur local ont décidé de sous-traiter la partie programmation de mon activité. Par voie de conséquence, ils vont considérer que ma charge va diminuer et donc, ils vont me faire faire de la logistique... Mais moi, je n'aime pas ça, je ne suis pas formé pour, je ne me vois pas évoluer vers des fonctions de gestionnaire logistique... ».
Je n'en pouvais plus. Mon mal-être professionnel, cumulé à l'attente de la restitution des tests effectués auprès de la psychologue, devenait nocif et dangereux pour mon organisme qui a tiré la sonnette d'alarme. En quelques semaines, j'ai perdu 5 Kg, mon mal de ventre est devenu quotidien, les extrasystoles ont signé leur résurrection, ce qui m'a valu par la suite de passer un autre électrocardiogramme. À ce sujet, il y a eu un soir où, après une journée bien perturbante, j'attendais patiemment le retour d'Anaïs. Les aiguilles de l'horloge indiquaient 20 h 30, j'étais installé sur le canapé, devant la télévision, armé de mon tricot afin de tenter de me changer les idées. J'espérais de cette manière pouvoir apaiser ces extrasystoles répétitives et la violente migraine qui venait de s'emparer de moi. Mais

mes maux devenaient de plus en plus présents, et j'ai commencé à éprouver un sentiment d'oppression, comme un poids sur la poitrine, accompagné de vertiges. J'ai eu beau respirer profondément en essayant de me détendre, ça ne passait pas. Sous le poids de l'inquiétude et me trouvant seul à mon domicile, j'ai alors contacté le 15. En décrivant mes symptômes au médecin, j'ai appris que j'étais victime d'une crise d'angoisse. Il m'a conseillé de prendre du paracétamol ainsi qu'un bain, tout en continuant de respirer calmement. Après m'être plongé dans l'eau chaude, la crise s'est atténuée. J'ai alors pris conscience de la situation et je me suis effondré. J'en étais là… submergé une fois de plus par mes émotions. Je n'étais pas capable de faire la part des choses et de garder des distances avec mon travail qui me nuisait profondément. « Pourquoi ? Pourquoi suis-je ainsi ? » Je m'en suis énormément voulu d'être encore une fois esclave de mes ressentis, au point de m'en rendre totalement malade. Le soir venu, et devant mon état de délabrement, Anaïs m'a vivement conseillé de prendre rendez-vous chez notre médecin qui m'a fourni un arrêt de travail pour deux semaines.

*

J'ai profité de cet arrêt pour investir ma peine dans la composition d'une musique qui raconte mon histoire. Je suis représenté par le piano qui joue dans les graves dès le début, et Anaïs, le piano qui joue dans les aigus et qui se fait entendre par la suite. Dans cette musique comme dans la vie, Anaïs vient me chercher et m'élève vers la réconciliation et l'apaisement. Vous pouvez écouter cette modeste composition via le QR Code ci-dessous, ou directement avec le lien URL.

Vers le chemin de l'harmonie :

URL :
https://drive.google.com/file/d/1yf19R0W0WhD07drKyDcYL3JQHG9xpAIB/view?usp=sharing

C'est justement pendant cet arrêt que la psychologue Emelina a repris contact avec moi afin de planifier un rendez-vous, dans le but de me restituer son bilan. C'est avec beaucoup d'émotion que j'y suis allé : j'allais enfin être fixé. Elle a relu avec moi son rapport complet d'une vingtaine de pages, ce qui m'a donné l'occasion de me découvrir au travers de ses yeux d'experte. Je me suis rendu compte qu'elle avait, lors des tests, noté l'ensemble de mes faits et gestes. Pour chacun d'eux, elle avait formulé une analyse expliquant pourquoi je réagissais de telle ou telle manière face aux exercices proposés. J'ai également apprécié ses transpositions dans ma vie personnelle qui m'ont permis de mieux comprendre l'origine de mes réactions.

Son rapport faisait état de mes différentes particularités comme l'hypersensibilité au bruit, l'hypersensibilité émotionnelle, ainsi qu'un mode de pensée en arborescence. En effet, sur le plan émotionnel, j'absorbe les émotions des gens. Si par exemple, je croise un membre de mon entourage qui vient à m'annoncer la mort de son chien, je vais à mon insu absorber ses émotions sans les maîtriser, et cela finira par se mélanger avec les miennes que je n'arrive déjà pas à gérer. Elle avait également précisé le repli sur moi-même, et le besoin d'isolement que je pouvais éprouver dans l'unique but de me protéger et m'aider à me sentir mieux et calmer mes angoisses. Bien sûr, depuis ce bilan, j'ai énormément progressé en accomplissant un travail d'envergure sur moi-même, et aujourd'hui, soit deux ans après cette restitution, les choses ont réellement évolué dans le bon sens.

Concernant le mode de pensée en arborescence, si vous ne savez pas de quoi il est question, imaginez-vous que dans mon esprit, une bonne idée va en faire germer plusieurs autres, qui elles-mêmes en feront naître plusieurs autres, etc. Cela explique pourquoi, lorsqu'on m'expose une problématique, je peux donner l'impression d'exprimer des choses incohérentes. C'est ce mode de réflexion qui reste pour moi le plus complexe à gérer. Au travail, je participe régulièrement à des projets avec quelques-uns de mes plus intimes collaborateurs. Il est fréquent que je parte très loin, parfois trop, dans mon raisonnement. Mes interlocuteurs ont souvent du mal à comprendre où je veux en venir. Je dois, dans ces moments-là, faire preuve d'acharnement afin de verbaliser mon approche et c'est justement l'une de mes plus grandes difficultés. Il est quelquefois compliqué, voire impossible de le faire, et je demeure la plupart du temps frustré de ne pas pouvoir justifier ma démarche. Je sais simplement que le fruit de ma réflexion est là, quelque part dans ma tête, mais je n'arrive plus à savoir par quel biais j'y suis parvenu. Je dois réaliser de gros efforts de concentration, d'autant plus qu'en parallèle, une partie de mon esprit continue toujours de raisonner sur le sujet d'origine. On m'a souvent fait remarquer, sur le ton de l'humour, que dans ces moments-là, je contrôle difficilement certains gestes stéréotypés. Par exemple, je peux me triturer les doigts dans tous les sens ; me basculer d'avant en arrière sur ma chaise ; me serrer la tête entre les mains ; ou encore cligner nerveusement des yeux tout en me raclant la gorge de manière intempestive. Cette surcharge émotionnelle me donne parfois envie de mordre très fort dans quelque chose afin d'évacuer un peu. Une personne qui n'aurait pas la patience de chercher à comprendre pourquoi j'en arrive à certaines de mes conclusions pourrait mal me juger et se dire que je suis à côté de la plaque ou que j'y mets de la mauvaise volonté. Ce mode de pensée présente aussi des aspects négatifs non négligeables. Quelquefois je pars tellement loin dans mon raisonnement, que je suis par avance découragé et dans l'incapacité de me lancer dans un projet.

Les tests ont permis de mettre en évidence un aspect que je trouve handicapant dans ma façon de penser. Lorsque je commence à structurer un raisonnement autour d'une idée, j'éprouve de grandes difficultés à en changer. Au travail, il est fréquent qu'un collaborateur vienne m'exprimer un besoin, pour finalement revenir dessus deux jours après alors que j'ai déjà tout planifié. Cette modulation, compliquée à effectuer, me fait généralement perdre tous mes repères entraînant stress et angoisses. Je dois, dans ces cas-là, prendre sur moi et modérer mes émotions, mais bien souvent les gens perçoivent mon mal-être et ma contrariété. Je peux dans ces moments-là devenir froid et austère. Modifier mon raisonnement est une source d'épuisement supplémentaire dont je me passerais bien. Sur ce point, le monde de l'entreprise, toujours en mouvement perpétuel, m'est clairement inadapté et hostile. Dans ma vie personnelle, je peux être confronté à ce genre de situation si par exemple nous entreprenons un chantier avec ma femme, et qu'au dernier moment, elle décide de le moduler. C'est aussi le cas si je dois l'accompagner dans les magasins. Ce type de déplacement doit être prévu plusieurs jours à l'avance. J'ai besoin de me préparer et de me projeter. Pour ce faire, je dois connaître les entrepôts que nous allons visiter et le motif.

Est-ce juste pour se promener ? Ce qui serait une bien drôle d'idée ne trouvez-vous pas ? Ou est-ce pour dénicher quelque chose de précis ? Grâce à cela, je peux me conditionner. Mais là encore, j'ai du mal à faire preuve de souplesse. Ainsi, si le jour venu Anaïs décide de manière impromptue de s'arrêter dans une boutique qui n'était pas au programme, je peux me refermer, me sentir stressé, angoissé et réagir sous forme d'une crise de colère. Nous avons connu bien des querelles à cause de cela. Aujourd'hui, nous avons trouvé des astuces : par exemple, si le cas se présente, elle ne m'oblige pas à l'accompagner, je peux l'attendre dans la voiture, au calme, avant de reprendre le fil conducteur de notre périple.

Au travail, j'ai quelquefois eu l'opportunité de collaborer avec deux personnes qui présentent sensiblement le même mode de pensée que moi. Harry, un ingénieur d'une quarantaine d'années et incontestablement HPI, ainsi que Bérénice, fortement suspectée d'être porteuse du syndrome d'Asperger, ancienne élève ingénieur en aérodynamique qui, après avoir découvert la programmation à mes côtés, a choisi de se réorienter dans l'informatique. Concernant ces deux personnes, il ne m'a fallu que quelques minutes pour comprendre à qui j'avais à faire. Instantanément, elles arrivent à suivre mon raisonnement à la même vitesse que moi. Les échanges s'avéraient d'une telle vivacité que les neurotypiques présents lors des réunions finissaient par en perdre leur latin et restaient pour la plupart bouche bée.

Quoi qu'il en soit, ce mode de pensée représente incontestablement une source de fatigue majeure. Aujourd'hui, et même dans mes loisirs, j'essaie de freiner mon mental dans l'intention de m'économiser la santé. Je dois lutter contre moi-même afin de ne pas sombrer dans un état d'épuisement profond au risque de m'effondrer et rester alité plusieurs jours.

L'obstination et la persévérance constituent également des traits caractéristiques du syndrome. Au même titre que beaucoup de mes semblables, je n'y échappe pas. Si je bute sur un obstacle, je recommence et continue jusqu'à ce que j'arrive à le franchir. Mon esprit entre dans une spirale infernale et perpétuelle. Le blocage se transforme en obsession incontrôlable qui occupe toutes mes pensées. Il me devient extrêmement difficile de songer à autre chose, plus rien n'existe autour de moi, je m'enferme dans une bulle, oubliant le reste du monde, et je boucle encore et toujours, tant que je n'ai pas atteint mon objectif. Mon mode de fonctionnement est similaire quand je me lance dans un nouveau projet. Qu'il s'agisse d'une activité manuelle, de travaux, ou même d'écrire ce livre, je me plonge dans une bulle me conduisant à un état presque second. C'est seulement lorsque je suis ainsi que je peux me concentrer et devenir productif. Le temps n'a plus de valeur, il peut alors m'arriver d'oublier de manger, et il n'est pas rare que je sorte momentanément de cette bulle pour me rendre compte qu'il est déjà minuit passé.

Si j'arrive de mon plein gré à m'extraire de cet état second, gare à celles et ceux qui chercheraient à m'en extirper en dépit de ma volonté. Lorsque je suis ainsi, le simple fait de venir m'adresser la parole ou me poser une question représente une véritable agression. Je deviens non réceptif aux propos de mon interlocuteur. Mon esprit continue de penser aux activités sur lesquels j'étais, je ne peux me concentrer sur autre chose. Dès les premiers instants de cette intrusion, je dois prendre sur moi. Je bous intérieurement, comme si mon corps était rempli de magma en ébullition qui ne demande qu'à jaillir. Je fais mine d'écouter, mais en réalité, c'est presque impossible. La seule chose que j'entends, c'est une voix qui résonne dans ma tête, sans arriver à comprendre le moindre mot, ou la moindre phrase.

Mon esprit continue malgré moi à réfléchir aux activités en cours, et je lutte difficilement pour ne pas perdre le fil de ma pensée. Si la situation perdure, me contraignant à ne pas pouvoir replonger au plus vite dans ma bulle, alors j'entre en éruption tel un volcan, mon énervement se manifeste par une colère colossale. Je deviens encore plus froid que d'ordinaire, et il n'est pas rare que j'envoie balader mon interlocuteur. Dans ces moments-là, ma femme me dit souvent : « C'est bon, tu n'es pas en train de jouer ta vie, arrête de te mettre la pression ! ». Indéniablement, mon cerveau est ainsi câblé. Aux dires des spécialistes, je peux m'améliorer, mais ce mode de fonctionnement fait partie intégrante de moi, je dois donc continuellement me battre contre moi-même. Anaïs reste malgré tout sensible à mes difficultés et sait faire preuve d'indulgence et de patience. Sur mon lieu de travail, beaucoup n'ont pas ces qualités, et ce genre de situation est délicate à comprendre et à accepter par certains coopérateurs.

*

À tous ceux qui pensent à tort que ces démarches auprès de spécialistes ne modifieraient rien à leur vie, croyez-moi, vous vous trompez. Ce jour-là, j'ai appris que le syndrome d'Asperger faisait véritablement partie intégrante de moi et que je présentais également un quotient intellectuel supérieur à la normale. Ce fut pour moi un soulagement, et telle une renaissance, c'est l'ensemble de ma vie qui allait amorcer un changement.

12

Maman, Papa, j'ai quelque chose à vous dire

Jusqu'à ce jour, j'avais choisi de ne pas communiquer à mes proches ma démarche. Seules ma femme et Ginette étaient dans la confidence. Alors que j'étais toujours en arrêt de travail, nous avons décidé, avec Anaïs, de rendre visite à mes parents le dimanche 17 juin 2018, jour de la fête des Pères. C'est vers 11 h que nous sommes arrivés devant chez eux, sous un ciel ensoleillé, armés de quelques tablettes de chocolat en guise de présent pour l'occasion. Avant d'entrer, nous avons convenu avec Anaïs d'être brefs afin de pouvoir regagner notre cocon au plus vite, dans l'optique de nous reposer. Mais voilà... Ce que j'avais à annoncer allait s'avérer bien plus difficile à dire que ce que j'aurais pu imaginer. Alors que mes parents parlaient de banalités, j'ai essayé tant bien que mal d'entamer ma déclaration, mais j'étais pétrifié. Dès qu'un blanc dans la conversation prenait naissance, je me disais : « C'est le moment, c'est maintenant... », puis la discussion amorçait une autre direction. Le temps passait vite et il était bientôt midi. Anaïs me regardait l'air de dire : « Mais qu'est-ce que tu attends ? ». J'ai finalement réussi à prendre sur moi, bien que terriblement mal à l'aise, et c'est le cœur battant que j'ai commencé par leur dire :

« Maman, Papa, j'ai quelque chose à vous dire ».

J'ai rappelé que, depuis tout petit, je me sentais différent. J'ai énuméré l'ensemble des faits marquants de ma vie, en citant des exemples. Comme lorsque j'étais enfant et que je m'impliquais frénétiquement dans un nouveau centre d'intérêt, mon père lançait souvent d'un air blasé : « Tiens, encore une lubie... ». Il ne comprenait pas le besoin viscéral que j'éprouvais, ce besoin de stimulation, de concentration, ce besoin d'explorer et de repousser perpétuellement mes limites. Ces centres d'intérêt représentaient pour moi une bouée de sauvetage, une nécessité incontrôlable me permettant, je pense, de réduire considérablement mon anxiété et mon stress. J'ai également donné en exemple la période où je jouais de la guitare plus d'une trentaine d'heures par semaine...

Petit à petit, j'ai décrit mon mal-être ainsi que celui d'Anaïs qui devait me supporter au quotidien, pour en arriver à leur annoncer que je m'étais rapproché d'une psychologue spécialisée en troubles autistiques et que j'étais vraisemblablement porteur d'un syndrome appelé « syndrome d'Asperger ». Ils m'ont écouté attentivement. Je me souviens encore de mon père qui me fixait sans mot dire affichant un regard livide. Ma mère, assise sur une chaise, le dos bien droit, esquissait un sourire compatissant sans véritablement comprendre de quoi il était question. Comme beaucoup de gens, mes parents ne connaissaient pas ce syndrome. J'ai alors dû brièvement leur expliquer, toujours au travers de mon histoire, les particularités de cette population de personnes. Nous avons beaucoup discuté et l'heure tournait sans que nous ayons pu nous en rendre compte. Il était maintenant 13 h et n'ayant pas prévu de nous recevoir pour le déjeuner, ma mère a sorti deux boîtes de maquereaux à la moutarde avec du pain en guise de repas, certes frugal, mais avant tout chargé en émotions.

J'ai répondu à quelques-unes de leurs questions et ils ont vu renaître des souvenirs les conduisant à peu près tous au même bilan. Ils ont finalement toujours été conscients de mes particularités, sans pour autant penser que ça pouvait me générer un mal-être. Pour eux, c'était ma personnalité, j'étais ainsi, un enfant discret et passionné par tout ce qu'il décidait d'entreprendre. Mon père, accusant le coup de la nouvelle, s'est mis à nous raconter une anecdote dont j'ignorais l'existence. Lorsque j'étais au collège, en classe de quatrième, ma deuxième quatrième à la suite de mon redoublement, mon professeur principal, Philippe, n'était autre qu'un ami proche de ma tante Brigitte, la sœur de mon père. À cette époque, il n'était pas rare que nous croisions le chemin de ce professeur dans des repas festifs organisés par ma tante. Ainsi, mon père a commencé son anecdote d'un air quelque peu coupable :

« Finalement, de toute ta scolarité, il n'y a qu'une seule personne qui nous a prévenus, c'est le seul qui l'ait vu...
— De quoi parles-tu papa ? lui ai-je dit, ne comprenant pas de quoi il était question.
— Et bien, lorsque tu étais en quatrième, Philippe, ton professeur et ami de tata Brigitte, lors d'une soirée, il nous a prévenus, et nous, nous n'avons pas su l'écouter... m'a-t-il répondu d'un air presque abattu, tu te souviens chérie ? a-t-il demandé à ma mère.
— Mais qu'est-ce qu'il vous a dit ?
— Lors d'une soirée chez Brigitte, il est venu nous voir pour nous dire : "Écoutez, Mathieu doit avoir un problème, dans

la cour, il est souvent seul, en classe, lorsque nous faisons un travail en groupe, il ne participe pas, il reste dans son coin, il est complètement renfermé sur lui-même, il doit avoir un problème…". Mais ta mère et moi n'avons pas su l'écouter, nous avons même pensé : "Mais quel imbécile celui-là, il n'est pas net…", mais finalement, il avait raison, c'était le seul à l'avoir vu… ».

Quelque part, cela m'a rassuré de voir qu'au moins l'un de mes professeurs avait été en mesure d'identifier cette différence. Je pense que c'est grâce au lien affectif qu'il entretenait avec ma tante que son œil était plus attentif à mon égard. Sans cela, je n'aurais été pour lui, comme ce fut le cas pour tous mes enseignants, qu'un simple élève parmi tant d'autres. Sur ce coup-là, et sans leur jeter la pierre, mes parents n'ont pas su l'entendre et ont été blessés, indignés devant de tels propos. J'imagine combien il doit être difficile d'admettre que son enfant est différent. Beaucoup ont tendance à se voiler la face et à minimiser les faits, au même titre que mes parents ont pu le faire avec moi. Hélas, ces réactions vont à l'encontre du bien-être de leur progéniture qui souffre peut-être en silence sans même être capable de le dire. D'autres se rassurent en conduisant leur enfant devant des psychologues. Malheureusement, s'il n'est pas spécialisé dans le syndrome, il ne leur sera pas d'une grande utilité. Des psychologues, j'en ai croisés plusieurs et aucun n'a véritablement été en mesure de m'aider.

Quoi qu'il en soit, mon parcours scolaire témoigne des lacunes dans notre système d'éducation en voie de saturation. Je pense qu'en l'état actuel, les enseignants ne disposent pas des moyens nécessaires pour réellement prendre le temps de s'intéresser à leurs élèves. Nous fermons des écoles, nous surchargeons les salles de classe, alors qu'il faudrait, à mon sens, les alléger le plus possible afin d'adapter au mieux les méthodes. Ce problème-là est pointé du doigt depuis des années, et certains n'ont pas hésité à s'investir dans des systèmes d'enseignement parallèles dont l'éducation nationale devrait immanquablement s'inspirer.

Voyant que la culpabilité commençait à s'emparer de mes chers parents, je leur ai proposé sous forme de jeu d'effectuer le célèbre test en ligne, l'Aspie-Quizz. Je connaissais par avance le verdict et savais pertinemment que ma mère était elle-même porteuse du syndrome, du moins, elle en présentait toutes les caractéristiques. Les résultats n'ont fait que confirmer mes suppositions, ce n'était pour moi pas une surprise. Ma mère, quant à elle, a pris ça avec légèreté. Néanmoins, depuis ce test et nos échanges, elle comprend tout de même mieux certaines de ses difficultés, et nous raconte régulièrement quelques anecdotes en nous disant : « Bon et bien ça, c'est Asperger de toute façon... ».

*

Je sais qu'aujourd'hui mes parents culpabilisent de ne pas m'avoir apporté l'aide dont j'aurais dû bénéficier. Je pense que c'est le chapitre le plus adapté pour vous dire, papa, maman, que j'imagine à quel point il peut être difficile d'être parents.

Papa, je sais que tu aurais aimé que mes résultats à l'école soient d'une excellence constante. Je me souviens de ce jour où, sous le poids de la colère, tu as exprimé ton mal-être en entendant tes collègues de travail exhiber les bulletins de leurs enfants, aux notes et appréciations miraculeuses. Tu vivais, je pense, cela comme un échec personnel. Je garde également en mémoire ce jour où j'étais adolescent et en couple avec Charlène. Tu as tenu des propos qui m'ont terriblement blessé et j'ai laissé éclater ma peine et ma colère. En te rendant compte de ta maladresse et de la souffrance que tu venais de me causer, tu m'as alors serré fort dans tes bras. C'est l'une des rares fois où nous avons eu ce genre de contact, et j'en conserve un souvenir intense. Tu n'avais à l'époque peut-être pas conscience des qualités et du potentiel que j'avais. Sache que je ne t'en veux pas d'avoir parfois été un peu dur dans ces moments-là. Aujourd'hui, qu'il s'agisse de ma vie personnelle, professionnelle, ou même des travaux que j'ai pu réaliser dans la maison, je vois au fond de tes yeux à quel point tu peux être fier de moi et de ma réussite.

Maman, le premier souvenir qui me vient remonte à mon plus jeune âge. À l'heure de faire la sieste, tu étais toujours présente à mes côtés pour me passer ta main douce et légère dans les cheveux, tout en me chantant des berceuses, le plus souvent : « Une chanson douce ». Je me souviens également que, jusqu'à mes dix ans, je ne pouvais sortir dans la rue sans te tenir la main. Cela me rassurait et me permettait de calmer mes angoisses. Le jour où j'ai cessé de le faire, tu as eu l'impression que ton petit garçon ne t'aimait plus autant qu'avant et qu'il s'éloignait de toi. Mais cela n'avait rien à voir, car c'est toi qui avais su, au fil de nos escapades, me mettre en confiance et m'aider à vaincre mes peurs. Je n'ai pas compris pas non plus pourquoi tu avais choisi d'arrêter de travailler au bout de treize années de labeur. Tu disais être fatiguée. Aujourd'hui, après la même période d'activité que toi, je te comprends mieux que quiconque, car je vis la même situation que toi. Le travail en entreprise représente une immense source d'épuisement, il est primordial de penser à sa santé avant tout. J'ai également le souvenir qu'à la maison, tu criais souvent et tu t'emportais parfois pour des choses que nous trouvions futiles. Aujourd'hui, en ayant connaissance de ce syndrome, je comprends que toi aussi, tout comme moi, tu avais du mal à appréhender et gérer tes émotions. Je sais que maintenant tu as trouvé ta voie en aidant les autres et que cela t'aide beaucoup.

Sachez tous deux que je garde en moi l'ensemble de nos moments passés, les pires comme les meilleurs. Vous avez su me pousser à sortir de ma zone de confort, et ainsi faire en sorte que je m'ouvre un peu plus au monde extérieur. Je ne regrette rien de mon parcours et vous pardonne vos quelques maladresses qui malgré tout, font de moi la personne que je suis devenue aujourd'hui.

Maman, papa, avant de clôturer ce chapitre, il me semble important de vous adresser un message que je n'ai jamais eu le courage de vous dire jusqu'à ce jour : « Je vous aime ».

13

L'annonce au travail

Mon arrêt maladie est arrivé à échéance, et compte tenu des difficultés qui s'étaient présentées à moi au travail, j'ai demandé à Emelina, la psychologue, de me rédiger une lettre à destination de mon employeur en vue d'expliquer mes particularités. Elle a ainsi couché sur le papier quelques informations cruciales concernant mes différentes singularités, en livrant également les clés de la réussite pouvant me permettre d'œuvrer dans de bonnes conditions.

De prime abord, les prérogatives étaient assez simples : un bureau au calme, un cadre et des missions bien définies, la mise en place d'un réseau d'interlocuteurs privilégiés qui assureraient un rôle de point focal, favoriser les contacts par courriel dans l'intention de limiter les relations sociales qui sont sources d'épuisement. Dans les faits, cela s'était avéré presque impossible à réaliser.

Le jour de ma reprise d'activité, mon responsable avait pour obligation de m'attendre à mon bureau afin de m'ordonner instamment de me saisir de mes affaires et de déménager au rez-de-chaussée, là où je ne voulais surtout pas me retrouver, à cause du bruit, du passage, et des conditions de travail inadaptées. Régis a alors immédiatement lu la lettre en concluant : « Ah d'accord ! ceci explique cela… ».

Je lui ai ensuite exprimé mes difficultés. Nous avons discuté plus d'une heure trente durant laquelle je me suis totalement mis à nu. À la suite de ça, il m'a recommandé de rester à mon bureau, et qu'il allait voir comment gérer la situation. Le jour même, j'ai appris par plusieurs collègues que, pendant mon arrêt maladie, la direction avait annoncé ma mutation vers le service logistique. Ce qui n'était avant mon absence qu'une simple rumeur était finalement devenu réalité, et j'en étais le dernier informé.

Cette missive de la psychologue a eu, je pense pouvoir le dire, l'effet d'une bombe. Tous étaient démunis devant cette révélation, j'ai alors eu un entretien personnel avec le directeur local. Nous avons discuté pendant presque trois heures. Je me suis là encore mis à nu en dévoilant peut-être trop de choses sur ma vie et mes difficultés professionnelles. Afin d'illustrer mon état émotionnel face à la situation au travail, je lui ai raconté la lourdeur de ma peine causée par la perte, quelques jours auparavant, de notre chien Théo, âgé de treize ans. Pour autant, je n'avais pas versé la moindre larme. Avec son grand âge et sa santé en déclin, nous savions qu'il allait partir. Cependant, je lui ai précisé qu'en apprenant que mon changement hiérarchique avait été orchestré pendant mon arrêt maladie, je m'étais alors totalement effondré. Dernier informé de la situation, j'avais clairement le sentiment d'avoir été trahi, et le flou artistique qui régnait autour de mes fonctions demeurait intact. Le directeur s'est montré très sensible à cette comparaison et m'a témoigné de son amour inconditionnel et dévoué envers la race canine en effectuant à son tour le récit d'une partie intime de sa vie. À mesure que cet homme, au costume bien taillé et aux responsabilités considérables, me contait son passé, j'ai pu voir ses yeux s'emplir de larmes. Il a ensuite tenté de justifier sa prise de décision drastique en me décrivant ses motivations. Selon lui, l'origine de ma détresse professionnelle était causée par la négligence de mon manager. Régis ne m'aurait pas offert l'écoute nécessaire et n'aurait pas vu que je n'allais pas bien. Par conséquent, je devais immédiatement pouvoir bénéficier d'un manager digne de ce nom, et ce, dès ma reprise.

J'ai presque été choqué d'entendre ses propos. Ce que j'appréciais chez Régis, en plus de son écoute attentive et bienveillante, c'est qu'il n'était pas intrusif, et me laissait en totale autonomie. À ses yeux, et comme il le disait souvent, je constituais une entreprise dans l'entreprise, une sorte de PME à moi tout seul. Ce qui pouvait être perçu pour un manque d'implication me correspondait parfaitement. Je pouvais piloter mon activité et garder le contrôle, ce qui me permettait de m'organiser en limitant mes angoisses. Cependant, et avec du recul, je me rends compte que j'étais à cette époque dans l'incapacité de comprendre et de verbaliser mes ressentis. J'étais donc quelqu'un de difficile à manager. Je pouvais par exemple laisser transparaître un flegme imperturbable, alors qu'intérieurement mon corps agonisait sous le stress ou la charge de travail. J'ai mis beaucoup de temps à décrypter ce qui se passe en moi. Verbaliser mes émotions et mes ressentis n'est pas des plus simple. Si j'avais su le faire avant, les choses n'auraient peut-être pas pris autant d'ampleur. Cette situation a eu un impact significatif dans les événements professionnels survenus par la suite.

Mon changement hiérarchique et ma délocalisation ont momentanément été gelés, grâce à Régis qui a pris la situation très au sérieux. On n'a tout de même pas manqué de m'informer que je devrais, quoi qu'il arrive, quitter mon office, et être rattaché au service logistique sous la houlette de Blanche. En attendant, j'ai souhaité aviser mes quelques plus proches collègues de la prise de conscience de mon mode de fonctionnement. Ces personnes jouent un rôle d'intermédiaire essentiel dans mon quotidien professionnel. En effet, dans l'entreprise, si beaucoup connaissaient mes aptitudes dans le domaine de l'informatique, bon nombre de collaborateurs venant me voir sont repartis frustrés devant mon mutisme ou mon incapacité à comprendre leur besoin. C'est donc grâce à ces quelques alliés avisés de mon fonctionnement que les choses ont pu devenir plus fluides. Ils ont développé une certaine méthodologie qui leur permettait de traiter avec moi. Ils ont, à force de persévérance, réussi à appréhender mes différences et savent que pour que je puisse assimiler un besoin, il est important de le formaliser sur papier en décrivant la problématique de manière séquentielle et chronologique. Je peux parfois bloquer sur certains détails et poser des questions qui pourraient paraître décalées ou futiles. Je peux également être totalement paralysé, dans l'incapacité d'écouter mon interlocuteur s'il subsiste des imprécisions dans mon esprit. Il m'est déjà arrivé de voir des gens sortir de mon bureau extrêmement contrariés, pensant que j'y mettais sciemment de la mauvaise volonté alors que j'essayais simplement d'éclaircir quelques zones sombres. Grâce aux précieux collègues qui me comprennent, ma différence est utilisée à bon escient, dans des conditions bienveillantes et optimales. C'est ainsi que je peux libérer pleinement mon potentiel. Ce travail en équipe nous permet d'accomplir de grands projets, où nous pouvons tous compter sur le soutien de chacun. Merci à ces personnes pour leur patience et leur sens de l'humain qui, malheureusement, dans le monde actuel, devient une qualité rare.

Lors de mon annonce, aucun d'eux n'a été surpris en apprenant que je souffrais d'un trouble autistique. Tous m'ont expliqué avoir perçu quelque chose de différent, et chacun d'eux, en fouillant dans ses mémoires, m'a donné des exemples de situations qui lui avaient laissé penser ça. Je me souviens de ma collègue Éloïse, que j'apprécie sincèrement et qui m'a dit : « Ah !!! Mais c'était ça alors, le truc ! ». En effet, depuis plusieurs années, j'ai souvent eu l'occasion de travailler avec elle, et nous avons accompli de magnifiques projets. Mais quelquefois, nous avons eu de légers accrochages émanant de certaines incompréhensions. Je garde en mémoire ce jour où elle a violemment interrompu un point que nous faisions, et est repartie contrariée en me déclarant d'un air agacé : « Pfffffff, tu n'es vraiment pas facile, sans déconner. »

Parmi ces collègues se trouvait Gregory, un apprenti qui œuvrait au service logistique, sous la responsabilité de Blanche, ma « peut-être » future manager. Ce jeune et élégant bipède, plutôt de nature discrète, arrivait en fin de contrat. Il m'avait déjà sollicité à plusieurs reprises afin que je puisse l'aider à mettre en place des outils informatiques. J'ai immédiatement constaté qu'il semblait bien comprendre les rouages de la programmation, et l'ai alors incité à s'investir sur ce sujet. Voyant son intérêt grandissant pour le développement, et compte tenu de l'impossibilité de l'embaucher en CDI, j'ai suggéré à Blanche de le garder avec nous en tant qu'intérimaire. C'est de cette manière que Gregory est venu travailler avec moi pendant un an et demi. Blanche m'a également informé qu'elle avait demandé une ouverture de poste d'apprentissage pour la rentrée 2019, mais que son service n'en ressentait plus la nécessité. Elle m'a proposé de récupérer le poste afin de recruter un apprenti, là encore pour m'épauler et ainsi me permettre d'épurer ma charge. Cette suggestion m'a semblé intéressante, j'y ai vu là une occasion de gagner en expérience, j'ai donc accepté. J'ai dû identifier la formation la plus adaptée à mes besoins. Après avoir effectué quelques recherches, j'ai fait modifier l'annonce d'ouverture de poste pour cibler le BTS Service Informatique aux Organisations.

J'ai par la suite recueilli plusieurs curriculum vitae et lettres de motivation, avec pour objectif de sélectionner quelques candidats à convoquer. C'est accompagné de Blanche que j'ai reçu les candidats en entretien. Après chacun d'eux, nous réalisions un bilan afin d'échanger notre ressenti sur le profil entrevu. J'ai été rassuré de constater que ma perception des prétendants semblait en accord avec la sienne. Après avoir accueilli quatre postulants, nous n'avons finalement retenu personne. J'ai discuté de la situation avec Anaïs qui s'est souvenue que l'un de ses clients souhaitait reprendre ses études dans l'informatique. Elle m'a expliqué que ce jeune, à qui elle coupait les cheveux depuis des années, affichait un calme olympien perpétuel. Il lui paraissait posé, visiblement patient et surtout motivé pour démarrer sa formation. Anaïs et moi l'avons donc contacté par téléphone et avons eu la bonne surprise d'apprendre qu'il ciblait justement le même diplôme que celui que j'avais identifié. C'est quelques jours plus tard que nous l'avons reçu en entretien. J'ai alors découvert Vivien, un colosse de plus d'un mètre quatre-vingt-dix, âgé de vingt-huit ans. Il semblait effectivement relativement calme et posé, mais les tremblements de ses mains et sa voix fébrile laissaient quelque peu transparaître son anxiété. Blanche et moi avons été tous deux conquis par son profil et l'avons officiellement retenu.

*

Juillet et août se sont écoulés sans que je puisse obtenir les certitudes que j'espérais concernant l'avenir de mon poste. J'étais toujours préoccupé par le discours destructeur du grand directeur qui avait eu lieu quelques mois auparavant. De manière générale, je ne supporte pas l'attente et l'ambiguïté. Je suis pourtant quelqu'un de patient, mais ce contexte professionnel générait chez moi une frustration maladive et cultivait mes ruminations. Je subissais de plus en plus la désorganisation autour de mes activités. Certains utilisateurs ne me sollicitaient pas directement et passaient par de tierces personnes qui essayaient, en toute bienveillance, de résoudre les problèmes. Malheureusement, la complexité du système informatique était telle que de nouvelles maladresses ont souvent été commises lors de ces tentatives.

Face à cette nouvelle situation encombrante, j'ai une fois de plus avisé mon manager Régis de tous ces dysfonctionnements. Il a tenté d'y remédier en défendant ma cause, mais je pense qu'il devait se sentir bien seul. La restructuration en cours désorientait tout le monde. Il n'arrivait pas à inverser la tendance et, de mon côté, je ne constatais aucune évolution. Le contexte devenait de plus en plus difficile, et, comme à chaque fois, mon corps m'a rappelé à l'ordre en repoussant un peu plus les limites, avec cette fois-ci une multitude de signaux encore jamais perçus. J'ai commencé par constater des poussées d'eczéma autour des yeux puis sur les bras, accompagnées de douleurs intercostales. Bien sûr, les inconditionnels, extrasystoles et maux de ventre quotidien, n'auraient pour rien au monde voulu manquer cette occasion de se manifester. Je me serais bien contenté de ces quelques désagréments, mais je fus également pris de violents vertiges rotatoires. Ce fut pour moi « la grande nouveauté de 2018 ». Ces crises sont survenues plusieurs fois dans la semaine. Tout se mettait à tourner et même en fermant les yeux en position allongée, j'avais toujours l'impression d'être en mouvement. La nausée s'emparait de moi, et mon corps transpirait abondamment.

Aucune posture ne me permettait d'arranger la situation et il m'était impossible de me tenir debout sans risquer de chuter. Après les crises, j'ai eu pendant plusieurs jours la désagréable sensation de fonctionner au ralenti, d'être là sans l'être réellement.

Je pris rendez-vous chez mon médecin qui semblait prendre ça très au sérieux. Je ne sais pour quelle raison, il a posé son stéthoscope sur mes carotides dans l'intention d'entendre l'afflux sanguin. Il s'est montré insistant et ne cessait de comparer l'artère droite avec la gauche, en écoutant une fois l'une, puis l'autre. Sans rien me dire, il s'est armé de son téléphone pour solliciter l'avis d'un médecin ORL :

« Bonjour, je t'appelle afin d'avoir ton avis. Je suis avec un patient qui présente des vertiges rotatoires. À l'auscultation, j'ai relevé un souffle carotidien, est-ce que tu crois que la cause pourrait être d'origine centrale ? ».

Le mot « centrale » m'a fait instantanément penser à un problème en lien avec le cerveau. Après avoir raccroché, il m'a expliqué la situation. D'après lui, il était fort probable que mes étourdissements puissent être liés à l'oreille interne, mais ce souffle qu'il venait de déceler semait le doute. Mes vertiges pourraient également être causés par un manque d'afflux sanguin au niveau du cerveau ayant pu entraîner un accident vasculaire cérébrale ischémique. Il a contacté en urgences plusieurs spécialistes pour m'obtenir des rendez-vous dans les plus brefs délais. Deux jours après, j'ai consulté un angiologue pour une échographie de la carotide, un neurologue, et passé une IRM. L'ensemble de ces examens ont permis d'exclure la piste la plus grave, confirmant qu'il s'agissait donc d'un problème en lien avec l'oreille interne. Une fois de plus, la conclusion du docteur revenait à dire que mon état était principalement causé par mon stress et mon anxiété. Il m'a donc préconisé de voir un médecin ORL, et surtout de prendre des distances avec le travail afin de me préserver.

*

J'ai pensé que la simple lettre de la psychologue permettrait d'apporter les quelques aménagements nécessaires à mon équilibre professionnel. Je fus forcé de constater que, malgré cette missive et la bonne volonté de tous, la situation n'évoluait pas. Devant ce manque d'intérêt, Hygie, membre de l'équipe médicale, m'a conseillé vivement d'aller au bout de ma démarche en sollicitant la Maison Départementale des Personnes Handicapées (MDPH), dans l'intention d'obtenir une Reconnaissance en Qualité de Travailleur Handicapé (RQTH). Bien qu'elle m'ait expliqué que cela m'offrirait un gain certain de crédibilité, je n'avais pour ma part jamais envisagé d'en arriver à cet extrême.

C'est en discutant de la situation avec une collègue que je me suis laissé convaincre. À l'époque des faits, elle était employée en tant que manutentionnaire dans une autre entreprise et souffrait d'une épicondylite causée par les gestes répétitifs de son métier. Son quotidien en pâtissait terriblement. Elle devait prendre des antidouleurs en complément de séances de rééducation chez le kinésithérapeute. Depuis des années, elle exprimait ses difficultés et implorait son responsable, ainsi que la direction, de lui confier un autre poste lui permettant de limiter ces gestes devenus handicapants. À aucun moment son employeur de l'époque n'a fait l'effort de l'écouter. Elle a alors effectué une demande de reconnaissance de maladie professionnelle contraignant ainsi l'entreprise à la reclasser sur un nouveau métier.

Afin de me faire aider dans ma démarche, il m'a semblé judicieux de me rapprocher de personnes compétentes. C'est dans ce contexte que j'ai contacté l'association Autisme Vienne. J'ai ainsi eu l'occasion de rencontrer Michel, le vice-président, ainsi que sa femme, eux-mêmes parents d'un fils porteur du syndrome. J'ai expliqué mes difficultés au travail et ils en sont venus à la même conclusion que Hygie, je devais demander une RQTH si je souhaitais être pris au sérieux. Je suis reparti de ce rendez-vous avec bien plus de renseignements que je ne l'avais espéré. En arrivant le soir, j'ai immédiatement imprimé les formulaires nécessaires dans l'intention de les remplir. Mon médecin a eu un volet à compléter et signer avant que je ne puisse poster mon dossier. D'ordinaire, les temps de traitement sont plutôt longs avec une moyenne de six mois d'attente. J'ai dû déposer le mien au bon moment puisque, par chance, j'ai reçu une réponse positive en octobre, seulement trois mois après.

*

Sur la même période au travail, Gregory et moi avons accueilli notre nouvelle recrue Vivien, qui a effectué sa rentrée en août en tant qu'apprenti. Afin de bien resituer le contexte, Gregory était hiérarchiquement rattaché à Blanche, et Vivien, bien que je sois officiellement son maître d'apprentissage, dépendait de mon manager Régis. Pour ma part, je n'étais que leur simple collègue-technicien. Cependant, notre activité en lien avec l'informatique demeurait difficile à appréhender pour leurs managers qui connaissaient mal cette activité transversale. De ce fait, pendant toute la période d'activité de Vivien et Gregory, c'est moi qui ai endossé le rôle de « pseudo » responsable. Je pilotais l'intégralité de leur charge et gérais leurs difficultés.

Par exemple, lorsque certains participants à leurs projets manquaient d'engagement, je m'occupais de communiquer auprès des équipes concernées afin d'argumenter pour réussir à les impliquer. Il m'est également arrivé d'effectuer quelques rappels à l'ordre, mais rien de bien méchant. Ils ont fini par m'appeler « Chef », ce qui me froissait légèrement puisque ce titre ne faisait pas partie de mes fonctions.

Je me suis en premier lieu chargé de leur formation dans l'intention de les faire monter en compétence dans le domaine de la programmation. Je leur attribuais des tâches de manière progressives et me tenais à leur disposition tout au long de leur avancement sur le projet. Nous échangions concernant la façon dont ils souhaitaient aborder les sujets. J'écoutais leur avis et je donnais le mien. Comme expliqué en amont, mon esprit créatif et mon mode de pensée en arborescence représentent l'un de mes problèmes majeurs puisque j'ai souvent tendance à trop vouloir en faire. Travailler avec eux me permettait donc d'avoir une opinion supplémentaire et ainsi modérer mon imagination. Cela me permettait aussi de déléguer certaines activités. Avant leur arrivée, lorsque je démarrais le développement d'un outil informatique, je ne savais pas me contenter de mes connaissances déjà acquises. Je cherchais perpétuellement à repousser mes limites, à apprendre de nouvelles choses toutes plus sophistiquées les unes que les autres. Mon mental très friand de ces hyperstimulations en ressent presque la nécessité. Je pouvais effectuer des heures d'investigation afin d'enrichir mes compétences et optimiser toujours plus mon travail, ce qui finalement me coûtait énormément en investissement et en énergie. L'avantage avec Gregory et Vivien, c'est que je pouvais leur déléguer ces activités pour lesquelles je savais que je partirais bien trop loin. Ainsi, lorsque je leur demandais de s'atteler à une tâche, ils s'exécutaient le plus simplement possible pour un résultat tout aussi efficace. Je m'efforçais de ne pas être intrusif en leur laissant le temps de travailler en autonomie et à leur manière.

Cette expérience fut l'une des plus riches de ma vie professionnelle. Nous avons passé d'excellents moments avec beaucoup de rires en nous contant des tirades de films cultes ou des répliques tirées des caméras cachées de François Damiens. Il nous arrivait également de temps à autre de déjeuner ensemble. D'ordinaire, je préfère prendre mon repas seul dans mon véhicule. J'ai besoin de m'isoler afin de me retrouver au calme, mais avec eux, j'ai découvert le plaisir occasionnel de manger au restaurant entre collègues. Ils ont réussi à me mettre en confiance, et n'ont jamais su que c'était uniquement grâce à eux que j'ai pu y parvenir. J'ai bien conscience que pour eux, travailler avec moi n'a pas toujours été facile. Appréhender mes humeurs est une chose relativement difficile à maîtriser, mais ils ont rapidement appris à identifier le bon moment pour me solliciter. Le contexte professionnel incertain n'arrangeait rien à la situation qui pesait sur mon quotidien. Certains jours, nous n'échangions pas un mot, car j'étais dans l'incapacité d'y parvenir. Je sais que parfois ils auraient bien voulu obtenir instantanément des réponses à leurs questions, mais ils ont systématiquement respecté mes silences en faisant preuve de patience et je les en remercie.

*

Courant octobre, j'ai croisé Blanche au détour d'un couloir qui m'a transmis des informations concernant mon changement d'emplacement dans l'entreprise. Car oui, il était toujours prévu que je lègue mon espace au profit d'un autre service qui souhaitait se l'approprier. Elle m'a appris qu'un bureau allait se libérer dans une zone calme et, cerise sur le gâteau, qu'il serait même jouxté par un local, une sorte de débarras, pouvant être aménagé afin de créer une petite salle de réunion. Elle m'a parlé également d'un problème de cloison. Je n'ai pas tout compris, mais qu'importe, puisqu'elle avait évoqué la possibilité d'effectuer des travaux de restructuration. L'espoir renaissait enfin en moi, nous allions vraisemblablement pouvoir jouir d'un espace de travail adapté.

C'est donc le mardi 30 octobre 2018 que Gregory, Vivien et moi avons eu l'occasion de le visiter, accompagnés de mon manager Régis et d'un prestataire chargé des travaux. Arrivés sur place, nous avons découvert un bureau sans porte, au cloisonnement presque illusoire, confectionné à partir de planches posées à la verticale qui s'arrêtaient à cinquante centimètres du plafond. Nous avons appris que ce bivouac avait été érigé dans l'urgence, quelques mois auparavant, afin de recevoir des stagiaires que l'entreprise ne savait où loger. Je fus relativement consterné de constater l'état de l'espace proposé. Blanche avait évoqué la possibilité de réaliser des aménagements, j'ai donc naturellement tenté de me projeter en demandant s'il était possible d'installer une porte ainsi que des cloisons qui puissent joindre le plafond. Le prestataire, lassé de devoir modifier perpétuellement les infrastructures, a questionné mon responsable : « Moi je veux bien tout ce que vous voulez, mais bon... Je sais très bien comment ça se passe, on réaménage des bureaux tous les six mois, on n'arrête pas de faire et de défaire... Donc, pour combien de temps vont-ils rester ici ? ».

J'ai moi-même mis l'accent sur ce sujet en précisant à Régis que si je devais encore changer dans six mois, cela me deviendrait insupportable. Malheureusement, il est resté muet comme une carpe, et je pense que ni lui, ni personne ne pouvait avoir de certitudes sur ce point. Nous avons vraiment eu l'impression qu'il fallait dépenser le moins possible dans nos aménagements, chose que je peux comprendre, mais il y a tout de même un minimum pour permettre de travailler dans de bonnes conditions. Ainsi, en réponse à mes demandes d'aménagement, on nous scandait systématiquement le même argument : « Pourquoi voulez-vous fermer le bureau avec une porte et des cloisons ? C'est très calme ici ! Les gens des bureaux voisins sont souvent en déplacement, il n'y a presque jamais personne... ». Nous avons ressenti une forte pression pour tenter de nous convaincre d'accepter ce clapier en l'état, ce qui nourrissait en chacun de nous un puissant sentiment d'injustice. Plus mon chef argumentait, et plus je sentais mes émotions m'envahir, j'étais au bord des larmes. Concernant l'espace inexploité, celui qui, aux dires de Blanche, aurait pu faire office de salle de réunion, les usagers du secteur n'ont finalement pas souhaité s'en priver, et nous ont interdit de nous approprier la zone. J'étais consterné : d'après ce que nous avions pu constater, hormis des cartons vides, des planches de bois et quelques dossiers, rien ne justifiait le maintien de ce désordre.

J'ai également rapidement constaté que, contrairement à ce que l'on m'avait dit, l'emplacement n'était pas si calme que ça. Situé au premier étage, juste au-dessus de la zone des réceptions expéditions, j'ai pu entendre à plusieurs reprises lors de notre visite les retentissements stridents des chariots élévateurs en pleine manœuvre : « Bip Bip Bip Bip Bip... ». De plus, ce bureau, implanté au milieu du service commercial, se trouvait être à l'opposé de mon secteur d'affectation. Même s'il est vrai que je travaille la plupart du temps depuis mon office, il n'est cependant pas rare que je sois dans l'obligation de me déplacer au poste de certains utilisateurs afin de les dépanner. Pour m'y rendre, j'aurais alors dû sillonner toute l'usine à pieds, en empruntant un immense couloir, artère principale, dans lequel se situent plusieurs machines à café, lieu fortement convoité et toujours bondé. Cette zone est l'une des plus anxiogènes que je puisse connaître. Il est presque impossible de la traverser sans risquer de se faire alpaguer. À chaque fois que je suis forcé d'y accéder, je frôle l'attaque de panique. En général, je baisse la tête et je fonce. Mais, face à cette problématique, on m'a soumis une solution toute trouvée : « Tu n'auras qu'à passer par l'extérieur ». Effectivement, il est très pratique en plein hiver ou les jours de pluie, de prendre son manteau, écharpe, parapluie, afin de longer toute l'usine depuis l'extérieur dans l'unique but de se rendre au poste d'un salarié...

Paradoxalement, face à cette distance, l'une de mes plus grandes craintes était de tomber dans l'isolement le plus complet. Plutôt curieux de la part d'un Asperger, non ? Laissez-moi vous expliquer. Lorsque je suis plongé dans mon travail, je perds totalement la notion du temps. J'œuvre sans compter en oubliant parfois que mon corps a des besoins. Il est fréquent que certains proches collaborateurs viennent me rendre une visite impromptue. Je suis certes contraint de stopper momentanément mes activités, mais même si c'est souvent difficile, cela me permet de prendre une pause tout en gardant un lien social avec des personnes que j'apprécie sincèrement. En étant délocalisé au fin fond de l'entreprise, je savais pertinemment qu'ils ne viendraient plus aussi facilement. J'ai d'ailleurs échangé avec plusieurs d'entre eux et leur avis tendait à confirmer mes pensées.

Devant cette crainte, certains managers, et sans aucune hésitation, ont osé prétendre que mon futur bureau n'était pas plus loin que celui que j'occupais actuellement, et qu'il serait en outre plus proche de certains de mes collaborateurs. Peut-être le pensaient-ils sincèrement ? Ils semblaient vouloir le meilleur pour moi, je ne peux donc pas remettre leur parole en doute. Cependant, de mon point de vue, ils développaient tellement d'arguments tous aussi enjôleurs les uns que les autres, que j'en suis arrivé à me demander s'ils ne tentaient pas de se convaincre eux-mêmes.

Toutes ces assertions avaient le don de m'énerver au plus haut point. Alors, dans l'unique but de mettre tout le monde d'accord, j'ai décidé de me lancer dans un chiffrage le plus précis qui soit, dans l'intention de comparer les distances entre mon bureau et celui qu'on essayait de me refourguer. Pour ce faire, je me suis procuré un plan de l'usine à l'échelle et ai tracé les différents itinéraires me permettant de me rendre dans les secteurs où je suis souvent amené à intervenir. J'ai ensuite saisi les données dans un tableur afin d'effectuer des calculs comme des moyennes ou encore dessiner des graphiques. Le résultat a confirmé mon avis, tous mes déplacements, et sans exception, se voyaient allonger. En moyenne, je passais de 80 mètres à 190. Certains trajets bondissaient de 60 mètres à 220 mètres. Peut-être ne comprenez-vous pas pourquoi je me suis autant investi dans cette démarche d'analyse ? Simplement, je déteste qu'on avance des propos sans pouvoir être en capacité de les étayer de manière claire et concrète. Je suis quelqu'un de rationnel et intolérant aux allégations stériles contées par certains beaux parleurs. En clair, je ne supporte pas les paroles en l'air.

J'ai fini par ressentir une sorte d'oppression qui m'affectait au plus profond de moi. Lorsque j'effectuais l'effort de verbaliser mes angoisses en exprimant mes craintes, je n'avais clairement pas le sentiment d'être entendu. Nos managers, qui pourraient, soit dit en passant et pour certains, s'avérer exceller dans le monde de la politique, trouvaient constamment des contre-arguments qui, de mon point de vue, manquaient de logique et me laissaient bouche bée. Je savais pertinemment qu'un allongement de la distance induirait obligatoirement une multiplication des contacts impromptus. Car, croyez-moi, dans une entreprise de huit cents salariés, il y a toujours des gens dans les couloirs. Pour ne rien arranger, ils ont souvent la fâcheuse habitude de systématiquement vouloir vous serrer la main alors que vous ne les connaissez même pas... Remarquez, ça, c'était avant, puisqu'à l'heure où je suis en train de rédiger ces lignes, nous sommes le 5 avril 2020, et la France est frappée par le COVID-19. Personnellement, cette crise sanitaire ne change rien à mon quotidien. La distanciation sociale, les gestes barrière, se laver les mains ou se les désinfecter... Je pratique ces gestes depuis bien longtemps, et repense aujourd'hui à tous ceux qui semblaient afficher un sourire moqueur en me voyant sortir ma fiole de désinfectant juste après leur avoir serré la main. Je songe également à ceux qui, au travail, m'ont pris pour un illuminé lorsque j'ai tenté d'instaurer le « fist bump », manière atypique de se saluer poing contre poing, mais qui limite considérablement la transmission de bactéries... Allez savoir, après la crise, je pourrai peut-être relancer l'idée, qui sait, les gens seront peut-être un peu plus en capacité de comprendre ?

Quoi qu'il en soit, concernant notre changement de bureau, Gregory, Vivien et moi partagions tous le même sentiment d'injustice. Cela me rassurait, car j'ai bien conscience que j'ai souvent tendance à prendre les choses terriblement à cœur et je me rends parfois malade au plus haut point pour un grain de sable. Nous étions contrariés, d'autant plus qu'à cette époque, notre bureau nous offrait une surface de vingt-deux mètres carrés pour trois personnes. Le secteur qui souhaitait récupérer notre zone de travail disposait d'une étendue de soixante-dix mètres carrés pour six. Au prorata, nous possédions sept mètres carrés chacun, et nos voisins, presque douze. Le futur bureau de dix-huit mètres carrés nous offrait un espace encore plus faible avec seulement six mètres carrés par personne.

Très contrarié par cet espace restreint, j'ai contacté un membre du service santé et sécurité qui m'a informé que le Code du travail n'imposait aucune obligation en matière de surface minimale. Seule réside une simple préconisation de onze mètres carrés par salarié. Même en dénonçant ces différences de surfaces, nous n'étions toujours pas écoutés. Cela m'irritait au plus haut point, et, au fil des jours, ma colère grandissait. Alors que certains travaillent au même endroit depuis plus de quinze années, je devais quant à moi changer de bureau pour la troisième fois. Vous ne m'enlèverez pas de la tête que d'un point de vue général, les gens savent à qui ils ont affaire. Il est un vieux proverbe qui dit : « Les mouches attaquent toujours les chiens maigres ». Et effectivement, j'avais, jusqu'à ce jour, toujours été « le gentil petit Mathieu », doux et malléable, qui disait : « amen » à tout, et qui souffrait ensuite en silence. Mes deux dernières relocalisations ont eu des répercussions non négligeables sur ma santé. Par deux fois, j'ai sombré dans un état dépressif face à ces changements que je vivais très mal. Ce qui, pour certains, n'aurait pu être qu'un simple déménagement, représentait pour moi un bouleversement complet de mon quotidien. Angoisse, stress, anxiété, voilà ce qui se passait en moi. Je n'arrivais pas à comprendre la logique dans tous ces bouleversements, et cette fois-ci c'en était trop. J'ai, pour la première fois, choisi de ne plus subir en n'hésitant pas une seule seconde à dire haut et fort : « Non, non et NON ». J'ai catégoriquement refusé cette proposition en argumentant à ma manière, et en dénonçant les injustices qui m'exaspéraient. Ce n'est pas pour autant que j'ai été entendu.

*

C'est début novembre, quelques jours après cette abominable visite, que j'ai reçu par courrier une réponse favorable à ma RQTH. Je n'avais jamais envisagé en arriver jusqu'ici, mais compte tenu de la tournure que prenait la situation, j'ai décidé de transmettre la missive de la MDPH à mon employeur et ainsi officiellement sortir du placard. Hygie, membre du service médical, a essayé de me soutenir de son mieux. J'étais le premier salarié de cette entreprise à annoncer son syndrome d'Asperger, et tout le monde semblait démuni. Certains considéraient ça avec légèreté, d'autres étaient très inquiets...

En raison de mon incapacité à faire comprendre mes difficultés, Hygie a réalisé des recherches sur Internet. C'est ainsi qu'elle a découvert une association d'aide dans l'insertion et le maintien dans l'emploi des personnes souffrant de troubles autistiques. Elle a alors, avec mon accord, engagé un premier contact. Grâce à la RQTH, l'entreprise a fait une demande de financement afin de planifier l'intervention d'une psychologue spécialisée dans le syndrome. Il a donc été convenu qu'elle se déplace pour effectuer un collectif de sensibilisation auprès de tous mes collaborateurs. Mais pour ce faire, nous devions attendre la validation de la demande en interne. Les joies des services administratifs de nos grandes sociétés françaises ! C'est, je pense, typiquement français. Pourquoi faire simple quand on peut faire compliqué ? D'ailleurs, c'est à cause de toutes ces procédures que je ne réclame plus rien à mon employeur. Si j'ai besoin de piles pour mon clavier/souris, ou d'un stylo, je les ramène de chez moi. J'ai choisi de m'économiser en ne demandant plus à Pierre, Paul ou Jacques s'il m'est possible d'avoir le matériel que je souhaite, au risque d'apprendre qu'il me faille remplir un formulaire à transmettre à mon responsable pour validation, qui lui-même devra l'adresser au magasinier... Je dis souvent, et en caricaturant, qu'il faut trois semaines pour commander un simple crayon, je pense malheureusement qu'il y a là une trop grande part de vérité. En lisant cela, bon nombre de mes partenaires pourraient ne pas comprendre, mais ce genre de processus représente pour moi une source de fatigue et d'angoisse que j'ai décidé de ne plus supporter.

*

Courant novembre, j'ai croisé Dominique, un bon collègue. C'est un homme sanguin, professionnel invétéré, au cœur tendre, et fervent défenseur du travail effectué dans les règles de l'art. Il m'a informé qu'il avait mentionné mon nom lors d'une réunion concernant un projet qui venait d'être lancé. Ce projet, je choisis de l'appeler « MOROS ». Il concernait un cas métier encore jamais rencontré dans notre nouveau système informatique. Dominique connaissait très bien mes aptitudes et mon rôle, il a donc, en toute logique, averti l'équipe du projet qu'il était impératif de me solliciter afin d'être certain de ne pas commettre d'erreur. Par chance, et comme je suis curieux, j'avais quelques années auparavant anticipé ce besoin afin de voir comment l'informatique allait se comporter. Cela m'avait permis de prendre quelques annotations sur un cahier dans l'intention de mieux m'y retrouver en cas de nécessité. Je me suis attendu alors à être sollicité tôt ou tard. Après une semaine ou deux, Dominique m'a téléphoné en me demandant si le responsable chargé de l'affaire m'avait contacté. Mais je n'avais rien reçu, ni appel, ni courriel... Il m'a alors dit qu'il insisterait de nouveau pour que je sois impliqué. Plusieurs jours après, j'ai croisé un manager de mon ancien secteur qui m'a tenu respectivement le même discours. Il avait également eu vent du projet MOROS, et en tant que bon connaisseur du système informatique, il avait mentionné mon nom auprès du chef du secteur concerné en le sensibilisant à l'importance de ne pas m'oublier. Je m'attendais donc à ce que l'on me contacte au moment venu.

En bon professionnel, j'ai pris l'initiative d'aviser mon responsable de la situation. Je lui ai détaillé toutes les phases à ne pas négliger, sur la base de mes notes retenues lorsque j'avais moi-même tenté l'expérience. En réponse à mon inquiétude liée aux potentiels risques encourus, il m'a donné ce conseil :

« Tu veux que je te dise ? Laisse-les faire...
— Comment ça ? Que veux-tu dire ? ai-je dit, ne comprenant pas du tout la pertinence de son propos.
— Eh bien, s'ils souhaitent se débrouiller par eux-mêmes, laisse-les faire, ils sont grands ! »

Peut-être espérait-il que l'équipe du projet serait à un moment ou à un autre au pied du mur, contrainte et forcée de me solliciter. Mais dans la continuité de la désorganisation ambiante, ça n'a jamais été le cas. Cet oubli est à l'origine de mon effondrement professionnel.

14

Collectif de sensibilisation

Courant janvier, l'entreprise a obtenu la validation concernant la demande d'intervention de la psychologue spécialisée dans le syndrome. Avant sa venue, j'ai échangé avec elle par téléphone en vue de lui exprimer mes difficultés. Tout comme Emelina, Nathalie semblait me comprendre mieux que quiconque. En tant que professionnelle compétente, elle a préparé des documents adaptés à ma situation afin d'assurer la présentation auprès de mes collaborateurs. La date du 11 février 2019 a été retenue pour effectuer ce collectif. J'avais le choix d'assister ou non à cette réunion d'information. Après en avoir discuté avec ma femme, nous avons pensé qu'il serait peut-être préférable que je sois présent, étant donné que nous allions parler de moi. Je pourrais ainsi répondre à certaines questions et mieux aider les gens à me comprendre.

Le jour J, dès mon réveil, j'étais dans un état de stress profond après une nuit difficile. Anaïs m'a donné des relaxants afin de m'aider à faire face. En début de matinée, alors que j'attendais impatiemment dans mon bureau, j'ai été contacté par Hygie pour m'annoncer l'arrivée de Nathalie sur le site. Nous nous sommes retrouvés dans la salle de réunion pour faire connaissance une vingtaine de minutes avant le début de la présentation. J'étais, je dois dire, assez intimidé de la rencontrer, mais également gêné de cette situation. Je me sentais terriblement mal à l'aise d'en arriver là, devoir faire intervenir une personne extérieure pour expliquer la même chose que ce que j'avais déjà tenté de faire... Mais Nathalie m'a rassuré en me donnant un exemple de sa vie personnelle : « Vous savez, mon fils présente une certaine particularité. Ça n'est pas le syndrome d'Asperger, c'est autre chose. J'ai expliqué à son établissement scolaire, et ce à de multiples reprises, ce qu'était cette différence, et comment l'aider au mieux. Mais je n'arrivais pas à me faire entendre, et pourtant je suis psychologue », m'a-t-elle dit avec un sourire avant de poursuivre : « Alors, nous avons fait intervenir une psychologue extérieure qui a réalisé un collectif de sensibilisation auprès de toute l'équipe pédagogique, en expliquant les mêmes choses que moi, mais là, ils ont entendu le message, car ce genre d'évènement permet d'avoir un impact fort ».

C'est donc pour cette occasion particulière que nous nous sommes tous retrouvés dans cette salle de conférence. Nous avons positionné une table face à la cinquantaine de chaises encore vides. Ce moment de ma vie a été l'un des plus intenses que j'ai pu connaître. Croyez-moi, en comparaison, chanter devant trois cents personnes est bien plus simple à réaliser. Quelques minutes avant la présentation, Nathalie et moi nous sommes installés à notre table. Mon cœur cognait violemment, mes paumes devenaient moites, et mon tee-shirt commençait déjà à absorber les premières gouttes de transpiration de mon dos. Au moment où les premiers participants ont franchi la porte de la salle, j'ai senti le stress s'accentuer. Je serrais fermement mes deux mains l'une contre l'autre, espérant ainsi pouvoir dissimuler mes tremblements. Heureusement, nous avions relativement bien élaboré la séance. Je n'avais pas d'inquiétude sur ce point, je connaissais le discours de Nathalie, et savais à quel moment je devrais prendre la parole afin de donner des exemples concernant mes difficultés quotidiennes. Ce travail préparatoire était la seule chose à laquelle je pouvais me tenir pour me rassurer. Devant moi, ce jour-là, des managers, techniciens, opérateurs, des collaborateurs plus ou moins proches, le directeur de centre, toute l'équipe médicale de l'entreprise, l'infirmière, le médecin et le psychologue, presque tous avaient répondu à l'appel. Dans cette assemblée se trouvaient bien entendu mes plus intimes alliés, ceux qui savaient déjà et qui me connaissaient très bien. Leurs yeux ainsi que leurs visages semblaient manifester de la compassion et ça me procurait une sorte d'encouragement télépathique, en m'apportant réconfort et apaisement. Je me souviens également de mon responsable qui passait son temps à se retourner pour fixer un jeune manager carriériste qui m'avait causé bien des soucis. Son regard insistant avait l'air de lui crier : « Tu vois, je te l'avais bien dit ».

Ma gorge serrée et tremblotante témoignait de mon état émotionnel. Ce jour-là, je me suis totalement mis à nu devant ces gens issus de différents niveaux hiérarchiques. Cette étape a été pour moi une source de libération. Je savais qu'à compter de ce jour, je n'aurais plus à me cacher et que je pourrais ainsi véritablement m'affirmer.

Après la présentation, nous avons eu droit à quelques témoignages de collègues. Tous commençaient pratiquement de la même manière : « Maintenant que j'y pense... » ; « Je ne savais pas, mais j'avais bien remarqué que... ». C'est Pascal, manager à la carrure impressionnante et au charisme imposant le respect, qui m'a le plus touché. Derrière cette apparence, je trouve que cet homme dégage quelque chose d'attachant dans sa façon d'être et j'ai le sentiment que c'est une personne avec un grand cœur. Il a alors raconté ceci : « Maintenant que je sais ça, je comprends mieux certaines choses. Nous avons beaucoup travaillé ensemble avec Mathieu lors de la mise en place du nouveau système informatique. Quand nous étions tous les deux, il savait se montrer extrêmement performant. Mais si, par contre, une personne inhabituelle venait participer à nos échanges, il semblait totalement perdu. Il ne comprenait plus clairement ce que nous lui demandions de faire et il semblait dispersé et beaucoup moins bavard, comme replié sur lui-même. ». Cette prise de parole m'a sincèrement ému, car elle témoignait de l'attention qu'il m'avait portée.

Ce jour-là, beaucoup ont compris certaines de mes bizarreries, mes faiblesses, mais également mes forces. Les jours suivants, certains sont venus échanger avec moi pour me donner leur retour d'expérience, et beaucoup m'ont livré des anecdotes qui les avaient marqués. J'ai trouvé ces démarches intéressantes et je dois bien avouer qu'il était relativement drôle de découvrir l'image que les gens pouvaient avoir de moi.

15

Le jour d'après

À la suite de cette présentation, l'espoir de retrouver un certain équilibre professionnel s'est à nouveau emparé de moi. Mais je dois admettre que j'ai vite déchanté… Un nouveau bureau nous a été trouvé, situé sur le même étage que le nôtre, dans un endroit calme avec vue sur l'extérieur, argument scandé par tous ceux qui voulaient nous voir déménager au plus vite. Cette fois-ci, tenez-vous bien, la surface offerte était de quatorze mètres carrés. Divisés par trois, nous avions donc un peu plus de quatre mètres carrés par personne, une belle régression si on compare avec les sept mètres carrés chacun offert par notre bureau actuel !

Beaucoup trouvaient cette proposition honteuse, et je ne pouvais qu'être d'accord avec cela. J'ai tenté d'argumenter et de négocier en plus de ce bureau, le bureau voisin. En effet, ces deux volumes distincts communiquaient par une porte mitoyenne, qui, en l'ouvrant, nous aurait fait bénéficier d'un espace total de vingt-huit mètres carrés pour trois personnes, ce qui nous aurait permis de disposer d'une zone bien plus raisonnable. Mais malheureusement pour moi, il était hors de question de nous le léguer, alors que, paradoxalement, il était inoccupé depuis plusieurs mois. Les managers, RH et direction m’affirmaient tous que nous ne trouverions pas mieux... Difficile à admettre pour moi, surtout en ayant démontré que certains jouissent de véritables pistes de danse. J’ai tenté une ultime fois de dénoncer toutes ces injustices. J’ai même proposé de déplacer une salle de réunion, utilisée seulement 30 minutes par jour pour des points quotidiens, dans le bureau qui nous était destiné, afin de récupérer l’espace de cette salle sous-exploitée et d’en faire notre future aire de travail. Mais non, rien à faire, toutes mes suggestions ont été instantanément rejetées. J’avais l’impression d’être le seul à devoir réaliser des efforts et ça m’affectait terriblement. Hygie a tenté de me défendre en échangeant avec la direction, mais elle n’y est pas non plus parvenue.

Cette histoire de changement de bureau tournait à l’obsession maladive et m’exaspérait au plus haut point. Je me sentais de plus en plus épuisé face à toutes ces émotions envahissantes. C’est pour cette raison que j’ai choisi de rendre les armes et de cesser le combat. Cela ne voulait pas dire pour autant que j’avais accepté la situation, et ça n’est d’ailleurs aujourd’hui toujours pas le cas, mais ma santé commençait à en pâtir, et j’étais forcé d’admettre que je ne trouverais jamais de compromis avec l’entreprise. J’ai donc impliqué Gregory et Vivien afin que nous réfléchissions tous ensemble à l’implantation de notre future zone de travail. À partir d’un plan, nous avons simulé le positionnement de nos différents meubles et avons rapidement compris que nos bureaux allaient occuper tout l’espace. Nous allions fatalement devoir nous séparer de plusieurs de nos biens, par manque de place, mais aussi, et surtout, tenez-vous bien, être contraints de faire recouper nos bureaux afin de pouvoir loger dans cet espace exigu. Le 13 mai 2019, c’est le cœur lourd que nous avons dû déménager dans une ambiance chargée d'amertume. J'ai bien conscience que certains salariés auraient donné cher pour disposer de cet espace de travail. Avec du recul, je dois admettre que les arguments tant scandés par les managers, « vue sur l'extérieur et quiétude », se trouvaient finalement inadaptés à mes hypersensibilités. En effet, le vitrage est exposé au soleil presque toute la journée, je suis donc contraint de laisser les stores fermés été comme hiver, la lumière étant bien trop agressive. J'ai d'ailleurs déjà songé à faire installer des rideaux supplémentaires, car il reste malgré tout trop de clarté et ça finit par me déclencher des migraines. Concernant le calme... Que dire ? Les fenêtres donnent directement sur un axe routier des plus empruntés. Ainsi, je dois supporter le bruit de fond permanent provoqué par l'afflux constant des véhicules qui y circulent. Je ne vous parlerai pas ici de la vétusté des vitres, qui laissent passer l'air extérieur. Certains salariés du même étage ont su faire preuve d'innovation en collant du papier bulle sur les carreaux et/ou des calendriers en carton afin de créer un isolant thermique... Je préférais largement mon ancien espace de travail, enfoui au cœur des bâtiments, sans vue sur l'extérieur, sans lumière intrusive, et qui me permettait de travailler dans des conditions bien plus optimales.

*

Sur le plan professionnel, j'ai constaté un changement radical dans les comportements à la suite du collectif de sensibilisation. J'ai dans un premier temps constaté une multiplication des mauvaises pratiques. Des utilisateurs qui me sollicitaient pourtant depuis des années ne le faisaient plus. Pire encore, ils essayaient d'exposer leurs problèmes à de tierces personnes qui ne disposaient pas de la réponse et qui finissaient par se tourner vers moi en dernier recours. Comment avions-nous pu en arriver là ? Moi qui ai toujours eu à cœur d'apporter le meilleur de moi-même en aidant les gens de mon mieux, qu'avais-je fait de mal ? Comment expliquer ces comportements ?

C'est par le fruit du hasard, en me confiant à mon collègue Élie le manager, que j'ai obtenu une explication à ce phénomène. Il m'a avoué qu'à la suite du collectif réalisé par Nathalie la psychologue, la direction, soucieuse de mon bien-être et pour me préserver, avait demandé à limiter au maximum les sollicitations qui pouvaient m'être faites. Ainsi, lorsque dans certaines réunions, un participant disait : « Pour ce projet, j'aurais besoin de Mathieu », les équipes managériales n'avaient qu'un seul mot d'ordre : « Il a déjà beaucoup de travail, est-ce vraiment indispensable de le déranger ? ». Je dois reconnaître que l'origine de cette intention était plutôt bienveillante, je ne peux pas le nier. Mais dans les faits, c'était finalement terriblement maladroit. À mesure que mes sollicitations diminuaient, ma frustration grandissait. Je n'arrivais plus à comprendre mon rôle dans l'entreprise. Les gens, pensant bien faire, n'osaient plus s'adresser à moi, et essayaient progressivement de se débrouiller par leurs propres moyens. Si un utilisateur rencontrait un blocage, il s'adressait à Pierre, Paul ou Jacques. Chacun des interlocuteurs tentait de bricoler dans le système informatique dans l'intention d'espérer pouvoir résoudre l'anomalie. Ils s'en donnaient tous à cœur joie, si bien que lorsque les problèmes finissaient par arriver à mon bureau, je devais souvent y passer plusieurs jours afin de remettre tout en ordre. S'ils m'avaient consulté directement, j'aurais probablement soldé l'affaire en quelques minutes. J'étais donc contrarié, frustré et en colère d'en arriver à cette situation qui me générait finalement bien plus de travail que d'ordinaire.

Pour l'anecdote, j'ai récemment discuté de cette période avec Vivien, mon apprenti. Aujourd'hui, soit un an et demi après les faits, il se souvient encore. Voici comment lui a perçu la situation : « Moi je me rappelle, ce qui m'avait le plus frappé, c'est qu'avant la présentation avec la psychologue, ton téléphone sonnait en permanence. Mais après la présentation, et quasiment du jour au lendemain, plus rien, plus personne ne te contactait... ». La présentation a donc eu des répercussions non négligeables, et j'ai finalement été impacté par une sorte de « sur-protectionnisme ».

*

C'est courant mars que j'ai de nouveau entendu parler du projet MOROS, point de départ de mon décrochage professionnel. En me rendant aux toilettes, j'ai croisé Hercule, l'un de mes collègues :

« Tiens au fait, ça y est, nous venons de terminer le projet MOROS, m'a-t-il déclaré l'air enjoué.
— Ah bon ?! », me suis-je alors exclamé.

Pour avoir effectué l'exercice quelques années auparavant, la démarche n'était pas aisée. Il y avait tant de paramètres à ne pas négliger, tant de choses à penser, que même moi, pourtant fin connaisseur, avais eu bien du mal à me lancer dans cet exercice des plus périlleux.

« Mais comment avez-vous fait pour gérer ça dans le système informatique ? lui ai-je demandé.
— Je ne sais pas, on m'a dit que c'était bon et que je pouvais clôturer le sujet, tous les voyants sont au vert ! »

J'étais consterné, contrarié, mais surtout, rongé par l'inquiétude. Mes craintes venaient de se confirmer, personne ne m'avait sollicité et j'avais maintenant peur que certaines non-conformités potentielles n'aient été commises. J'ai instantanément entamé un travail de fourmi afin de contrôler les données du système informatique. Je me suis également procuré les référentiels techniques explicitant les règles métier à appliquer, ainsi que les dossiers des matériels concernés. En confrontant tous ces éléments, il ne m'a fallu que quelques minutes pour déceler les premières incohérences. J'ai immédiatement alerté mon responsable qui m'a invité à poursuivre mes investigations. Au bout de plusieurs jours, j'ai fini par dresser une liste de plus de cinquante points d'attention. Sur les conseils de Régis, j'ai contacté Harry, le collègue probablement HPI et spécialiste en la matière, qui a rapidement compris mes inquiétudes. Je lui ai transmis mon rapport d'analyse et en ai avisé son responsable. Mais au bout d'un mois, et après plusieurs relances : « Silence radio, mon capitaine ».

Je me mettais martel en tête depuis trop de temps et n'en pouvais plus. Du réveil au coucher, je n'arrêtais pas de songer à cette situation devenue obsessionnelle, rendant mes nuits difficiles. Devant le manque de réactivité des équipes, j'ai choisi de contacter un membre du service qualité. Ce service a pour vocation de faire respecter les exigences internes ou externes dans l'unique but de garantir la conformité des produits. Moïse est alors venu jusqu'à mon bureau pour que je puisse lui décrire le contexte. Connaisseur des bonnes pratiques, il a compris l'importance de la situation et m'a demandé de lui adresser un récapitulatif par courriel.

Je me suis immédiatement exécuté en rédigeant un message quelque peu salé, dans lequel j'ai décrit toute la situation depuis son point de départ. J'ai clairement pointé du doigt le manager responsable du projet qui, malgré les avertissements, ne m'avait pas impliqué, ainsi que les potentielles anomalies que je venais d'identifier. Je ne divulguerai pas ici le réel niveau de gravité de ce que j'ai hypothétiquement découvert. Quelle qu'en soit l'issue, cela ne change en rien la façon dont j'ai vécu cette situation. À la suite de ça, je fus relativement soulagé, l'affaire étant maintenant entre de bonnes mains.

*

Pour ma part, c'était la goutte d'eau. Ma motivation, mise à rude épreuve depuis plusieurs mois, s'échappait sans que je puisse y remédier. En dressant le bilan de la situation, j'ai identifié deux chemins possibles. Je pouvais baisser les bras en me résignant comme beaucoup de salariés. J'aurais pu, telle une branche sur la rivière, me laisser flotter au gré des flots, en devenant un salarié passif. Venir au travail et effectuer le strict minimum, en arrêtant toutes les activités superflues, plus d'innovations, plus de développement d'outils qui rendent pourtant tant service... Ne pouvant admettre cette hypothèse, j'ai opté pour l'autre chemin, celui de prendre le taureau par les cornes. Je savais qu'il allait très certainement s'annoncer périlleux, mais je comptais bien aller au bout de ma démarche. J'ai choisi ce jour-là d'être force de proposition en bousculant les codes au travers d'une suggestion d'organisation.

Le concept restait sensiblement le même que celui exposé au directeur au moment de mon entretien deux ans auparavant. Mais cette fois-ci, j'étais déterminé. J'ai alors confié mon projet à mon collègue Élie qui s'est montré plus que convaincu de sa nécessité. Tandis que je l'écoutais énumérer mes idées en en imaginant les bienfaits, tous mes membres se sont mis à trembler devant son engouement. En suivant ses précieux conseils, j'ai formalisé ma proposition en rédigeant quelques documents afin d'expliquer ce que j'envisageais. À mesure que je progressais, la motivation en berne depuis trop longtemps renaissait avec ferveur. Au bout de trois jours de réflexion, j'ai fini par schématiser une organisation solide autour de mes fonctions, en apportant des innovations encore jamais pensées. La structure était composée de quatre membres incluant un responsable. J'ai naturellement intégré à l'équipe Gregory et Vivien, toujours sous contrat dans l'entreprise. Cela faisait maintenant plusieurs mois que je supervisais intégralement et en totale autonomie leurs activités et difficultés. Je me suis rendu compte que j'étais capable de déléguer et de diriger dans de bonnes conditions, et, à ce titre, je me suis donc positionné en tant que manager de cette nouvelle entité. Il m'a également semblé judicieux de rattacher un collègue lui-même support logiciel sur un périmètre du système informatique différent du mien.

J'ai investi tous mes espoirs en guise d'ultime effort dans cette organisation qui permettait de répondre aux multiples manquements autour de mon activité. Le statut de responsable pourrait m'aider à gagner en crédibilité auprès des autres équipes, et les différentes innovations proposées pourraient contribuer à reprendre notre place sur le terrain en faisant sentir notre présence quotidiennement. J'ai ensuite partagé le fruit de ma réflexion avec Blanche et Élie. Tous deux étaient maintenant convaincus des bienfaits de celle-ci et de ma capacité à manager un petit groupe. Blanche m'a conseillé de présenter mon projet au comité de direction, et s'est chargée d'organiser ma « comparution » quelques semaines plus tard. Entre temps, l'entreprise connut un violent rebondissement. Le directeur, en place depuis un peu plus de deux ans, nous quitta. Un responsable fut provisoirement désigné afin d'assurer l'intérim en attendant le recrutement d'un nouveau directeur.

C'est donc en ce lundi 27 mai 2019, à 11 h 15, et devant un comité fébrile suite à cet inattendu départ, que j'ai effectué ma présentation. Comme à mon habitude, mon corps a réagi de manière assez rude face au stress et à l'appréhension. Il y avait en plus de ça un enjeu non négligeable puisque je jouais en quelque sorte mon avenir professionnel. Malgré la pression, j'ai tenu bon et suis resté concentré tout du long. Les différents managers m'ont écouté avec attention. Dans un premier temps, j'ai rappelé l'élément déclencheur de ma prise d'initiative, ce projet MOROS pour lequel j'aurais dû être sollicité. Le manager chargé de l'affaire figurait parmi les personnes présentes dans l'assemblée, mais cela ne m'a pas empêché de pointer du doigt ses agissements que je jugeais transgressifs. L'ensemble du comité s'est montré enthousiaste devant ma proposition, jugeant qu'il était effectivement plus que nécessaire de mettre quelque chose de solide en place. Cependant, la vue de l'organigramme et mon positionnement en tant que responsable ont jeté un froid palpable. J'en suis resté là et le comité s'est engagé à me donner une réponse le plus rapidement possible.

*

Les semaines ont passé, et même si je pouvais compter sur l'inestimable aide de Gregory et Vivien, je vivais de plus en plus mal la situation au travail. Je continuais de sombrer dans l'oubli aux yeux des utilisateurs, et n'avais qu'une hâte, celle de pouvoir mettre en application mon organisation pour redonner du sens à mon métier. Six mois plus tard, je n'avais toujours pas obtenu de réponse, et aucun nouveau directeur n'était arrivé. On m'a expliqué que le contexte rendait les prises de décision difficiles et je pouvais le comprendre. Mon collègue Élie militait quotidiennement pour mon projet en mettant en avant tous les bénéfices que cela pourrait avoir. De mon côté, l'attente devenait insoutenable. J'endossais depuis plus d'un an le rôle de « chef » auprès de mes deux acolytes, sans pour autant jouir de la légitimité d'un manager. Je n'avais pas de poids ni aucune crédibilité face aux autres responsables ou utilisateurs. Il me fallait des réponses, car j'agonisais péniblement. Alors, je me suis une nouvelle fois fait violence en décidant d'aller voir individuellement plusieurs managers et membres du comité afin de leur exposer mes motivations. C'étaient eux les preneurs de décision, je devais donc tenter de les convaincre.

En réalisant cette démarche, je me suis rendu compte, de manière assez triste, que si tous avaient conscience que j'effectuais de l'excellent travail, aucun d'eux ne connaissait la véritable envergure de mon activité. Après avoir écouté mes explications, le discours de l'un d'eux m'a assommé. C'était je dois dire, plutôt bien parti, puisqu'il avait reconnu mes qualités dans le domaine de l'informatique, ma performance, ma réactivité, mais j'ai très vite déchanté :

« Je vois bien que tu as l'air motivé, et je n'ai aucun doute sur ta capacité à manager une équipe. Mais tu sais, si demain on devait te nommer manager, nous devrions nous justifier, car la décision ne relève pas de l'évidence…

— Comment ça ? lui ai-je répondu en ayant peur de comprendre ce qu'il était en train d'essayer de me dire.

— Eh bien… si demain, nous annonçons que Mathieu devient responsable, ça pourrait ne pas paraître logique. Tu ne sors jamais de ton bureau, tu ne vas jamais vers les autres, tu es introverti… Qui plus est, tu ne travailles pas avec énormément de monde en plus… »

Je suis resté bloqué sur ces derniers propos et j'ai machinalement hoché la tête sous la contrariété. Voyant ma mimique emplie de scepticisme, il a réitéré : « Bah si, de ce que je sais, tu ne bosses pas avec beaucoup de salariés… ». Je ne saurais vous raconter la suite de la conversation, car j'étais en colère et dans l'incapacité de l'écouter. Je savais que ses arguments relevaient de l'ineptie, je connaissais tout de même mon travail et mon activité, mais lui visiblement pas.

La nuit suivante fut difficile, cette conversation continuant de résonner en moi, et j'étais frustré, contrarié et en colère de constater que mon activité était finalement mal connue. Le lendemain matin, je suis arrivé au bureau avec un objectif, celui de justifier de l'envergure de mon travail. J'ai alors repris les plans de l'entreprise afin de réaliser une cartographie des outils mis en place par mes soins. Cet exercice a permis d'illustrer de manière visuelle la répartition géographique de mes travaux dans les différents secteurs de l'établissement. J'ai également réussi à démontrer que mes programmes, développés depuis des années par mes soins et sur la simple base du volontariat, faisaient gagner à la société l'équivalent de trois emplois à temps complet. Ce dernier argument, non négligeable à mon sens, me redonna un peu d'espoir, celui de justifier les embauches de Gregory et Vivien afin de pouvoir continuer à produire toujours aussi efficacement au sein de l'organisation que j'avais imaginée.

Après avoir discuté de la situation avec Blanche, elle m'a recommandé de provoquer un point téléphonique en incluant tous les décideurs et Nathalie, la psychologue qui était intervenue. L'objectif consistait à lever les éventuels doutes sur ma capacité à manager une équipe en tant que porteur du syndrome d'Asperger. Malheureusement, ce point fut annulé à la dernière minute.

Devant toutes mes démarches qui témoignaient de mon impatience, le responsable des ressources humaines et le directeur par délégation m'ont reçu en entretien. C'est armé de ma cartographie et des gains chiffrés que je m'y suis rendu. Le RH a commencé par me dire :

« Vous savez, que les choses soient claires… Nous ne pouvons prendre en compte votre organisation, car ça n'est pas prévu et ça ne l'a jamais été, m'a-t-il lancé.

— Même si ça n'est pas prévu, ça n'est pas pour cela qu'il ne

faut pas l'envisager. Mes conditions de travail se détériorent depuis des années. Je vis de plus en plus mal mon quotidien et j'en souffre profondément. J'en avais avisé notre directeur ainsi que mon responsable, mais rien n'a bougé. Il est nécessaire de mettre quelque chose en place. Je suis un challenger moi, je suis capable de manager cette équipe, car je l'ai décidé ! lui ai-je répondu en essayant de le convaincre.
— De toutes les façons, cette proposition, bien qu'elle offre quelques innovations, n'est pas réalisable en ces termes. Parmi les quatre individus de votre organigramme, deux ne sont pas salariés et ils partiront dès la fin de leur contrat. Ce point a toujours été clair, nous les avons recrutés dans un contexte et une mission bien définie, il n'a jamais été question de les embaucher par la suite, donc je vous le dis de nouveau, à ce jour, nous n'embaucherons personne pour cette organisation.
— Mais regardez, j'ai cartographié tous les outils que j'ai mis en place, aujourd'hui, je fais déjà gagner trois emplois à temps complet à l'entreprise, donc même en recrutant deux personnes, nous sommes toujours avantagés, ai-je scandé en brandissant mon document.
— Vous savez, dans une société comme la nôtre, on ne fait pas toujours ce que l'on souhaite... D'autre part, nous tenons à préciser que le refus de cette organisation n'a rien à voir avec votre maladie et...
— Mon syndrome, vous voulez dire ? Je ne suis pas malade, moi. Je suis juste différent... lui ai-je rétorqué en oubliant que je venais de lui couper la parole.
— Oui, si vous voulez, bref, tout cela pour dire que ça n'a rien à voir avec votre syndrome si nous la rejetons.
— Sur ce point-là, je ne suis pas totalement convaincu. Je ne suis pas en train de dire que je suis victime de discrimination, ça ne serait pas légitime compte tenu des efforts d'accompagnement mis en place par l'entreprise. Cependant,

et après avoir échangé avec certains managers et membres du comité de direction, je sais qu'il subsiste certains a priori vis-à-vis de mon syndrome, et aujourd'hui, on me surprotège. Certains m'ont même ouvertement avoué que si je devenais manager, ils devraient se justifier, en me reprochant toutes les difficultés liées à mon handicap...
— Comment ça ? Vous insinuez que, depuis cette présentation, les choses ont changé ? a-t-il répondu d'un air surpris.
— Oui, elles ont changé, je suis de moins en moins sollicité, les gens qui le faisaient avant ont cessé de le faire et passent par de tierces personnes... Mais tout finit par converger vers moi, car peu de gens ont mes connaissances pour régler les problèmes dans le système informatique... Je vis très mal cette situation et je ne sais même plus ce que je viens faire ici le matin.
— Écoutez, ce constat est étonnant, ça n'est en tous les cas pas mon impression. Quoi qu'il advienne, et je vous le répète, à ce jour, nous ne recruterons personne pour votre organisation. »

À la fin de l'entrevue, le directeur par intérim, resté muet pendant presque toute la durée de l'entretien, a fini par prendre la parole : « Je ne pense pas qu'il y ait eu des changements dans les comportements des gens... Ça me semble curieux... Quoi qu'il en soit, nous ne mettrons pas en place cette organisation. Néanmoins, je regarderai de très près cette cartographie. », m'a-t-il dit en se saisissant du document.

En retournant à mon bureau, j'étais anéanti. Avec du recul, je me rends compte que la position défendue par le RH ce jour-là était vraisemblablement des plus rationelle. Compte tenu du contexte, n'importe quelle autre personne aurait sensiblement tenu le même discours. Je ne peux pas lui en vouloir. Cependant, après trois années d'apathie collective, durant lesquelles je m'étais évertué à dénoncer la dégradation de mes fonctions et de l'organisation qui gravite autour ; après six mois d'attente, six mois d'investissement personnel à placer tous mes espoirs dans ce projet en capacité d'offrir une solution durable et pérenne, je n'arrivais pas accepter la situation. J'ai, sur le coup, eu le sentiment que, selon eux, tout se portait à merveille, et que le problème venait essentiellement de ma perception des choses. J'ai instantanément contacté mon collègue Élie afin de recueillir son avis. Je lui ai raconté les échanges et il m'a confié ceci : « Ils étaient au courant concernant les changements d'attitude des autres à ton égard. Je leur en ai justement parlé la semaine dernière. Je leur ai expliqué que le regard des gens avait changé par rapport à ton handicap, et que tu n'allais pas bien du tout, car on ne te sollicitait plus. Je les ai prévenus en leur disant que tu allais très mal et que tu étais à deux doigts de l'arrêt maladie... ». J'étais abattu et me suis ensuite confié à Ginette qui m'a appris qu'elle aussi avait informé la direction de ma situation et de mon profond mal-être.

C'en était trop, j'avais un profond sentiment d'incompréhension. Mon organisation venait d'être refusée et je savais maintenant que mes deux collègues ne seraient jamais recrutés. Cela signifiait pour moi un retour à la case départ. Sans eux, je ne pourrais plus répondre à la charge de travail. Le regain d'énergie que j'avais eu avec l'arrivée de Gregory et Vivien s'est effondré. J'ai, ce jour-là, vu tous mes espoirs s'envoler. J'ai perdu la foi et me suis efforcé de continuer d'aller au travail pendant plusieurs semaines, mais je sombrais petit à petit dans un état dépressif et ma santé s'en voyait menacée.

*

C'est Anaïs qui une fois de plus m'a ouvert les yeux. Les incertitudes et la désorganisation ambiante autour de mon poste ont eu raison de moi. J'ai perdu sept kilos en très peu de temps. Je ne me trouvais déjà pas très épais, mais là, ma femme ne me reconnaissait plus. Les crampes intestinales, extrasystoles, vertiges, nausées et migraines étaient devenus mon pain quotidien. J'avais l'impression de n'être plus qu'une coquille vide, un « zombie ». Le soir, en rentrant du bureau, je devais m'allonger pour dormir, car je ne tenais plus. Je passais également mes week-ends alité sans être capable d'entreprendre quoi que ce soit, et parfois, je ne trouvais même pas la force de m'alimenter. Anaïs m'a même acheté en pharmacie des boissons hypercaloriques et hyperprotéinées, destinées aux personnes souffrant de dénutrition... Voilà où j'en étais arrivé. C'est elle qui devait tout gérer à la maison, en plus de son métier déjà bien éprouvant. Elle n'en pouvait plus de vivre avec un boulet au quotidien. Alors, elle m'a ouvert les yeux sur la situation, et, sur ses conseils, je me suis rendu début décembre chez notre médecin qui a établi un arrêt de travail d'une durée de quinze jours, qui ont été renouvelés.

Début janvier, je n'allais pas mieux, c'était même pire. Mon médecin m'a prescrit un arrêt maladie d'un mois supplémentaire. Fin janvier, je me sentais toujours aussi mal, mais ai néanmoins demandé un rendez-vous avec le médecin du travail afin d'effectuer un point sur la situation. Je souhaitais voir si mon absence avait pu permettre une certaine prise de conscience de la part de l'entreprise dans l'espoir de réintégrer mon emploi dans de meilleures conditions. Il connaissait personnellement le problème de la dépression et m'a conseillé vivement de consulter un psychiatre, et de ne surtout pas regagner mon poste tout de suite. Juste après ce rendez-vous médical, j'ai eu un entretien avec un membre de la direction. C'est lors de cette entrevue que je me suis clairement rendu compte que je n'étais pas près de reprendre le travail. Ma fébrilité m'a conduit à m'effondrer en plein entretien, et une nouvelle fois, j'ai été blessé par le discours de cet homme qui a maladroitement jugé bon de me demander : « Ne croyez-vous pas que la situation dans laquelle vous vous trouvez aujourd'hui est liée à la découverte de votre syndrome ? ».

Je me suis senti abattu par ses propos. Cette personne n'avait, semble-t-il, pas compris la situation. C'est la gorge serrée et au bord des larmes que je lui ai répondu :

« Non, ça n'a rien à voir, mon état d'aujourd'hui est purement lié à la désorganisation autour de mon poste, mon syndrome n'a rien à voir dans tout ça.
— D'accord », m'a-t-il rétorqué d'un air sceptique, avant de poursuivre, « Mais que pourrions-nous faire pour que vous puissiez revenir plus vite au travail ? Car nous avons besoin de vous, vos compétences sont indispensables. »

Je n'en croyais pas mes oreilles, cela faisait des mois, si ce n'est des années, que je m'époumonais à dénoncer les dérives autour de mes fonctions. Personne ne m'avait jusqu'alors écouté, que pouvais-je espérer de plus ? Avec un énorme pincement au cœur, je lui ai répondu :

« Malheureusement, vous savez, depuis le temps que j'essaie d'éveiller les consciences concernant les difficultés autour de mon poste… Je n'ai jamais eu le sentiment d'être compris ni même entendu. Aujourd'hui, je n'ai plus aucun espoir, je suis épuisé et je n'attends plus rien de vous. Je ne vois plus aucune perspective d'évolution pour moi. Je pense que je vais devoir me faire une raison, accepter la situation et arrêter de m'investir autant. Je suis forcé de constater que mon travail va devenir quelque chose d'alimentaire, sans passion, sans plus aucune ambition…
— Mais non, il ne faut pas vous montrer aussi fataliste. Je

suis convaincu que nous aurons de beaux projets pour vous. C'est juste que la conjoncture actuelle reste difficile pour tout le monde. Nous attendons qu'un directeur soit nommé, c'est compliqué... Mais je vous le dis de nouveau, nous avons besoin de vous et de vos compétences. ».

J'en suis resté là. Sur les conseils du médecin du travail, j'ai pris contact avec un psychiatre. Il m'a prescrit un traitement pour m'aider à mieux dormir et à retrouver goût à la vie. Pendant mon arrêt, quelques collègues, pensant bien faire, m'ont donné des nouvelles du front, mais à chaque fois mon corps réagissait de la même manière. Tous mes membres se mettaient à trembler, mon pouls s'accélérait, j'étais pris de vertiges, d'étourdissements et j'avais également du mal à respirer. Lors de l'une de ces crises, j'ai relevé ma tension à l'aide d'un tensiomètre électronique, et le chiffre affiché avait de quoi faire pâlir. Ce jour-là, je suis monté à plus de dix-sept, et ai mis trente minutes avant de pouvoir retrouver le contrôle de mes membres et ainsi redescendre en dessous des quinze de tension. Il m'a semblé bon de décrire ces symptômes au psychiatre afin d'obtenir son avis et m'aider à trouver des solutions pour y remédier. C'est lors de cette discussion qu'il m'a appris que j'étais victime d'attaques de panique. C'était donc ça ? Depuis mon plus jeune âge, je subissais cet état physique sans comprendre de quoi il était question. Au fil des années, j'ai bien évidemment fini par faire le lien avec une certaine charge émotionnelle, comme le stress ou un évènement imprévu, mais entendre ce diagnostic m'a fait prendre conscience de ma situation. Cela n'a pas radicalement changé le sens de ma vie, mais je sais aujourd'hui que ces crises sont néfastes et que je dois les éviter. Au travail, pas une semaine ne s'est écoulée depuis mon embauche sans que je ne ressente plusieurs fois ces symptômes, pour ne pas dire qu'ils survenaient quotidiennement. Pour y remédier, il m'a recommandé de pratiquer la respiration abdominale afin de libérer les tensions qui s'accumulent dans mon corps. C'est en entendant ses conseils que j'ai réalisé que je me trouvais sur le bon chemin. En effet, cela fait maintenant plusieurs pages que je vous décris la situation au travail, mais qu'en est-il de ma vie personnelle ?

Cela fait aujourd'hui deux ans que j'ai connaissance de ma différence, mon syndrome, mon trouble autistique. À la suite de cela, j'ai compris que je devais me « rapprocher de mon corps » en lui offrant une meilleure écoute. Depuis deux ans, je pratique la méditation de pleine conscience. Au départ, ça ne fonctionnait pas du tout. J'ai eu énormément de mal à lâcher prise. Mon mental n'arrivait pas à se déconnecter. J'ai voulu baisser les bras, mais Anaïs m'a encouragé à poursuivre, et une fois de plus, elle a eu raison. Je parviens maintenant à me poser plusieurs minutes pour me concentrer sur ma respiration, en faisant le vide autour de moi. J'ai quelquefois des pensées intrusives, mais je les laisse s'échapper aussi rapidement qu'elles sont apparues. Je vais également consulter une réflexologue plantaire. Je ne suis pas véritablement ouvert à l'invisible, les énergies, le magnétisme... Mais je me dis qu'après tout, cela ne peut pas me faire de mal. Mon ami Damien est aussi maître Reiki, il m'offre des séances plusieurs fois par an, je suis son « cobaye » comme il dit.

Toutes ces méthodes sont reliées à un seul élément des plus important et que je ne négligerai plus jamais : « prendre du temps pour soi ». Aujourd'hui, j'ai compris combien il est primordial d'apprendre à se poser et à canaliser mon mental. J'ai vraiment pris conscience que mon mode de pensée est pour moi néfaste et qu'il représente une source d'épuisement majeure. Je lutte encore quotidiennement, mon esprit reste friand de stimulations, mais je sais que je ne dois plus assouvir tous ces besoins qui nuisent à mon état général. Combien de fois me suis-je effondré au bout de plusieurs jours d'investissement intensif sur un projet personnel ou professionnel ? Dorénavant, j'ai compris, et j'ai décidé de dire « STOP ! ». J'ai appris à effectuer les choses le plus simplement possible, en acceptant toutes les imperfections que je peux y voir. Le plus important reste le résultat final, alors à quoi bon s'épuiser pendant des heures à rechercher l'excellence, si une solution moins optimisée mais tout aussi fonctionnelle permet de répondre au besoin ? Dans mes loisirs, je m'efforce de respecter cette nouvelle doctrine. À titre d'exemple, j'ai récemment acheté un Handpan. Il s'agit d'une sculpture musicale aux sons angéliques que l'on fait sonner en frappant les touches avec ses doigts. Cet instrument m'aide à extérioriser mes ressentis. Dès les premiers rayons de soleil, je l'utilise pour accompagner des proches lors de ballades méditatives en forêt. Nous nous asseyons au beau milieu des bois, tous ferment leurs yeux, et moi, je me contente de jouer au rythme du chant des oiseaux, enlacé par la douce brise printanière. Quoi qu'il arrive, je me refuse toute rigueur et joue librement sans me soucier des codes musicaux traditionnels. Le plus important est de laisser passer mes émotions et de les évacuer. Il y a quelques années, j'aurais trouvé utopique cette idée de s'installer ainsi en pleine nature pour s'adonner à ce genre de pratique. Aujourd'hui, c'est devenu indispensable, l'essence même de mon équilibre personnel.

Un matin, pendant mon arrêt maladie, j'ai été victime d'une crise d'angoisse en apprenant une situation passée à l'entreprise en mon absence. L'après-midi, j'ai éprouvé le besoin profond de me changer les idées. Je me suis alors saisi de mon instrument pour me rendre dans une petite église non loin de chez moi afin d'y jouer. Cela faisait longtemps que je ressentais cette envie, et ce jour-là, j'ai réalisé mon souhait. L'acoustique se trouvait si merveilleuse que j'ai effectué un enregistrement vidéo afin de partager ce moment avec Anaïs. Je vous propose aujourd'hui de découvrir cette mélodie qui m'a permis de retrouver l'apaisement et de laisser échapper mon émoi.

Handpan à l'église de Princay :

URL : https://youtu.be/VutGqzOvy-w

J'ai aujourd'hui pris conscience et ai appris à réaliser les choses par envie et passion plutôt que par challenge. J'ai toujours autant de loisirs, mais je m'y implique avec beaucoup plus de parcimonie. Depuis mon plus jeune âge, je n'ai jamais réussi à rester à ne rien faire. Enfant, lorsque je regardais la télévision, assis sur le canapé aux côtés de mes parents, je faisais des scoubidous, du tricot, des bracelets de perles ou brésiliens, du point de croix... En devenant adulte, j'ai conservé cette habitude, tricot, mosaïque, maquettes, métier à tisser... Je reste toujours avide de ce genre de travaux qui me permettent de me changer les idées, cependant, j'ai appris là encore à réduire le rythme. Je sais maintenant combien il est important pour mon équilibre personnel de me poser sans rien faire de plus. Voilà deux ans que j'y suis parvenu et je me sens aujourd'hui bien mieux. D'ailleurs, j'ai naturellement engagé cette démarche depuis des années, bien avant de connaître mon syndrome. En effet, en 2016, lorsque j'ai ouvert mon entreprise de photographie, je devais disposer d'un site internet. J'aurais pu tout coder à partir d'une page blanche, car je l'avais déjà fait. Cependant, j'ai opté pour une solution bien plus simple, en utilisant un célèbre service en ligne qui permet de créer son site en quelques minutes seulement.

Avec l'aide d'Anaïs, j'ai également appris à verbaliser mes émotions et à mieux les comprendre. Combien de fois m'est-il arrivé de me retrouver dans un état de délabrement physique sans arriver à en saisir la cause ? Grâce à elle, mon intelligence émotionnelle évolue de jour en jour. Dans ma vie personnelle comme au travail, j'exprime maintenant plus facilement mes craintes, mes ressentis, mes angoisses. Cela me permet de garder un équilibre physique et mental et surtout de conserver une certaine forme de tranquillité.

Concernant les réunions de famille, j'ai maintenant fait le choix de m'y rendre uniquement si j'en ai la réelle envie. Je ne souhaite plus me forcer et m'infliger des contraintes. J'ai aujourd'hui décidé de favoriser mon bien-être et mon équilibre. Là encore, certains proches ne comprennent pas mes absences, mais qu'importe, je subis depuis trop d'années. Il est à présent temps que je prenne ma vie en main. Lorsque j'exprime ouvertement mes craintes et angoisses, certains me disent : « Oui, mais ça, c'est nouveau, tu n'étais pas comme ça avant… C'est uniquement depuis que tu sais pour ton syndrome que tu fais ça. ». Anaïs, qui me connaît mieux que quiconque, n'hésite pas à expliquer à ces individus que j'ai toujours été ainsi, seulement, je ne savais pas comment interpréter ces émotions. Quoi qu'il en soit, j'ai choisi de vivre pour moi et non pour les autres. Est-ce un acte égoïste que celui de vouloir privilégier son bien-être personnel ?

16

Et maintenant ?

« Et maintenant, que vais-je faire ? » disait Bécaud. En ce vendredi 24 avril 2020 à 11h24 minutes et 37 secondes, heure à laquelle je rédige ces lignes, alors que plus de trois milliards de personnes sont confinées à travers le monde, il est temps pour moi d'envisager mon avenir. La tâche n'est pas aussi simple qu'il n'y paraît, mais je dois maintenant faire des choix. Je suis toujours en arrêt maladie, cela fait cinq mois que cela dure. Je commence à aller mieux, mais je dois admettre que je suis véritablement tombé bien bas et n'aurais jamais pensé que cela puisse m'arriver un jour.

J'ai beaucoup réfléchi à ma situation professionnelle avec l'aide de la psychologue Nathalie qui était intervenue afin de réaliser ce collectif de sensibilisation. J'ai pris conscience que la programmation représentait pour moi une source d'épuisement importante. Depuis mon plus jeune âge, ce centre d'intérêt s'apparente finalement plus à une drogue qu'à un hobby pour mon mental. Lorsqu'au travail je commence à étudier la mise en place d'un outil, mon esprit hyperactif ne peut s'empêcher de penser. La nuit, les soirs et week-ends, les idées foisonnent dans mon imagination.

Chaque matin au réveil, je n'ai qu'une obsession, retourner en entreprise afin de mettre en application mes projections. Je présente également cette perpétuelle nécessité de repousser mes limites. Je ne suis pas capable de rester sur mes acquis et ressens cet intarissable besoin de continuellement enrichir mes connaissances. J'ai pris conscience qu'en ce qui concerne la programmation, je n'arriverai certainement jamais à me raisonner. Je pense pouvoir dire que je me suis « usé les neurones » sur un écran depuis bien trop d'années. Il est aujourd'hui temps pour moi de tourner la page, voilà pourquoi j'ai choisi de radier cette activité de ma vie, aussi bien sur le plan personnel que professionnel.

J'ai cette semaine été contraint de me rendre à l'entreprise afin de faire un point avec le médecin du travail, le traditionnel rendez-vous de pré-reprise. Les deux nuits précédant l'entrevue ont été compliquées. Le matin même, et comme souvent, j'ai été bloqué aux toilettes durant presque deux heures de souffrance. Vais-je réussir un jour à tuer ce phénomène directement lié au stress ? Malgré la méditation, la respiration abdominale et tout ce que j'ai pu mettre en place, je n'y suis pas encore parvenu. Psychologue et psychiatre me disent que ça prendra du temps, car mon corps est conditionné depuis trente-deux ans à réagir ainsi. Il en va de même en ce qui concerne mes crises d'angoisses. Quoi qu'il en soit, j'ai une nouvelle fois, lors de ce rendez-vous, constaté que les raisons de mon arrêt maladie n'avaient toujours pas été comprises. Le médecin a évoqué mon incapacité à gérer ma charge de travail en m'expliquant que j'avais du mal à traiter plusieurs sujets en même temps et que, par conséquent, toutes les demandes devaient exclusivement passer par mon responsable hiérarchique. J'ai encore dû justifier ma situation en rappelant le contexte organisationnel, principal responsable de cette situation.

Il est vrai qu'à mes débuts, j'essayais d'aider tout le monde en même temps, par souci de bien faire, et je ne savais clairement pas dire « non ». Je m'évertuais à contenter tous mes interlocuteurs le plus rapidement possible. Mais devant mon état de fatigue, j'avais décidé presque du jour au lendemain de ne traiter plus qu'un seul sujet à la fois. Ce changement est apparu dans les années 2015 laissant amers quelques insatisfaits pour qui il était difficile de s'entendre dire : « Je suis occupé, repasse dans une heure ». Je souligne que j'ai été en capacité de piloter la charge de Vivien et Gregory. Cela témoigne par conséquent de ma capacité à hiérarchiser et prioriser les tâches en les répartissant de manière équilibrée et je dois dire que je suis content de moi sur ce coup ! J'estime donc aujourd'hui qu'il n'est pas légitime de tenir de tels propos.

Le lendemain matin, il m'a semblé bon de contacter un membre de l'équipe des ressources humaines afin d'éclaircir la situation. Eux aussi étaient convaincus que mon arrêt maladie provenait d'une surcharge de mon activité, et étaient à mille lieues de croire que la cause racine était liée à la désorganisation autour de mes fonctions. Ce n'est pourtant pas faute de l'avoir exprimé à plusieurs reprises. L'interlocuteur que j'ai eu au téléphone m'a alors exposé sa compréhension des faits :

« Lors de la présentation avec la psychologue, vous nous avez dit que le soir, après avoir quitté l'entreprise, vous n'arriviez pas à cesser de penser à votre activité, au travail, à cause de votre… de votre…
— De mon mode de fonctionnement ? lui ai-je suggéré.
— Oui, voilà, à cause de votre mode de fonctionnement, vous n'arriviez pas à couper le lien et vous pensiez toujours à votre activité professionnelle, la nuit, le week-end… En plus, avec les outils comme le télétravail, il est très facile de se remettre

au boulot le soir ou les week-ends depuis son domicile. C'est pour ces raisons que nous avons envisagé de filtrer les sujets par votre responsable. C'est lui qui vous attribuera vos missions, et personne d'autre ne vous demandera quoi que ce soit. Cela vous permettra de vous concentrer sur un seul point à la fois. »

En premier lieu, j'ai eu la soudaine envie de répondre : « Non mais vous me prenez vraiment pour un attardé ou quoi ? ». Cependant, je me suis rendu compte que l'entreprise souhaitait se montrer bienveillante, mais qu'il résidait une incompréhension fondamentale de mon fonctionnement. J'ai commencé par rappeler ma capacité à gouverner mes tâches et celles de mes deux collègues, contrairement à ce qu'il semblait croire, tout en poursuivant :

« Concernant mes difficultés à couper le lien avec le travail, les soirs et week-ends, cela n'a rien à voir avec la charge ou les sujets que je traite. Mon cerveau tourne ainsi, j'ai un mode de réflexion en arborescence, ou pensée divergente, cela revient au même. Ce mode de pensée fait que je suis hyper créatif et qu'une idée va probablement en faire germer plusieurs autres qui elles-mêmes en feront germer plusieurs autres, etc. C'est quelque chose qui m'est propre, et je suis le seul à pouvoir le gérer. Qu'importe le sujet, mes loisirs ou le boulot, j'aurais toujours de multiples idées qui apparaîtront. Cependant, il est une activité pour laquelle j'ai intégré le fait que je ne réussirai jamais à freiner mon esprit, c'est la programmation. Pour cette dernière, je suis dans l'incapacité de stopper mes pensées, ça devient une drogue, une obsession, et c'est pour cette raison que je ne souhaite plus le faire, aussi bien au travail que chez moi. D'ailleurs, je ne programme plus sur mon temps personnel depuis des années, lui ai-je expliqué.
— Quoi ? Teu Teu Teu ! Comment ça vous ne programmez

plus depuis des années ? Ce n'est pas vous qui nous avez dit lors de la présentation que vous faisiez de la programmation sur votre simulateur de vol chez vous ? m'a-t-il dit en haussant légèrement le ton.
— Je vous demande pardon ?
— Oui, oui, vous nous avez raconté là que vous faisiez des trucs avec des bâtiments et tout ça dans votre simulateur… »

À cet instant, je me suis souvenu que, lors du collectif de sensibilisation, j'avais effectivement livré un exemple de ma vie personnelle permettant d'illustrer mon besoin perpétuel de repousser mes limites et de recherche de la perfection. J'avais expliqué que, parmi mes loisirs, je comptais une passion pour la simulation de vol sur ordinateur. Cela consiste à piloter virtuellement des avions de toutes catégories, du petit appareil de club aux plus gros aéronefs. Je venais de m'offrir un nouveau logiciel et avais constaté en décollant de ma ville (Châtellcrault) que les décors ne ressemblaient à rien du tout. J'ai alors effectué des recherches afin de trouver un moyen de rendre plus réaliste le paysage. Au bout de cinq jours passés à « bidouiller » dans tous les sens, j'ai fini par arriver à un résultat au plus proche de la réalité.

Je pensais en avoir terminé et ainsi pouvoir enfin profiter et voler librement ! Mais dès le décollage, je me suis rendu compte qu'il manquait les gigantesques cheminées de l'ancienne manufacture d'armes. J'ai alors effectué de nouvelles recherches. Il me fallait, cette fois-ci, créer en 3D les bâtiments et trouver un moyen de les implanter dans le simulateur aux bonnes coordonnées GPS. J'ai ainsi passé encore plusieurs jours à bricoler cela et j'y suis parvenu. Cependant, toutes ces recherches et démarches ont fini par m'épuiser au point de ne plus avoir la force et l'envie de voler virtuellement.

En réponse à ses propos, je lui ai alors rétorqué :
« Ah ça… ça n'est pas de la programmation, ça n'a rien à voir du tout.
— Ah bon ? Ah bah, tiens ! Ah ! Et bah alors ?! Qu'est-ce que c'est alors, si ça n'est pas de la programmation ? m'a-t-il répondu.
— C'est de la modélisation 3D, ça n'a rien à voir ça… Moi, je vous parle de développement, de la conception d'un programme, de milliers de lignes de codes… ».

C'est en sentant mes membres trembler et mon cœur cogner que j'ai compris à quel point cette allusion à ma vie personnelle venait de me perturber. Sur le coup, je me suis demandé : « Pourquoi semble-t-il employer un air méprisant ? Quel est le fond de sa pensée ? Sa réaction est survenue juste après avoir exprimé la cessation de mes opérations de développement informatique au travail. Est-il en train de remettre en cause mes motivations ? Est-ce que mes explications concernant l'hyperactivité de mon esprit face à cette tâche lui semblent utopiques ? Se demande-t-il si je joue la comédie afin d'assouvir un quelconque désir de vengeance ? ». Avec du recul, j'ai compris qu'il avait vraisemblablement commis un amalgame entre programmation et modélisation 3D. J'admets que, pour un profane, cela ne doit pas être très clair. Pour lui, ces deux activités étaient similaires, voilà donc pourquoi il a été interpellé en entendant mes propos. J'ai d'ailleurs bien conscience que n'importe quelle personne aurait pu réagir ainsi.

Juste après ce coup de fil, j'ai souhaité contacter le responsable de Régis, le chef de mon chef, mon N+2, comme nous avons coutume de le dire dans le jargon. Alors que je commençais à replacer les choses dans le contexte, en mettant en avant les problèmes d'organisation, sa réaction a été des plus surprenante : « Ah, mais je suis totalement d'accord avec toi, j'ai bien conscience que nous t'avons laissé trop longtemps dans une situation qui ne devait rester que temporaire. Je comprends que tu l'aies mal vécu. Nous allons travailler sur ton retour, mais je ne souhaite pas bâcler ce sujet, il faut que nous puissions nous poser pour en discuter avec le nouveau directeur et les ressources humaines. Nous devons trouver un compromis pour que toi comme nous puissions être gagnants. Et aussi… Je pense que la présentation faite par la psychologue ne nous a pas aidés… Je crois que nous avons pris peur pour une situation qui ne le méritait pas ». C'était le premier à reconnaître ouvertement l'état de la situation. J'ai pour la première fois eu le sentiment d'être compris, sans avoir l'impression qu'on essayait de me faire passer pour fou. Il ne m'a pas promis la lune, néanmoins, j'ai été touché et apaisé par sa sincérité.

Le soir même, Jeanne, mon ancienne responsable, m'a contacté par téléphone. Quelques jours auparavant, elle avait croisé mon père en allant chercher une pizza à emporter. Elle lui avait témoigné sa compassion et sa volonté de m'apporter son aide. Nous avons discuté pendant presque deux heures trente, avec un niveau d'écoute que je n'aurais osé espérer. Elle a pris des notes pour tenter par la suite de ramener la direction et les équipes managériales à la raison. Sa synthèse de la situation était claire, je n'ai jamais souhaité être placé dans une tour d'ivoire, et, depuis le début, je ne demande qu'une seule chose, trouver un schéma de fonctionnement stable et cohérent autour de mon métier de support afin d'assurer une activité fluide. Je ne suis pas en mesure de dire si elle réussira à aboutir. Qu'importe le résultat, je suis touché de sa démarche et de sa bienveillance à laquelle je ne m'attendais pas. Merci à toi, Jeanne, merci de t'être excusée pour les désagréments et la souffrance que tu as pu me causer à l'époque, je t'en suis extrêmement reconnaissant.

*

Quoi qu'il en soit, et compte tenu de la conjoncture engendrée par la crise du COVID-19, l'économie mondiale est mise à rude épreuve. Il semble aujourd'hui inéluctable que dans cette société du domaine de l'aéronautique, aucune embauche ne sera effectuée avant un moment. Gregory a rompu sa mission d'intérimaire courant février : une entreprise du même domaine d'activité lui a proposé un CDI, il a tout naturellement accepté. Vivien est encore sous contrat d'apprentissage, mais il est fort à parier qu'aucun poste ne lui sera offert par la suite. Au mois d'août, je vais de nouveau me retrouver seul. J'ai investi de mon temps et de mon énergie dans la formation de ces deux collègues sans pouvoir en tirer les bénéfices sur le long terme. Mais le plus important n'est pas là. En rédigeant ces lignes, ma gorge se serre. Je réalise à quel point ils ont su gagner une place en mon cœur. Je repense à tous les bons moments que nous avons passés, nos repas au restaurant, nos délires bien à nous... Sans leur présence, les journées vont me paraître monotones et interminables. Je n'éprouve aucune inquiétude concernant leur avenir. J'ai découvert en eux une persévérance et une volonté de réussite. Je sais par avance qu'ils parviendront à accomplir leurs projets personnels et professionnels.

Je suis actuellement toujours dans l'attente d'une proposition de ma société afin de savoir comment nous allons organiser ma reprise. Jeanne, mon ancienne responsable, ainsi que Nathalie, la psychologue, devraient permettre d'apporter un peu plus de fluidité dans les échanges. J'ai bien conscience que l'entreprise souhaite mettre en place des conditions plus optimales pour mon avenir. Je ne pense pas pouvoir dire que j'ai subi un mauvais traitement. L'entreprise avait à cœur de bien faire et j'ai été victime de maladresses. C'est là la preuve que notre pays a encore beaucoup de travail concernant la compréhension et l'intégration de certains handicaps.

Dans tous les cas, il est manifeste que l'ancien Mathieu que l'entreprise avait pu connaître est mort et enterré. Je poursuivrais très probablement mon activité en temps partiel thérapeutique, et sur le long terme, je pense ne plus vouloir ni pouvoir exercer à 100 %. Ma vision du travail a clairement évolué, et je comprends aujourd'hui bien mieux la doctrine de Ginette qui me disait bien souvent : « L'essentiel est ailleurs ».

*

J'ai beaucoup discuté de ma situation professionnelle avec plusieurs de mes collaborateurs qui tendent à croire en une théorie du complot. Pour eux, en dénonçant les manquements de la direction et de certains managers, je suis devenu « gênant ». D'après leur thèse, on aurait volontairement joué sur mon syndrome en me stigmatisant afin de « m'éliminer » et m'empêcher de nuire. Cette hypothèse m'a beaucoup fait rire et est digne d'un grand film ! Pour autant, est-elle avérée ? Je dois dire que ça m'importe peu finalement, car cette expérience m'a fait grandir et permis d'intégrer le fait que je devais privilégier ma santé avant tout autre chose. Si j'ai bel et bien été victime d'un complot, je suis donc tenu d'en remercier les auteurs qui ont contribué à cette prise de conscience.

*

Je vais terminer mon récit professionnel en m'adressant à tous les aspies qui éprouvent un mal-être au travail. Dans mon cas, je dois bien reconnaître que le résultat ne

correspond pas à celui que j'aurais pu espérer. Néanmoins, si je pouvais remonter le temps, est-ce que je supprimerais ce collectif de sensibilisation de ma vie professionnelle ? La question est intéressante, et de prime abord, je serais effectivement tenté de vouloir l'éradiquer. Mais en y regardant d'un peu plus près, cela a permis de fluidifier quelques contacts avec certains de mes collaborateurs qui, avant ça, pensaient que j'étais un ours. Je suis également convaincu que cette sensibilisation a contribué à l'éveil de certaines consciences.
Ainsi, si vous envisagez d'annoncer votre syndrome dans votre entreprise, pour des raisons qui vous appartiennent, je ne peux que vous recommander de vous faire aider par une personne extérieure. Ayez aussi en mémoire qu'il faudra peut-être un peu de temps, et quelques ajustements, avant de trouver le rythme idéal, que ce soit pour vous ou votre employeur. Restez patients, et gardez espoir. Je souhaite que mon expérience puisse profiter à d'autres.

La neurodiversité peut être une chance, à nous d'en faire une force.

*

Qu'en est-il de ma vie personnelle ? À compter de ce jour, je choisis de privilégier mes propres intérêts avant toute autre chose. Mon premier souhait serait de publier ce livre, et si vous lisez ces lignes, il est fort probable que j'ai réussi à accomplir ce désir. Mon but n'est pas de vouloir gagner de l'argent, j'ignore même si ce retour d'expérience pourrait réellement intéresser quelqu'un. L'objectif de cet ouvrage reste d'apporter un témoignage supplémentaire. Je fréquente sur internet plusieurs groupes axés sur le syndrome d'Asperger, et je constate que le visage présenté dans les médias n'est pas assez représentatif de l'ensemble de la communauté. Je suis fatigué de voir qu'on nous présente le syndrome au travers d'autistes Asperger en capacité de parler des dizaines de langues étrangères ou qui connaissent toutes les dates de chaque évènement historique... Oui, c'est spectaculaire, mais ce genre de propagande accentue le cliché type « Rain Man ». Derrière ces centres d'intérêt impressionnants se cachent bien souvent des gens en difficultés au quotidien, une souffrance invisible et une sensibilité insoupçonnée. Je suis de ceux qui militent pour que nos médias démystifient les stéréotypes, et je dis aujourd'hui « STOP » aux clichés !

Hormis ce livre, je souhaite me former à la sophrologie et à la PNL (Programmation Neuro Linguistique). Est-ce que j'envisage un jour d'ouvrir un cabinet ? Je n'ai pas la réponse. Ces outils vont beaucoup m'apporter sur le plan personnel, et je pense qu'à terme, je serai en capacité d'aider mes proches puis d'autres personnes. Au travail, j'ai constaté que certains collègues arrivent facilement à se confier à moi. Ça a d'ailleurs souvent été le cas tout au long de mon existence. Les gens me parlent de leurs problèmes de couple, de la perte d'un parent, de leurs difficultés à surmonter certaines épreuves de la vie. J'ai toujours à cœur cette envie d'aider les autres. Demain, grâce à ces formations, je pourrai le faire et tenter de leur apporter un peu plus de bien-être.

Nous avons également en projet avec Anaïs de fonder une famille. L'arrivée d'un enfant serait pour nous l'accomplissement de notre couple. Aujourd'hui, nous sommes prêts à nous lancer dans cette magnifique aventure. Reste maintenant à savoir si la vie nous offrira cette chance. Je n'exclus d'ailleurs pas l'hypothèse de revenir avec un second ouvrage axé sur ce sujet.

17

Merci à eux

Je tiens ici à remercier tous ceux qui m'ont soutenu, ceux qui ont appris à me connaître et à lire en moi au-delà des apparences.

À vous, mes plus proches collègues de travail, mes alliés. Vous qui avez su faire preuve de suffisamment de patience pour apprendre à exercer à mes côtés. Nous avons accompli tellement de choses ensemble. Nous aurions souhaité pouvoir œuvrer dans de meilleures conditions, et je sais ô combien vous partagez ma déception. Néanmoins, mon tourment professionnel aura permis de renforcer les liens qui nous unissent. Merci à Ginette, Blanche, Éloïse, Élie, Gregory, Vivien et tous ceux que je n'ai pas cités, d'avoir supporté et partagé mes élucubrations. Vous m'avez soutenu et c'est grâce à vous qu'il me reste une once d'envie de retourner au travail. Sachez qu'il me tarde de vous revoir.

À vous, mes chers parents, vous qui m'avez élevé de votre mieux. Ne vous sentez pas coupables de ne pas avoir pris conscience de ma différence lorsque j'étais enfant. Il s'agissait d'un autre temps. Les parents de votre génération étaient, je pense, moins sensibilisés à ce genre de particularités que nous ne le sommes aujourd'hui. Je ne vous changerais pour rien au monde et je vous aime avec vos qualités et vos défauts.

Merci aux deux psychologues, Nathalie et Emelina, pour leur écoute et leur aide sincère et dévouée. Vous êtes toutes deux une belle rencontre sur mon chemin, et je vous souhaite le meilleur à vous et vos proches. Merci à Nathalie d'avoir pris le temps de relire mon ouvrage.

Merci à Damien, « ma grosse raclure, ma pourriture » de m'avoir adopté en tant qu'ami. Tu as toujours respecté mes silences et tu ne me juges pas. Tu as débarqué dans ma vie il y a maintenant dix-sept années, je sais aujourd'hui que tu n'en sortiras jamais. Nous sommes unis par un lien fraternel indéfinissable qui est cher à mes yeux. Merci aussi à tes deux frères, Élie et Anthony, de m'avoir accepté. Je viens de traverser un épisode dépressif de plusieurs mois, je suis tombé très bas, mais vous étiez là. Vous avez été mon principal traitement antidépresseur, merci à vous trois d'être entrés dans ma vie, je vous aime les gars !

Merci à Edwige, mon ancienne professeure de français du lycée, qui, après treize années, a accepté de relire et corriger mon ouvrage. Ne changez jamais, restez toujours cette femme atypique et pleine de vie au franc-parler que vous étiez à l'époque. Vous faites partie des rares enseignants à avoir laissé une agréable empreinte dans mon cœur.

Merci à mes parents, tata Brigitte, Héloïse, Jeanne et « Tata » Véro, pour leurs remarques constructives et le temps qu'ils m'ont accordé.

Comme nous le disons bien souvent, j'ai gardé le meilleur pour la fin. À toi, Anaïs, ma femme, ma confidente, amante et amie, ma Muse. Toi qui as compris dès les premiers instants que j'étais différent. Tu m'épaules et me tires vers le haut depuis maintenant onze années. Nous avons aujourd'hui trouvé notre équilibre. Je n'envisagerais pas ma vie sans toi à mes côtés tant tu m'as apporté. Sache que je t'aime, et te serai reconnaissant à jamais de m'avoir permis de découvrir les causes de mes différences. Nous avons traversé bien des épreuves, et nous en connaîtrons d'autres, mais c'est main dans la main et dans un amour sincère que nous réussirons à atteindre nos objectifs. Tu es une personne des plus rare, ne doute pas de toi, tu es capable de grandes choses et j'en veux pour preuve que tu me supportes quotidiennement !

*

Ainsi s'achève cet ouvrage. Si vous lisez ces lignes, c'est que vous aurez vraisemblablement survécu à mon histoire. C'est également là la preuve que tout est possible, croyez-en vous et n'hésitez pas.

Merci à vous d'avoir pris le temps de vous y intéresser. Il est temps pour moi de tirer ma révérence en vous souhaitant à tous, le meilleur, paix, amour et réussite.

Table

Printed in Poland
by Amazon Fulfillment
Poland Sp. z o.o., Wrocław

85633018R00186